Conversion-Optimierung: Erfolgreiche Webseiten und Digitalkampagnen

Tobias Looschelders

Conversion-Optimierung: Erfolgreiche Webseiten und Digitalkampagnen

Über 150 Praxistipps zu datengetriebenem Marketing, Analytics & Webseitenoptimierung

 Springer Gabler

Tobias Looschelders
Digital Insight®
Düsseldorf, Deutschland

ISBN 978-3-658-38508-8   ISBN 978-3-658-38509-5   (eBook)
https://doi.org/10.1007/978-3-658-38509-5

Die Deutsche Nationalbibliothek verzeichnet diese Publikation in der Deutschen Nationalbiblio-
grafie; detaillierte bibliografische Daten sind im Internet über http://dnb.d-nb.de abrufbar.

Planung/Lektorat: Rolf-Guenther Hobbeling
Springer Gabler ist ein Imprint der eingetragenen Gesellschaft Springer Fachmedien Wiesbaden
GmbH und ist ein Teil von Springer Nature.
Die Anschrift der Gesellschaft ist: Abraham-Lincoln-Str. 46, 65189 Wiesbaden, Germany

Vorwort

Datengetriebenes Marketing ist kein Trend, der vorübergeht. Im Online-Marketing ist das Potenzial mit Daten Geld zu sparen, erfolgreicher zu sein und über die eigenen Kund:innen zu lernen auch heute noch sehr groß. Die meisten Unternehmen und Web-Projekte können hiervon massiv profitieren.

In meiner Arbeit als Berater sind mir regelmäßig Aussagen begegnet wie „Online Marketing hat uns nichts gebracht!". Das ist zwar möglich, häufig liegt es aber an falscher Konzeption und mangelnder Messbarkeit. Gut aufgesetzt, sind Kampagnen eine Goldgrube, die Informationen über die eigene Zielgruppe bereitstellt. Dabei sind die allerwenigsten Kampagnen von Anfang an perfekt oder können es überhaupt sein. Optimierung liegt in der Natur der Sache – *Marketing bedeutet immer Ausprobieren.*

Auch bezogen auf Webseiten und Online-Shops gibt es sehr viel ungenutztes Potenzial. In meiner Agentur beginnen Projekte oft damit, eine verlässliche Messbarkeit herzustellen. Meist sind individualisierte Analytics-Daten und ein Conversion-Tracking hierbei ein solides Fundament. Tatsächlich können Sie direkt mit Best-Practice-Empfehlungen beginnen, um Ihre Webseite zu verbessern. *Jede Webseite ist optimierbar!*

Maßnahmen wie A/B-Testing und Personalisierung sorgen für weitere Steigerungen der Conversion Rates und liefern gleichzeitig spannende Erkenntnisse über Ihre Zielgruppen. Immer geht es darum, die Inhalte für die User:innen noch relevanter zu machen und damit die Wirksamkeit der eigenen Online-Kanäle zu verbessern.

Seit Jahren ist bekannt, dass es ein Defizit an analytisch geschulten Marketers gibt. In den letzten Jahren spitzt sich die Situation sogar noch weiter zu, da die Nachfrage schneller steigt als das Angebot an Weiterbildung wächst. Mit diesem

Buch möchte ich Impulse und Herangehensweisen aufzeigen, wie Sie Ihre eigenen Kanäle mithilfe der Conversion-Optimierung verbessern können. Oft geht es
darum, Methoden und Technologien zu kennen und nutzen zu können. Sie müssen weder theoretische Statistik lernen noch einen Studiengang als Datenanalyst
absolvieren. *Haben Sie keine Angst vor Daten!*

In vielen Projekten habe ich miterlebt, welchen Unterschied die hier beschrie-
benen Maßnahmen und Technologien machen können. Dieses Buch stellt eine
Sammlung von Empfehlungen für die Marketing-Praxis dar. Auch Webseitenver-
antwortliche können hiervon profitieren.

Da digitales Marketing sehr dynamisch ist, gehe ich in diesem Buch nicht
im Detail auf einzelne Tools oder sich regelmäßig ändernde Details ein. Dafür
finden Sie hier zahlreiche Impulse, um direkt in der Praxis mit der Optimierung
und Weiterentwicklung zu beginnen. Neben konkret umsetzbaren Maßnahmen
sind auch Stolpersteine in der Praxis sowie Empfehlungen für funktionierende
Prozesse beschrieben.

Vielen lieben Dank für die Unterstützung an diesem Buch beim redaktionellen
Feinschliff, allen voran an Lea Nöckel, Clara-Marie Heins und Christine Oellers.
Ohne eure Unterstützung wäre dieses Buch niemals fertig geworden. Danke an
Michael Goeres, P. Klein, Sebastian König und Nico Bernhoff für das fachliche
Feedback.

Lieben Dank auch an alle Kund:innen unserer Agentur, die so offen waren,
konkrete Beispiele aus Optimierungsprojekten zu teilen.

Tobias Looschelders

Inhaltsverzeichnis

Über den Autor

Tobias Looschelders ist Inhaber von Digital Insight®, einer mit dem German Web Award 2022 ausgezeichneten Online-Marketing-Beratung. Looschelders verfügt über mehr als zwölf Jahre Erfahrung als Digitalberater und ist auf datengetriebenes Marketing spezialisiert. Er hat über 400 Projekte für namhafte Kunden u. a. in den Bereichen Conversion-Optimierung, A/B-Testing, Suchmaschinenoptimierung und Marketing-Automation durchgeführt. Dabei kommt ihm seine Erfahrung aus komplexen Analytics-Projekten, z. B. als Projektleiter für AUDI, an der Schnittstelle zwischen Marketing und Technologie zugute.

Zudem ist Tobias Looschelders als Dozent für Data-driven Management an der HMKW Hochschule für Medien, Kommunikation und Wirtschaft in Köln tätig. Dem Thema Daten-Knowhow für Marketer widmet er sich auch auf seiner eigenen E-Learning-Plattform datenkompetent.de.

Bekannt ist er unter anderem aus dem WDR, der ZEIT, Pro7 oder dem t3n Magazin sowie als Redner auf Konferenzen.

Gerne können Sie den Autor bei LinkedIn (https://www.linkedin.com/in/tobias looschelders/) oder per E-Mail (tl@digitalinsight.de) bei Fragen oder Feedback kontaktieren.

Abbildungsverzeichnis

Tabellenverzeichnis

Conversion-Optimierung als Motor des Online-Erfolgs

Was Sie aus diesem Kapitel mitnehmen werden

- Was Conversions sind und weshalb die Conversion Rate ein so wichtiger Optimierungshebel ist.
- Wie sich die relevantesten Ansprüche und Bedürfnisse von Web-User:innen aktuell darstellen.
- Warum es so wichtig ist, über die verschiedenen Nutzergruppen Ihrer Webseite nachzudenken.
- Welche die wichtigsten Werkzeuge der Conversion-Optimierung sind.
- Wie Sie gute Optimierungsideen entwickeln.
- Einen konkreten 10-Schritte-Plan für die Implementierung datengetriebenen Marketings in Ihrem Unternehmen.

1.1 Von der Werbung bis zur Conversion

„On the internet, the competition is always just one click away" (Krug, 2013, S. 18).

Ein Werbebanner ist oft das Erste, was man von einem Unternehmen im Web sieht.

Stellen Sie sich vor, Sie sehen im Internet eine ansprechende Anzeige mit einem Paar Turnschuhe. Sie klicken auf die Anzeige und gelangen auf eine Übersichtsseite mit Dutzenden verschiedener Modelle. Acht von zehn Personen klicken die Webseite weg, wenn sie die gewünschten Turnschuhe nicht in den ersten entscheidenden Sekunden auf dem Bildschirm finden. Nach zweimaligem

© Der/die Autor(en), exklusiv lizenziert an Springer Fachmedien Wiesbaden GmbH, ein Teil von Springer Nature 2022
T. Looschelders, *Conversion-Optimierung: Erfolgreiche Webseiten und Digitalkampagnen*, https://doi.org/10.1007/978-3-658-38509-5_1

Scrollen sind inzwischen neun von zehn Personen ausgestiegen. In diesem Beispiel war ich eine seltene Ausnahme, denn ich habe noch weitergesucht und das, obwohl ich mit dem Smartphone surfte. Schlussendlich habe aber auch ich nach wenigen weiteren Sekunden aufgegeben und nichts gekauft. Der Betreiber des Turnschuh-Shops hat für meinen Klick trotzdem vermutlich etwa 2,00 € gezahlt. Aus Erfahrung weiß ich, dass auf diese Weise wahrscheinlich für Hunderte oder Tausende Besucher:innen bezahlt wurde, aufgrund der schlechten Auswahl der Zielseite jedoch fast niemand einen Kauf tätigte.

Das Ergebnis der Online-Marketingkampagne: kaum Einnahmen und wahrscheinlich mehr Kosten als Umsätze. Hinzu kommt eine unterirdische *Conversion Rate* – eine Kennzahl, die beziffert, wie viel Prozent der Personen, die auf die Anzeige geklickt haben, zu Käufern konvertiert sind. Dabei wäre es einfach gewesen, dem Besucher die Schuhe zu zeigen, die seine Aufmerksamkeit erregt haben.

Ein anderes Beispiel: Sie sehen eine Werbeanzeige, sagen wir auf Instagram, und entscheiden innerhalb von Sekundenbruchteilen, ob das Produkt für Sie interessant ist oder nicht. Das ist der erste Kontaktpunkt zwischen Ihnen und einem Unternehmen (Abb. 1.1).

Conversion-Optimierung beschreibt also die systematische Verbesserung der eigenen Webseitenziele. Einfache Kennzahlen wie Besuche oder Seitenaufrufe sind nicht außer Acht zu lassen, reichen aber nicht aus (Hassler, 2016, 317 ff.). Betreibt man einen Online-Shop, ist es das Ziel, die Verkaufsrate zu erhöhen. Optimiert man die Webseite eines Bildungsanbieters, möchte man die Quote

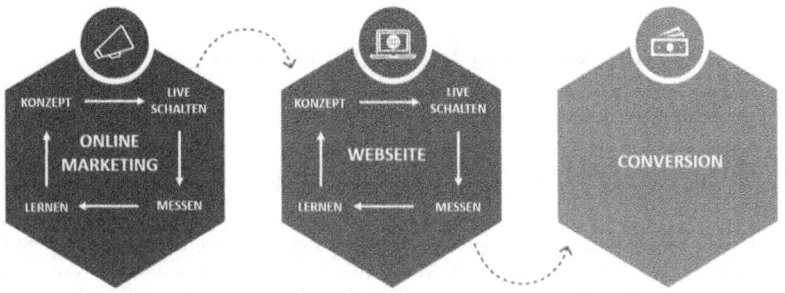

Abb. 1.1 Schaubild: Kampagne — Webseite — Conversion

der Kursanmeldungen erhöhen. Conversions sind dabei vielfältig und immer individuell. Nachfolgend sind einige weitere Beispiele aufgeführt:

Beispiele für verschiedene Conversions/Webseiten-Ziele

- Kontaktanfrage/Anruf
- Download einer Broschüre
- Anmeldung zu einem Event
- Konfiguration eines Produktes, z. B. Stromtarif oder Auto
- Newsletter-Anmeldung
- Registrierung eines Accounts
- Video angesehen◄

Besonders das letzte Beispiel zeigt sehr gut, wie individuell Conversions sind. Für die meisten Webseiten ist es zwar interessant wie häufig Videos angesehen werden, es handelt sich aber nicht um ein zentrales Webseitenziel. Bei einer speziell für eine Social-Media-Kampagne erstellte Webseite stellt sich das wiederum ganz anders dar.

Die Conversion Rate (auch „Konversionsrate") beschreibt also den Erfolg einer Webseite. Dabei werden die erzielten Conversions durch die Webseitenbesucher:innen geteilt, wodurch eine Erfolgsquote entsteht.

Conversion Rate berechnen

Conversion Rate = Anzahl erreichter Conversions/Anzahl Webseitenbesucher:innen.

Beispiel: 20 Bestellungen/1.000 Webseitenbesucher:innen = 2 % Conversion Rate.◄

Conversion Rates sind individuell zu betrachten. Je nach Branche, Webseitenaufbau und den Zielen einer Webseite können diese sehr unterschiedlich sein. Eine Anfrage über die Webseite eines Industriemaschinenherstellers ist weitaus spezifischer und damit unwahrscheinlicher als Video-Views auf einer modernen Kampagnen-Webseite eines Autoherstellers. Daher sind im Internet kursierende Durchschnittszahlen für verschiedene Produkte und Branchen wenig aufschlussreich und sollten nicht für Vergleiche herangezogen werden. In aller Regel bewegen sich Conversion Rates aber im Bereich um 2 %. Es empfiehlt sich, die eigene Conversion Rate als Referenz zu nutzen und daraus Ziele für die Optimierung abzuleiten.

Im Online-Bereich sind Conversions also wichtige Ziele und es ist wichtig, diese genau zu definieren. Wenn die Zielsetzung nicht klar ist, ist auch unklar wie überhaupt Erfolg bewertet wird. Oder um es mit den Worten von Lee Odden (2012, S. 39) zu sagen: „Es ist ziemlich schwierig, Tore zu schießen, wenn man kein Ziel hat."

Die gute Nachricht ist: Jede Webseite ist optimierbar. Dabei geht es in diesem Buch weniger um Ladezeiten oder Google-Rankings, sondern um die Erfolgswirkung von Webseiten und Online-Kampagnen.

1.2   Webseiten und Landingpages im datengetriebenen Marketing

„Great marketing usually comes from great marketing insights." (Kotler et al., 2021, S. 134).

In den meisten Digitalstrategien spielen Webseiten und Online-Shops eine zentrale Rolle. Die meisten Online-Kampagnen verweisen nicht in App-Stores, sondern auf Webseiten und spezielle Kampagnen-Seiten, sog. Landingpages. Webseiten sind eines der wichtigsten Medien zur Zielgruppenansprache und stellen damit ein zentrales Online-Marketing-Instrument dar (Erlhofer & Brenner, 2019, 22 f.). Will man online erfolgreich sein, gilt es also sowohl die Kampagnen als auch die Webseiten zu optimieren.

Bei der Optimierung von Online-Marketing-Kampagnen geht es darum, Streuverluste zu verringern, also möglichst exakt die gewünschte Zielgruppe zu erreichen. Je weniger Streuverluste vorliegen und umso kaufbereiter die Zielgruppe, desto kosteneffizienter ist die Kampagne.

Studien zufolge wird jedoch 92-mal mehr Aufwand für Marketing als für die Optimierung einer Webseite betrieben (Eherer, 2013)[1]. Das bedeutet, der Effekt einer Webseitenoptimierung ist oft ungleich höher als die Optimierung von Digitalkampagnen – hier lohnt sich die Optimierung häufig am meisten. Webseiten sind also wichtige Werkzeuge für den digitalen Erfolg und können viel mehr sein als reine „Web-Visitenkarten". Bestenfalls finden also an beiden Stellschrauben Optimierungen statt. Denn dadurch wird die Chance maximiert, Conversion Rates zu erhöhen und Marketingkosten zu senken.

---

[1] Zwar ist davon auszugehen, dass diese Zahl in einer aktuelleren Studie kleiner ausfällt, aber auch heute besteht noch ein großes Ungleichgewicht zugunsten der Akquisition von Traffic gegenüber der Conversion-Optimierung.

Ein datenbasiertes Vorgehen ist an beiden Stellen ideal. Natürlich gibt es sinnvolle allgemeingültige Optimierungsempfehlungen, jedoch empfiehlt es sich, auch bei diesen den Effekt zu messen. Dazu sind Webanalyse-Tools wie Google Analytics eine sehr gute Grundlage. Diese liefern die nötigen Erkenntnisse und Details über das Verhalten der eigenen Zielgruppe.

Ein immenser Vorteil der Conversion-Optimierung ist es, dass sich der Geschäftserfolg von Maßnahmen auf den Euro genau berechnen lässt. Hier zeigt sich der große Vorteil des Online-Marketings gegenüber klassischem Marketing, wie etwa Zeitungsanzeigen oder Plakatwerbung. Da alles auf Technologie und Daten beruht, lassen sich sehr genaue Kennzahlen errechnen.

Nehmen wir an, wir optimieren die Landingpage einer wichtigen Online-Kampagne. Insgesamt werden dabei 20.000 Besucher:innen auf Ihren Online-Shop gebracht. Nehmen wir weiterhin an, die Kampagne bringt die Nutzer testweise auf zwei Unterseiten. Die eine ist die bereits bestehende Unterseite, die bei der letzten Kampagne verwendet wurde. Die zweite ist eine nach einigen Best Practices der Conversion-Optimierung verbesserte Landingpage. Erst in einem realen Vergleich kann gezeigt werden, ob die vermeintlich bessere Landingpage auch tatsächlich bessere Ergebnisse liefert (Tab. 1.1).

Wie Sie sehen, konnten bereits im laufenden Test ein Umsatzplus von 2.000 € erzielt werden! Die nächste Kampagne würde nun direkt mit der optimierten Landingpage beginnen, um den kompletten Vorteil nutzen zu können. Rein rechnerisch besteht hier bei gleichbleibenden Rahmenbedingungen ein Umsatzplus von 4.000 €, ohne dass weitere Aufwände entstehen. Hiermit muss die Optimierung jedoch noch nicht abgeschlossen sein. Im nächsten Schritt könnten weitere Maßnahmen getestet werden oder versucht werden den durchschnittlichen Bestellwert zu erhöhen, um so weitere Umsätze zu generieren.

Anhand dieses kleinen Beispiels sieht man sehr gut die Vorteile und Möglichkeiten der datengetriebenen Optimierung. Und dabei wurden fortgeschrittenere

Tab. 1.1 Beispielrechnung: Der Effekt der Conversion-Optimierung

Kennzahl	Alte Landingpage	Optimierte Landingpage
Besucher:innen	10.000	10.000
Bestellungen = Conversions	200	220
Conversion Rate	2,0 %	2,2 %
Durchschn. Bestellwert	100 €	100 €
Umsatz	20.000 €	22.000 €
Uplift durch Conversion-Optimierung		+2.000 €

Methoden wie A/B-Testing noch gar nicht genutzt. Ich gehe nicht so weit wie Bernhard Marr (Marr, 2017, S. 16) und sage, dass jedes Unternehmen ein „Data-Business" werden soll. Ich stimme aber zu, dass sich tatsächlich jedes Unternehmen durch Daten weiterentwickeln kann. Häufig steigen mit der Unternehmensgröße die Datenmengen und somit die Möglichkeiten zur Optimierung, aber auch Kleinstunternehmen können durch Daten Ihre Wettbewerbsfähigkeit stärken. Umso stärker ein Unternehmen digitale Marketing- und Vertriebskanäle nutzt, desto mehr steigen die Anlässe zum datenbasierten Arbeiten und Optimieren.

Studien zufolge lassen sich bis zu 44 % der Marketingkosten durch erfolgreiches datengetriebenes Vorgehen senken (Field et al., 2019). Conversion-Optimierung bietet hierfür einige der wichtigsten Maßnahmen und Methoden.

Wie der Name schon sagt, geht es im datengetriebenen Marketing darum, seine Entscheidungen möglichst fakten- und datenbasiert zu treffen. Das betrifft insbesondere die performance-getriebenen Online-Marketing-Kanäle und Online-Marketing-Kampagnen. Wichtig ist dabei vor allem eine möglichst detaillierte Messbarkeit der User Journey herzustellen. Mit der User Journey ist der Weg gemeint, in dem Nutzer:innen mit einem Unternehmen und dessen Werbung interagieren. In aller Regel finden mehrere Berührungspunkte innerhalb verschiedener Kampagnen und Online-Präsenzen statt, bevor eine Konversion ausgelöst wird. Nur die allerwenigsten Produkte sind auf einen direkten, schnellen Impulskauf ausgerichtet.

Was diese technologischen Möglichkeiten auch für die Zielgruppenansprache im Internet bedeuten, lässt sich gut anhand einer 2015 durchgeführten Studie (Youyou et al., 2015, 1036 ff.) verdeutlichen: Dabei ließen mehr als 86.000 Facebook-User:innen ihre Persönlichkeitsmerkmale von einem Algorithmus einschätzen. Nach nur 10 ausgewerteten auf Facebook vergebenen Likes war die Einschätzung des Algorithmus bereits präziser als die eines Arbeitskollegen. Nach 70 ausgewerteten Likes sogar genauer als die eines Freundes. Bei 300 Likes war die Einschätzung der Software so treffend wie die des Partners bzw. der Partnerin. Wir sehen also, wie mächtig es sein kann, gewisse Datenpunkte über Personen zu kennen.

Sammeln Sie Daten, die in KPIs umsetzbar sind

Nehmen wir das Beispiel eines B2B-Dienstleisters. Hier ist es selten der Fall, dass sofort eine konkrete Anfrage verschickt wird. Üblicherweise finden zunächst vorherige Kontaktpunkte statt. Dazu können ein Webseiten-Besuch, der Blick auf einen Social-Media-Kanal, ein Newsletter-Abonnement oder die Teilnahme an einem Webinar gehören. Der Gedanke, die User Journey möglichst ganzheitlich zu erfassen, führt dazu, zunächst alle Optimierungspotenziale zu erkennen, um sie anschließend als Hebel nutzen zu können. Schließlich geht es durchgehend darum, Nutzer:innen in den verschiedenen Kanälen und unterschiedlichen Touchpoints zu verstehen, um dabei Einblicke (oft „Insights" genannt) zu gewinnen. Diese Einblicke sollten möglichst gut umsetzbar sein. Es sollten also Kennzahlen erhoben werden, die konkrete Maßnahmen erlauben. Reine Traffic-Kennzahlen, wie zum Beispiel die Anzahl der Webseiten-Besucher:innen, sind zwar als Basis interessant, bieten aber keine konkreten Ansatzpunkte, um Kanäle oder Kampagnen optimieren zu können. Wenn unsere Marketingstrategie jedoch darauf abzielt, Abonnent:innen für den Newsletter zu erhalten, und es wird recht schnell erkannt, dass dieser nur selten abonniert wird, haben wir hier bereits konkrete Ansatzpunkte. Wenn nun die User Journey detailliert nachverfolgt wird, wird schnell klar, woran die fehlenden Abonnements liegen können und wo es sinnvoll ist, zu einer Optimierung anzusetzen.

Die stetige Grundlage: Einsatz von Technologie
Um die User Journey vollständig erfassen zu können, müssen verschiedenste Tools und Schnittstellen zwischen ebendiesen Tools angelegt werden. Hierfür kommen verschiedenste Softwarelösungen zum Einsatz, die als Kampagnen-Tools genutzt werden. Dazu gehören zum Beispiel der Facebook Business Manager, Google Ads oder verschiedene E-Mail-Marketing-Tools. Webanalyse-Tools, wie zum Beispiel Google Analytics, werden anschließend daran angeschlossen und ermöglichen es einzusehen, was Nutzer:innen, die über die Kampagnen akquiriert wurden, auf der Webseite gemacht haben. So können sowohl Rückschlüsse darüber gezogen werden, was den Kampagnenerfolg ausschlaggebend definiert hat, als auch darüber, welche weiteren Kampagnenoptimierungen sinnvoll sind.

Tracking vereinheitlichen und IT-Aufwände sparen durch Tag Management

Wenn Sie mit mehreren Tracking-Technologien arbeiten und Conversions in oder über mehrere Tools erfassen, kann es sehr sinnvoll sein, mit sogenannten Tag-Management-Tools zu arbeiten (Hassler, 2016, S. 55). Dieser stellt einen Container dar und fungiert sozusagen als Schnittstelle zwischen den Marketing-Tools und Ihrer Website. So wird es möglich, Tracking-Tools schnell und flexibel direkt über die Container zu implementieren. Ein verbreitetes Beispiel für ein solches Tool ist der kostenlose Google Tag Manager. Eine solche Lösung ist zum einen sehr wertvoll, da dadurch die exakt gleichen Daten in verschiedenen Tools, beispielsweise was Conversions und

Umsätze angeht, vorliegen. Das hilft enorm dabei, einheitliche und weniger widersprüchliche Kampagnen-Reportings zu erhalten (Jensen, 2019). Auf der prozessualen Seite bietet das den großen Vorteil, dass neu eingebundene Marketing-Pixel nicht über die IT-Abteilungen oder Webseiten-Agenturen implementiert werden müssen. Über Tag-Management-Tools können diese auch z. B. durch die Marketingabteilung oder eine externe Agentur angelegt werden. Man braucht also keinen Informatik-Hintergrund, um Marketing-Pixel einrichten zu können.◄

Auf lange Sicht die Kundenzufriedenheit erhöhen
Betrachtet man den Kunden-Lebenszyklus, ist das Positive, dass man dadurch eine ganzheitliche Perspektive einnimmt. Wir denken über den kurzfristigen Erfolg einer einzelnen Kampagne hinaus, und denken etwas größer. Das konstante Ziel ist es, auf längere Sicht zufriedene Kunden zu kreieren, die unsere Leistung (eventuell häufiger) in Anspruch nehmen. Ein weiterer positiver Aspekt durch das Aufsetzen einer solchen Betrachtung und Messung ist, dass die Möglichkeiten der Automatisierung steigen. Wenn Sie ein gutes technisches Setup gewählt haben und Ihre Tools konfiguriert und idealerweise auch miteinander verknüpft haben, stehen ganz neue Möglichkeiten der Prozess- und Kampagnen-Automatisierung zur Verfügung. Zum einen ist es möglich, das Kampagnen-Management zu automatisieren. Wenn Ihre Daten sehr gut vorliegen, können Sie es zu einem gewissen Grad den Marketing-Tools selbst überlassen, bspw. die Budgets auszusteuern (*Bid Management*). Natürlich steckt der Marketer selbst weiterhin manuell die Grenzen ab. Die detaillierte Optimierung kann jedoch den Tools überlassen werden.

Die Vorteile der Automatisierung nutzen
Ein weiteres Beispiel ist im E-Mail-Marketing gegeben, wo die allermeisten Tools inzwischen A/B-Tests innerhalb des Mailversands zur Verfügung stellen. Was das bedeutet? Es wird ein kleiner Teil, bspw. 20 %, der E-Mails verschickt und anhand der Datenauswertung, welche E-Mail-Variante besser funktioniert hat, wird die Gewinnervariante an die verbleibenden 80 % der Empfängerliste verschickt. Ebenso was das Thema Reporting betrifft, bietet datenbasiertes Marketing einige Vorteile. Ich selbst habe einen Call Center-Projektleiter erlebt, der an vier von fünf Tagen pro Woche ausschließlich an Reportings gearbeitet hat und dadurch keine Zeit hatte, sein mehrköpfiges Team zu managen und somit seine primären Aufgaben zu erledigen. Besteht eine gute Datenlandschaft, ist es mit wenig Arbeit möglich, diese automatisiert zusammenzuführen, miteinander zu verbinden und weitere Kennzahlen automatisch errechnen zu lassen. Im besagten Beispiel konnte so innerhalb weniger Tage ein automatisiertes Dashboard erstellt werden, was die manuelle

Reporting-Arbeit für den Projektleiter drastisch reduziert hat. Nun waren hierfür pro Woche nur noch wenige Stunden notwendig, wodurch sich der Projektleiter auf die Interpretation der Ergebnisse der Daten und die Ableitung der entsprechenden Handlungsempfehlungen konzentrieren konnte. Die gesamte Arbeit der Datenzusammenführung war somit durch Automatisierung weggefallen.

Innerhalb von Minuten 100.000 € Umsatz korrigieren
Ein gutes Beispiel für eine Konfiguration der Analytics-Tools ist ein Fall, den wir für einen Kunden vor einigen Jahren lösen konnten. Hier wurde bei einem Spirituosen-Onlineshop ein Jahr lang ein Budget von 100.000 € einem völlig falschen Marketingkanal zugeordnet. Denn: durch einen technischen Fehler wurden diese dem vermeintlichen Marketingkanal PayPal zugeteilt. Dieser hat jedoch als reiner Bezahldienst nichts mit einem Marketingkanal zu tun, der neue Interessent:innen auf die Webseite bringt. Das führte dazu, dass nicht nur die Kosten, sondern auch die Konversionen nicht dem Marketingkanal, der den Erfolg gebracht hat, zugerechnet wurden. Es konnte also nicht festgestellt werden, ob es die SEO-Maßnahmen, die SEA-Anzeigen oder vielleicht der eigene Newsletter war, der die Konversionen gesteigert hat. Das führte wiederum zu großen Unsicherheiten in der Ausspielung der Budgets und in der Wahl der Kanäle. Tatsächlich konnte dieses technische Problem sehr schnell festgestellt und innerhalb weniger Minuten behoben werden. Die Quintessenz: Eine funktionierende technische Infrastruktur kann tausende Euros sparen.

Tipp: Serverseitiges Tracking ermöglicht Ihnen mehr Daten und bessere Entscheidungen

In Zeiten mit immer weiter sinkenden Analytics-Daten durch Adblocker, Cookie-Banner und DoNotTrack-Einstellungen in Browsern, lohnt es sich über alternative Tracking-Methoden nachzudenken. Bei vielen Webseiten fehlen heute bereits 30–60 % der Analytics-Daten.

Beim serverseitigen Tracking funktioniert die Technologie etwas anders, was dazu führt, dass mehr User-Daten erfasst und analysiert werden können. Vor allem die ansonsten von Adblockern geblockten Daten können so wieder verfügbar gemacht werden. Die Datenqualität steigt und damit verbessern sich auch die Entscheidungen, die auf Basis der Daten getroffen werden.

Da die Daten hierbei auf einem eigenen Server gespeichert werden, ergeben sich auch Vorteile hinsichtlich des Datenschutzes. Einerseits gewinnt man die Hoheit über die eigenen Daten zurück und andererseits wird so auch ein Server in Europa oder Deutschland möglich.

Das serverseitige Tracking passiert dabei im Hintergrund, in der Bedienung der Tools selbst ändert sich nichts.◄

1.3   Jede Sekunde zählt – machen Sie es den Kund:innen leicht

„… User-Experience entscheidet über Response- und Conversion-Rates in digitalen Plattformen." (Pispers et al., 2018, S. 20).

Als Online-Nutzer:innen sind wir bequem und wollen ein Maximum an Komfort. Das klingt erst einmal negativ oder egoistisch, aber wir alle kennen es aus unserem privaten Surf-Verhalten: Wir sind ungeduldig. Anders als bei einem Einkauf im Geschäft ist man im Internet sehr schnell und unverbindlich unterwegs. Einmal im Laden bleibt man dort in der Regel mindestens einige Minuten, Webseiten hingegen werden oft schon nach wenigen Sekunden wieder geschlossen. Die Aufmerksamkeit für Online-Marketing ist noch deutlich geringer.

So gesehen ist Marketing im Web immer ein Hürdenlauf. 72 % der befragten Marketingspezialisten sind der Meinung, dass die Erfüllung von Kundenerwartungen 2021 schwieriger geworden ist als noch ein Jahr zuvor (Salesforce Research, 2021, S. 10). Es lohnt sich ein wenig Zeit zu investieren und die wichtigsten Hürden zu betrachten, die zwischen den Nutzer:innen und der Conversion stehen. Die Gründe dafür sind vielseitig, häufig sind eine schlechte Benutzererfahrung oder andere Erwartungen die Ursachen für abgebrochene Besuche. Kürzlich ist mir so etwas selbst im Kundenportal von Vodafone passiert: Ich klickte erwartungsfreudig auf „Unsere Angebote für Dich", und es öffnete sich mir eine leere Seite. Enttäuschend!

„Wir nutzen Webseiten nicht, wir überfliegen sie" (Jacobsen, 2017, S. 147)
In wenigen Sekunden entscheidet sich, ob ein Inhalt im Web als relevant betrachtet wird. Online legen wir in den meisten Fällen eine sehr selektive Leseweise an den Tag. Es geht eher darum, die wichtigsten Elemente schnell zu erfassen und nur selten nehmen wir uns die Zeit am Bildschirm längere Texte zu lesen. Webseiten und Online-Werbung müssen also auf den ersten Blick überzeugen und schnell einen guten Eindruck machen.

Dazu gehört auch, dass Nutzer:innen vermeintlich banale Fragen für sich selbst schnell beantworten können. Beispielsweise ob man sich gerade auf der richtigen Webseite befindet („Löst diese Webseite mein Problem?"). Schließlich bewegt man sich immer mit einer konkreten Absicht im Netz. Man sucht Informationen, vergleicht Preise, sucht Unternehmen in der Nähe, recherchiert Rabattcodes, möchte schnell bereits bekannte Produkte kaufen oder sucht einen neuen interessanten Podcast. Suche ich einen True-Crime-Podcast, habe aber den Eindruck auf einer Unternehmenswebseite gelandet zu sein, kann das schon ausreichen, um die sich noch ladende Webseite wieder zu schließen.

Der Wunsch nach wenig Aufwand

Es fällt uns leichter uns zu orientieren, wenn wir uns bereits auskennen. Was im Straßenverkehr gilt, trifft auch auf Webseiten zu (Mayer, 2018). Im Fachjargon spricht man hier von kognitiver Leichtigkeit (Kahneman, 2014, 81 ff.). Damit verbunden ist auch der Wunsch, möglichst wenig Zeit zu investieren. Als Internet-User:in möchte ich mein Ziel möglichst schnell und mit so wenig Aufwand wie möglich erreichen. Das zeigt sich bereits in Suchmaschinen. In den meisten Fällen wird das erste oder das zweite Suchergebnis angeklickt; häufig wird sogar der kurze Titel nicht einmal richtig gelesen.

Wiedererkennbare Bedienelemente und bereits gelernte Funktionsweisen wie z. B. dass ein Logo-Klick auf einer Webseite zur Startseite führt (Jacobsen, 2017, S. 157), haben somit unmittelbaren Einfluss auf Abbrüche und somit auch den Erfolg von Online-Präsenzen.

Dazu gehört auch, dass man sich sehr gern den Aufwand spart, sich auf Webseiten zu registrieren. Man vermeidet gern die Mühe seine Adress- und Bezahldaten einzugeben, seine E-Mail-Adresse zu bestätigen und weitere Logindaten nachhalten zu müssen. Es gilt also schlanke Anmeldestrecken aufzubauen und man sollte z. B. hinterfragen, ob 46 % der Online-Shops richtig damit liegen, bereits beim Anlegen eines Kundenkontos das Geburtsdatum als Pflichtangabe abzufragen (Wittmann et al., 2018, S. 41).

Aus diesem Grund empfinden wir nicht erreichbare Webseiten oder andere Fehler im Web auch so schnell als ärgerlich. Auch deshalb sind Marktplätze wie Amazon, aber auch Lieferdienste wie Lieferando so erfolgreich. In erster Linien wird es User:innen dort sehr leicht gemacht zu bestellen. Sie sind bereits registriert und der Bestellvorgang ist simpel und schnell (Still und Crane 2017, S. 49). Features wie 1-Click-Bestellungen schaffen maximale Simplizität für die User:innen.

Orientierung und Sicherheit verhindern Abbrüche

„Es ist wie im Supermarkt: Finden wir alle Produkte auf Anhieb, ist unser Einkaufserlebnis positiver als wenn wir alles aufwändig suchen müssen." (Morys, 2019).

Es geht immer darum, den Nutzer:innen Sicherheit zu geben in der Bedienung und in der Entscheidung. Für die Bedienung sind vor allem übersichtliche, klare Strukturen wichtig. Man möchte sich schnell zurechtfinden und intuitiv verstehen. Denn letztendlich ist auch die Orientierung und Navigation auf einer Seite für User:innen mit Aufwand verbunden.

Gleichzeitig gibt es viele Faktoren, die Nutzer:innen die nötige Sicherheit für eine Kaufentscheidung im Web geben. Das kommt insbesondere bei unbekannten Anbietern zum Tragen. Das Vertrauen von Nutzer:innen in die Website entscheidet sich innerhalb von Sekunden und viele Absprünge sind auf mangelndes Vertrauen zurückzuführen.

Marketing-Anforderungen vs. Nutzer-Bedürfnisse
Als wäre das Optimieren für die modernen Nutzer:innen nicht bereits herausfordernd genug, müssen gleichzeitig auch noch einige Anforderungen aus dem digitalen Marketing berücksichtigt werden.

Im Marketing möchten wir zahlreiche Vorteile kommunizieren, eine Marke aufbauen und uns vom Wettbewerb abgrenzen. Nutzer:innen möchten jedoch wenig lesen müssen, manche Empfehlungen gehen sogar soweit, die Hälfte der Web-Texte streichen zu wollen (Krug, 2013, S. 49).

Denken wir zum Beispiel auch an Suchmaschinen. Für sehr viele Webseiten stellen diese einen sehr wichtigen Traffic-Kanal dar. Obwohl Google selbst seit Jahren für Nutzerorientierung wirbt, funktionieren auch 2022 noch lange bis sehr lange Keyword-Texte sehr gut, wenn man ein Top-Ranking erzielen will. Vor diesem Hintergrund fällt es schwer, die Webseite schlank zu halten und dem Leitsatz „keep it simple" (Still & Crane, 2017, 49 f.) zu folgen.

Zudem kommen auch noch verschiedene, teilweise gegensätzliche Anforderungen und Wünsche aus den verschiedenen Abteilungen im eigenen Unternehmen, die es unter einen Hut zu bringen gilt.

Die Königklasse: Die joy of use
Hat man es geschafft die wichtigsten Hürden der Benutzerfreundlichkeit zu nehmen, kann man sich mit der nächsten Stufe beschäftigen. Die joy of use bezeichnet die Freude, die Benutzer:innen während der Bedienung digitaler Anwendungen empfinden. Bezogen auf Webseiten sind das häufig kleine spielerische Bedienelemente, die dazu führen, dass sie gerne damit interagieren.

Die positiven Emotionen werden so mit der Marke verknüpft – vor allem aber schlägt sich dies auch in Fakten nieder. Zufriedene User:innen verweilen länger auf Webseiten und sorgen für höhere Conversion Rates. Es lohnt sich also, die User Experience nicht nur frei von Hürden, sondern auch positiv zu gestalten.

1.4 Der Werkzeugkasten der Conversion-Optimierung

„Conversion-Optimierung ist die Kunst, die richtigen Dinge richtig zu ändern, um mehr Ertrag zu erzielen." (Morys, 2018, S. 211).

In der Conversion-Optimierung gibt es drei zentrale Herangehensweisen, die wir in diesem Buch behandeln:

In der **Best-Practice-Optimierung** werden Webseiten und Online-Kampagnen mithilfe allgemeingültiger Erfolgsrezepte optimiert. Die Optimierung kann direkt, ohne vorheriges Testen, durchgeführt werden. Sie basiert auf erprobten Best-Practice-Empfehlungen und Erkenntnissen aus übergreifenden Analysen. Aus Best Practices der Webseitenoptimierung wissen wir beispielsweise, dass ein schlankes Hauptmenü oder die Nutzung von Trust-Logos gute Ideen sind. Aus dem Besuchertracking von Tools wie Google Analytics[2] lässt sich herausfinden, auf welchen Unterseiten Benutzer:innen Webseiten verlassen. Diese Erkenntnisse lassen sich wunderbar nutzen, um den Content dieser Unterseiten zu überarbeiten, diesen ansprechender zu gestalten oder beispielsweise animierte Grafiken einzubinden.

Kap. 2 dieses Buches zeigt einige Ideen und Impulse zur Best-Practice-Optimierung von Webseiten und Online-Kampagnen. Dort finden sie direkt umsetzbare Empfehlungen zur Steigerung der Conversion Rate sowohl für Unternehmenswebseiten als auch für Online-Händler.

Mithilfe von **A/B-Tests** hingegen lässt sich sehr genau herausfinden und testen, wie Änderungen auf Webseiten und bei Kampagnen von den Nutzer:innen angenommen werden. Dadurch werden Fakten zur Erfolgswirkung geschaffen. A/B-Tests funktionieren wie wissenschaftliche Experimente: es gibt eine unveränderte Kontrollgruppe (Variante A) und eine Variante mit einer Veränderung (Variante B). Stellen Sie sich zum Beispiel vor, wir ergänzen einen weiteren „Jetzt anfragen"-Button auf einer Produktunterseite. Die Hälfte der Webseitenbesucher:innen sieht Variante A mit nur einem Button und die andere Hälfte sieht die Test-Variante mit zwei Buttons auf der Produktseite. Da nur dieses eine Element verändert wurde, lässt sich der Effekt der Veränderung nun sehr genau berechnen. Im Idealfall verbessert sich die Klickrate oder der Prozentsatz der Bestellungen durch die Veränderung. Aber auch ob der zweite Button

---

[2] Aufgrund der hohen Verbreitung des kostenlosen Google-Tools in Deutschland, wird in diesem Buch „Google Analytics" oft exemplarisch als Synonym für „ein Webanalyse-Tool" verwendet. Andere Webanalyse-Tools sind beispielsweise Matomo, Piwik, AT Internet, mapp (ehem. Webtrekk) oder Adobe Analytics.

die Nutzer:innen eher verwirrt oder abschreckt, lässt sich nur durch Messung feststellen.

In Kap. 3 dieses Buches finden Sie Impulse und Ideen wie sich A/B-Tests zur Webseitenoptimierung nutzen lassen. Mit der Optimierung und dem A/B-Testing von Online-Marketing-Kampagnen beschäftigen wir uns in Kap. 4.

Die **Personalisierung** ist die dritte Methode der Conversion-Optimierung. Hierbei wird mithilfe von Daten beispielsweise der Content von Webseiten oder die Betreffzeile einer E-Mail-Kampagne individualisiert. Häufig wird dazu auf Daten aus dem bisherigen Surfverhalten auf der Webseite oder aus der Bestellhistorie zurückgegriffen. Wie im A/B-Testing lässt sich auch genau messen welchen Effekt Personalisierungsmaßnahmen auf Conversion-Rates und andere wichtige Kennzahlen haben.

Dem Thema Personalisierung widmen wir uns ausführlicher in Kap. 5.

Alle drei Maßnahmen können dabei in der Conversion-Optimierung ideal ineinandergreifen: aus der Webanalyse entstehen A/B-Testideen, in der Analyse von A/B-Tests werden Erkenntnisse über Nutzergruppen gewonnen, welche dann in der Personalisierung genutzt werden können (Brandt, 2015, S. 125).

Aber womit fängt man an?

In den meisten Fällen empfiehlt es sich, mit der Best-Practise-Optimierung zu beginnen. Best Practices müssen nicht bewiesen werden, bevor sie umgesetzt werden. Zudem gibt es keine besonderen Anforderungen an diese Optimierungsmaßnahmen.

Idealerweise baut A/B-Testing auf der Optimierung nach Best Practises auf. Da das A/B-Testing eine gewisse Menge an Webseitenbesuchern voraussetzt, um statistische Aussagekraft zu erlangen, eignet sich diese Methode vor allem für B2C-Webseiten.

Personalisierung ist praktisch die nächste Ausbaustufe in der Conversion-Optimierung. Es spricht jedoch nichts dagegen parallel andere Optimierungsmaßnahmen vorzunehmen.

Was braucht man für den Start?

Gar nicht viel. Im ersten Schritt sind Sie mit diesem Buch und einem Web-Analytics-Tool bereits sehr gut bedient. Wenn Sie sich über die Ziele Ihrer Webseite im Klaren sind, stellen Sie sicher, dass diese auch gemessen werden.

Welche Methode auch genutzt wird, es sollten Kennzahlen definiert werden, um den Erfolg auch messen zu können. Wird die Startseite eines Unternehmens optimiert, könnte dies zum Beispiel die Absprungrate aus Google Analytics sein.

▶ Nicht alle individuell relevanten Kennzahlen liegen von Hause aus
in Ihrem Analytics-Tool vor. Häufig ist es aber mit überschaubarem
Aufwand verbunden Ihre Daten zu individualisieren.

Der nächste Schritt ist es nun sich Gedanken über konkrete Optimierungsmaßnahmen zu machen und Ideen zu entwickeln.

1.5 Gute Optimierungsideen für verschiedene Nutzergruppen

Um Optimierungsideen zu sammeln, empfiehlt es sich innerhalb eines offenen
Brainstormings mit Kolleg:innen aus verschiedenen Abteilungen Ideen zusam-
menzutragen. Dabei ist es zielführend, zunächst alle Ideen zu berücksichtigen
und sie erst in einem späteren Schritt kritisch zu hinterfragen. Die Erfahrung
zeigt, wie wertvoll die Meinungen und Ideen aus verschiedenen Abteilungen sein
können. Lediglich Kolleg:innen aus dem Marketing- oder Webseiten-Team mit
einzubeziehen ist nicht ratsam, da aus anderen Fachabteilungen ebenfalls gute
und wahrscheinlich andere Optimierungsideen kommen. Es kann daher sinnvoll sein, verschiedene Workshops mit verschiedenen Teilnehmerkonstellationen
durchzuführen, um schnell auf viele Ideen zu kommen. Zum Beispiel die Kol-
leg:innen aus dem Kundendienst oder Call Center haben häufig den direktesten
Kontakt zu Kund:innen und verfügen somit über wertvolles Kundenfeedback, was
berücksichtigt werden sollte.

Um Betriebsblindheit zu vermeiden, sind ebenso Meinungen von externen Personen, die mit dem Produkt oder der Webseite nicht vertraut sind, von elementarer
Bedeutung. Idealerweise können ebenso potenzielle Kund:innen oder Personen
aus dem Bekanntenkreis zu neuen und spannenden Optimierungsideen beitragen.
Bestenfalls würde man hier die Kund:innen systematisch in einem UX-Lab befra-
gen und Aufgaben zur Bedienung der Webseite lösen lassen. Wie man sieht, kann
es also ein guter Startpunkt sein, aus verschiedenen Richtungen zu denken, um
die User Journey möglichst umfangreich berücksichtigen zu können.

Intuitiv beginnt man bei Optimierungsideen häufig mit der Startseite. Häufig ist aber die Startseite gar nicht die erste Seite für viele Nutzer:innen. Gibt
es zum Beispiel Kampagnen-Landingpages, über die viele Nutzer:innen einsteigen? Gibt es Unterseiten, die über Google besonders gut auffindbar sind,
sodass Nutzer:innen darüber auf die Webseite gelangen? Vielleicht gibt es auch
andere Unterseiten, die eine wichtige Conversion für das Unternehmen darstellen,
wie beispielsweise eine Kontaktformular-Seite oder aber eine Checkout-Seite im
Bestellprozess. Es ist somit ratsam verschiedene Seiten-Typen und Unterseiten zu

berücksichtigen und sich hier noch einmal besonders vor Augen zu führen, dass dies je nach Fall, die erste Seite ist, die ein:e Benutzer:in auf der Webseite zu sehen bekommt.

Grundsätzlich ist es das Ziel, die Webseite für Nutzer:innen weiterzuentwickeln. Man spricht hierbei von *Customer Centricity:* Die Website soll den Anforderungen und Erwartungen unserer spezifischen Nutzergruppen entsprechen. Es lohnt sich dabei kritisch zu hinterfragen „Was haben meine Nutzer:innen überhaupt davon?". Arbeitet man an Features, die es Benutzer:innen leichter machen die Webseite zu besuchen oder die gewünschten Informationen zu finden, oder trägt eine Idee möglicherweise nicht dazu bei?

Bei den bisher recht frei gewonnenen Ideen ist die Webanalyse eine hervorragende Ergänzung. Analytics-Daten sind eine clevere Grundlage für eine datenbasierte Weiterentwicklung von Optimierungsideen. Stellt man zum Beispiel fest, dass die Ausstiegsrate auf gewissen Unterseiten oder Seitentypen besonders groß ist, können wir daraus ableiten, dass ein konkretes Optimierungspotenzial besteht.

In Tools wie Google Analytics empfiehlt es sich daher die am häufigsten aufgerufenen Unterseiten sowohl auf die Ausstiegsrate als auch die Verweildauer zu analysieren, da diese Anhaltspunkte geben, welche Unterseite schlechter performt als andere. Im E-Commerce bieten sich ebenso die Berichte an, die sich mit der Leistung des Bestellprozesses befassen, also der Frage an welcher Stelle des Prozesses Nutzer:innen abspringen. Stellt man im Analytics-Tool fest, dass viele Benutzer:innen die Seite bei der Auswahl der Bezahlart verlassen, ist dies bereits ein Indiz für eine Optimierung. Daraufhin kann die entsprechende Seite genauer geprüft werden. Eine mögliche Schlussfolgerung könnte sein, dass zu wenig Bezahlarten angeboten werden und es somit eine Überlegung wert sein könnte, weitere Bezahlarten in den Bestellprozess mit aufzunehmen. Auch missverständliche Formulierungen oder eine mobil zu spät angezeigte Auswahl der Bezahlarten können die Gründe sein. Hier könnte es eine gute Idee sein, noch einmal die Produktvorteile oder Trust-Siegel zu zeigen (das Thema Reputation behandeln wir ausführlich in Abschn. 2.6).

Des Weiteren ist es wirkungsvoll, die Webseite aus der Brille verschiedener Nutzergruppen zu betrachten und zu analysieren. Auch das kann in einem Brainstorming mit verschiedenen Abteilungen eine gute Übung sein. Nehmen wir einmal an, Sie sind für die Webseite eines Maschinenbauers verantwortlich, der Komponenten von Industriemaschinen herstellt. Hier gibt es häufig zwei Zielgruppen: Einerseits eine kaufmännische Zielgruppe – wie beispielsweise Einkäufer:innen, die für die Materialbeschaffung zuständig sind – und andererseits gibt es technische Ansprechpartner:innen – wie Ingenieur:innen, die sich für die

Tab. 1.2 Verschiedene Bedürfnisse am Beispiel eines Industriemaschinenherstellers

Nutzergruppe der Webseite	Informationsbedarfe
Ingenieur:innen	Detailinformationen zu Produkten, technische Spezifikationen
Einkäufer:innen	Informationen über Kosten und Wartungsangeboten
Bestandskund:innen	Service-Informationen, Suche nach Kontaktdaten
Bewerber:innen	Unternehmensinformationen, ausgeschriebene Stellen

konkreten Maschinen interessieren. Man kann davon ausgehen, dass beide Zielgruppen einen sehr unterschiedlichen Informationsbedarf haben (Tab. 1.2). Wo es einem Einkäufer eher um Preise geht, geht es einem Ingenieur eher um technische Spezifikationen. In einer gemeinsamen Übung kann man zum Beispiel die Produktseiten aus Sicht von Ingenieur:innen oder Einkäufer:innen betrachten. Dabei lässt sich überlegen, welche Informationen man aus Sicht der Zielgruppensicht dort finden möchte, die im Entscheidungsprozess weiterhelfen. Durch diese Methode lassen sich in aller Regel gut weitere Ideen entwickeln.

Ebenfalls hilfreich ist es, sich vor Augen zu führen, dass nicht nur verschiedene Nutzergruppen verschiedene Bedürfnisse und Ansprüche haben, sondern dass Nutzer:innen sich in verschiedenen Stadien des Kaufs befinden. Das Ziel der meisten Personen auf Webseiten ist nämlich nicht der Kauf, wie die 80–10–10-Regel verdeutlicht (Jansen et al., 2008, S. 1256):

- **Informational:** Man sagt, 80 % der Nutzer:innen sind auf der Suche nach Informationen. Sie recherchieren Dinge wie offene Fragen, Anleitungen, Tests oder allgemeine Informationen.
- **Navigational:** 10 % suchen nach Adressen, Standorten sowie spezifischen Webseiten oder Marken.
- **Transactional:** 10 % haben ein konkretes Kaufinteresse. Sie wissen, welches Produkt oder welche Dienstleistung sie haben wollen und suchen häufig nur noch nach einem konkreten Anbieter.

Torsten Schwarz (2017, S. 81) behauptet, Besucher:innen von Online-Shops wollen so viele Informationen wie möglich – häufig ist das Gegenteil der Fall. Diese Betrachtungsweise lässt nämlich verschiedene Nutzergruppen außer Acht. Vor allem die Kund:innen, die sich bereits über ein Produkt informiert haben und nur noch die letzten Hürden vor dem Kauf nehmen möchten.

Nachdem nun Tools und mehrere Personen in die Sammlung von Optimierungsideen involviert wurden, bestehen meist zahlreiche Optimierungsideen, die es nun zu priorisieren gilt. Dabei kann ein erster Schritt die Einteilung der Ideen in Basis-Features und begeisternde Features sein.[3] Dadurch wird eine erste Einteilung geschaffen, was Hygiene-Faktoren, die beispielsweise die Performance der Webseite verbessern, sind, und was Funktionen, die dazu beitragen die User Journey positiver zu gestalten und Kund:innen einen spürbaren Mehrwert zu bieten, sind. Genauso könnte ein nächster Schritt auch ein Blick auf den Traffic sein, um festzustellen auf welcher Unterseite oder welchem Seitenbereich wie viele Nutzer:innen zugreifen. Daraus ließe sich wiederum ableiten was ein größerer oder ein kleinerer Hebel ist. Zusammenfassend empfiehlt sich, eine Liste mit allen Optimierungsideen zu erstellen und diese anhand von verschiedenen Kriterien zu priorisieren.

Um auch die Priorisierung selbst zahlenbasiert zu gestalten, lassen sich gut verschiedene Frameworks nutzen. Unser eigenes Modell, das SCORE-Framework, wird in Abschn. 3.5 vorgestellt.

Conversion-Funnel als ideale Grundlage für die Optimierung
Funnel-Analysen oder auch Trichter-Analysen sind eine hervorragende Grundlage, um Optimierungsideen anhand der Webseiten-Daten zu gewinnen (Hassler, 2016, 394 f.). Bei einer Trichter-Analyse wird Schritt für Schritt analysiert, an welchem Punkt die Nutzer:innen abspringen und somit den Conversion- oder den Verkaufs-Funnel verlassen.

Häufig nutzt man im Marketing dafür das AIDA-Modell. Dieses bildet die verschiedenen Stadien ab, in denen sich Kund:innen in einem Kaufprozess befinden (Kotler et al., 2007, S. 854). Die vier Schritte des AIDA-Trichters sind:

1. Attention – Aufmerksamkeit
2. Interest – Interesse
3. Desire – Wunsch
4. Action – Aktion

Übertragen auf Webseiten sieht ein solcher Verkaufs-Trichter (*Sales Funnel*) zum Beispiel oft so aus wie in Abb. 1.2 zu sehen.

Diese Logik lässt sich ebenfalls hervorragend auf einzelne Conversion-Ziele anwenden. Betrachten wir jedoch vorerst das Beispiel E-Commerce-Beispiel. Hier

---

[3] Beide Kategorien stammen aus dem *Kano-Modell der Kundenzufriedenheit*, welches sich mit Kundenwünschen und -anforderungen beschäftigt und diese sehr.

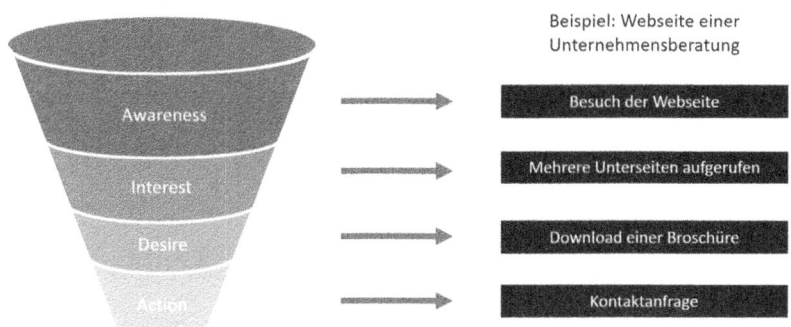

Abb. 1.2 Datengetriebenes Marketing anhand des AIDA-Funnels

liefern die meisten Webanalyse-Tools, wenn einmal richtig konfiguriert, bereits sehr gute und detaillierte Daten. Google Analytics gibt Ihnen beispielsweise, nachdem das E-Commerce-Tracking aktiviert wurde, einen eigenen Bericht, der anzeigt, in welchem Schritt innerhalb des Kaufprozesses die Nutzer:innen abgesprungen sind. Mit diesem Bericht kann man anschließend in die weitere Analyse gehen und sich beispielsweise anschauen, wo Personen, die über das Smartphone auf den Shop zugreifen besonders abbrechen. Stellt man dabei fest, dass auf der Seite, wo die Benutzer:innen ihre Bezahlart wählen müssen, eine besonders hohe Absprungrate herrscht, bietet dies bereits einen sehr konkreten Anlass zur Optimierung. Man weiß nun genau, wo man hinschauen muss, um die Seite zu optimieren.

Hier kann es der Fall sein, dass Zahlungsarten, die im Fußzeilenbereich der Webseite angezeigt werden, gar nicht mehr angeboten werden oder vielleicht fehlerhaft sind. Nutzer:innen haben sich somit womöglich darauf verlassen zum Beispiel mit PayPal bezahlen zu können, finden dann jedoch keine entsprechende Möglichkeit in dem Bezahlungsprozess. Auch hier kann tatsächlich bereits das Thema Vertrauen eine große Rolle spielen. Vielleicht finden Nutzer:innen die Produkte eines Unternehmens sehr interessant, haben sogar einen gewissen Kaufanreiz entwickelt, jedoch noch nicht genug Vertrauen aufbauen können, um dem noch unbekannten Unternehmen vertrauliche Daten wie beispielsweise Bankdaten zu übergeben. Genau hier ließe sich Vertrauen aufbauen, indem an dieser Stelle des Check-out Prozesses gezielt ein Gütesiegel verwendet wird.

Auch bezogen auf andere Conversions kann eine Funnel-Analyse sehr hilfreich für die Optimierung sein. Schauen wir uns das Ganze doch einmal am Beispiel der Newsletteranmeldung an (Abb. 1.3):

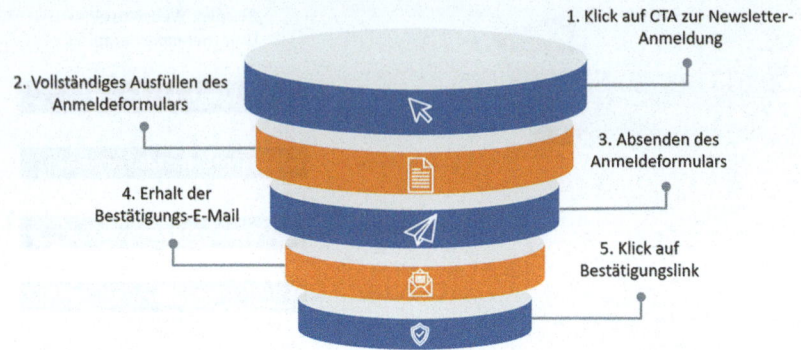

Abb. 1.3 Detaillierter Conversion-Trichter für die Newsletter-Anmeldung

Vorausgesetzt es gibt ein detailliertes Analytics-Tracking, kann man bereits im allerersten Schritt, dem Klick auf das Feld „Zum Newsletter anmelden" mit der Analyse beginnen, indem man sich anschaut, wie viele Klicks es überhaupt auf die Newsletter-Anmeldung gibt. Hiermit könnte zunächst das generelle Interesse an einer Newsletter-Anmeldung gemessen werden. Nehmen wir einmal an es öffnet sich im nächsten Schritt eine neue Unterseite für die Newsletter-Anmeldung. Auch hier kann noch einmal gemessen werden, ob eine Person die Unterseite tatsächlich auch besucht hat und nicht direkt nach dem Klick auf den CTA-Button das Browser-fenster wieder geschlossen hat. Möchte man es genau wissen, kann man bei einem längeren Formular auf der Webseite *jeden* einzelnen Klick in das jeweilige Formu-larfeld messen und somit herausfinden, wie viele Felder ein:e Nutzer:in ausfüllt, bevor abgebrochen wird. So ließe sich beispielsweise feststellen, dass Nutzer:innen zwar noch Vor- und Nachnamen und E-Mail-Adresse ausfüllen, bei der postalischen Anschrift jedoch abbricht.

Im nächsten Schritt der Trichter-Analyse wird erfasst, ob ein Anmeldeformu-lar vollständig ausgefüllt und abgeschickt wurde. Sie werden es jedoch sicherlich selbst aus dem E-Mail-Marketing oder spätestens aus der privaten Nutzung ken-nen, dass eine Newsletter-Anmeldung *erst* abgeschlossen ist, wenn der E-Mail Bestätigungs-Link geklickt wird. Nachdem diese sogenannte Double-Opt-in-Seite geöffnet wird und die Newsletter-Anmeldung bestätigt wird, ist dies der sinnvolle Abschluss der Newsletter-Anmeldung als Conversion. Wir sehen also: Selbst eine im ersten Schritt einfache Conversion wie die Newsletter-Anmeldung kann auf der Datenseite sehr kleinschrittig und detailliert betrachtet werden, um einen wirklich sinnvollen Optimierungshebel zu finden.

Sind beispielsweise die Klicks auf die Newsletter-Anmeldung zu gering, kann evaluiert werden, was die Ursache sein könnte. Häufig ist die Newsletter-Anmeldung schlichtweg nicht präsent genug auf der Webseite platziert. Diese Erkenntnis ist ein guter Anlass, um Optimierungen vorzunehmen, zum Beispiel: eine prominentere Kachel zur Bewerbung des Newsletters, ein Newsletter-Häkchen im Bestellprozess oder einen stärkeren Anreiz zur Anmeldung wie einen Rabatt. In den meisten Fällen kann man Optimierungsideen tatsächlich sehr niedrigschwellig vorantreiben und testen.

1.6 Fahrplan für das datengetriebene Arbeiten im Marketing

„Daten sind der Rohstoff für Innovation." (Viktor Mayer-Schönberger)

In der Arbeit mit Daten gibt es zahlreiche Möglichkeiten, diese umzusetzen und eine Fülle von Fachbegriffen und Empfehlungen. Daher ist es nicht immer ganz einfach, für sich selbst den richtigen Fahrplan zu finden. Als Orientierung nutze ich daher gern die zehn Schritte des datengetriebenen Arbeitens wie in Abb. 1.4 zusammengefasst.

Das A/B-Testing von Kampagnen (Abschn. 4.4) ist bewusst nicht in den dargestellten Schritten enthalten, da dieses durchgeführt werden sollte, sobald in Online-Werbung investiert wird. Auch die Personalisierung von Digitalkampagnen (Abschn. 5.4) sollte auch zu einem frühestmöglichen Zeitpunkt in Betracht gezogen werden.

Folgende zehn Stufen sind für die Entwicklung datengetriebenen Marketings zielführend und sollten idealerweise Schritt für Schritt erschlossen werden:

1. **Basis-Tracking sicherstellen und Conversion Tracking aufsetzen:** Hierbei geht es darum, dass überhaupt eine Datenerfassung der Nutzer:innen Ihrer Webseite stattfindet. Man kann auch hier von einem Webanalyse Basis-Tracking sprechen. In aller Regel beinhaltet dieser Schritt das Aufsetzen eines Analytics-Tools, welches dann in aller Regel auch mit einem Consent Management Tool (Cookie-Banner) einhergeht. Damit wird die automatische, aber noch nicht individuelle Erfassung von Userdaten auf Ihrer Website ermöglicht. Ebenfalls geht es dann darum, die wirklich individuell wichtigen Conversions Ihrer Websites festzuhalten und diese dann aber auch in Ihrem Analytics-Tool anzulegen und zu konfigurieren. Am allerwichtigsten

10.	Attribution & Multi-Channel-Tracking
9.	Berechnung des Kundenwertes
8.	Aufbau einer zentralen Marketingdatenbank
7.	Webseiten personalisieren
6.	Return on Advertising Spend (ROAS) etablieren
5.	Daten zusammenführen und Dashboards nutzen
4.	Webseiten A/B-testen
3.	Individualisiertes Tracking & Tag Management
2.	Kampagnentracking nutzen
1.	Basis-Tracking und Conversion Tracking aufsetzen

Abb. 1.4 Vorgehensweise in der datengetriebenen Optimierung

sind hier immer die primären Konversionen. Es lohnt sich auch hier bereits andere wichtige Interaktionen wie zum Beispiel Newsletter-Anmeldungen oder wichtige Broschüren-Downloads zu definieren, um noch mehr über die Interessen und das Nutzungsverhalten zu lernen. Mehr über Conversions erfahren Sie in Abschn. 1.1.

2. **Kampagnentracking nutzen:** Die bereits erfassten Webseiten- und Userdaten gilt es dann mit Kampagnen-Daten anzureichern. Ganz konkret geht es hier darum, Kampagnen-Daten in die Analytics-Tools zu überführen. An dieser Stelle geht es noch nicht darum, auch bereits detaillierte Kostendaten mit den Analytics-Daten zusammenzuführen, sondern erst einmal ist es wichtig, hier Daten wie Kampagnennamen und Informationen über die Zielgruppe und die Werbemittel zu erfassen. Wie das geht, lesen Sie in Abschn. 4.3.

3. **Individualisiertes Tracking und Tag Management:** In diesem Schritt gilt es, das Tracking noch weiter zu individualisieren und sich Gedanken zu machen, was tatsächlich noch wichtig sein kann, um zielführende Analytics-Daten sicherzustellen. In manchen Fällen kann das bedeuten, die Daten von verschiedenen eigenen Webseiten zusammenzuführen oder sogar wild voneinander zu trennen, je nachdem, was man genau analysieren möchte. Das kann hier beispielsweise bedeuten automatisiert, alle Interaktionen auf der Webseite zu erfassen, weil man wissen möchte, welche Webseiten-Features

überhaupt von den Nutzern verwendet werden. Hier geht es also mehr ins Detail als in Schritt 1. Ist neben der Einrichtung der primären Conversions keine weitere Individualisierung erfolgt, dann ist es sehr empfehlenswert, es in diesem Schritt nachzuholen. Gleichzeitig sollte man sich Gedanken um das Thema Tag Management machen (siehe Abschn. 1.2). Verschiedene Marketing-Tracking-Pixel, sofern diese genutzt werden, sollten aufeinander abgestimmt und auf eine einheitliche technologische Basis gestellt werden. In aller Regel ist hierfür ein Tag-Management-Tool empfehlenswert, welches die Marketing-Pixel zentral verwaltet. Das spart nicht nur IT-Aufwand, sondern führt auch dazu, die Daten zu standardisieren und eine einheitliche Qualität sicherzustellen. Wenn Sie bereits mit anderen Marketing-Tracking-Pixeln als Analytics arbeiten, sollte in diesem Fall unbedingt auch eine kleine Bestandsaufnahme erfolgen. Oft ist es in der Praxis so, dass bereits verschiedene Pixel auf der Webseite eingebunden und diese womöglich gar nicht mehr aktuell in Benutzung sind. Ein anderer häufiger Fall ist, dass Tracking-Pixel ungefragt weitere andere Pixel auf der Seite laden, ohne dass man dafür seine Zustimmung gegeben hat. All das muss natürlich auch hinsichtlich der Datenschutzbestimmungen und des Cookie-Banners berücksichtigt werden.

4. **Webseiten a/b-testen:** Durch die vorigen Schritte hat man eine solide Datengrundlage geschaffen, um mit dem systematischen Testen zu beginnen. Hierbei geht es darum, durch Experimente festzustellen, welche Detailoptimierungen für Ihre Zielgruppe am besten funktionieren. Mit dem A/B-Testing von Webseiten beschäftigen wir uns in Kap. 4 näher.

5. **Daten zusammenführen und Dashboards nutzen:** In den bisherigen Schritten wurde viel an der Tracking-Infrastruktur gearbeitet. Um die einzelnen Schritte an der User Journey abbilden zu können, sollte also dafür gesorgt werden, dass die Daten integriert sind und nicht in voneinander getrennten Silos vorliegen. Nur wenn die Daten gesammelt vorliegen und gesammelt ausgewertet werden können, können weitere Insights über die Zielgruppen und so wiederum über die Kund:innen ermittelt werden. Bei der Zusammenführung von Daten geht es eher darum, sich noch einmal strategisch zu fragen, wie die vorliegenden Daten noch kombiniert werden können und dieses dann umzusetzen. In aller Regel empfiehlt sich dazu eine Form der Integration verschiedener Datenquellen, Marketingkanäle oder -Tools. Dazu lassen sich oft Dashboards nutzen, welche die wichtigen und die individuell relevanten Kennzahlen für ein Unternehmen zusammenstellen. Ist beispielsweise SEO Ihr wichtigster Marketingkanal, kann ein solches Dashboard dafür genutzt werden, um wichtige SEO-Kennzahlen zusammenzustellen. Wie zum

Beispiel die über den Kanal erzielten Umsätze oder die dazugehörigen Entwicklungen der Keyword-Rankings (ein Beispiel finden Sie in Abschn. 6.3). Datenintegration kann aber hier auch ganz andere Ausprägungen haben. Ein anderes Beispiel ist die Integration von Kampagnen-Informationen in die E-Mails Ihres Kontaktformulars. Durch die Verknüpfung der Daten können wichtige Marketinginformationen auch an das Vertriebsteam weitergegeben werden.

6. **Return on Advertising Spend als Kennzahl etablieren:** Mit der Kennzahl ROAS wird die Profitabilität des Marketings gemessen. Es werden also Marketingmaßnahmen wie ein Investment betrachtet und entsprechend analysiert. Uns interessiert also, was genau erfolgreich war und was nicht. Es ist also eine gute Idee, so eine Kennzahl zentral im eigenen Onlinemarketing einzuführen. Eine wichtige Grundlage dafür ist die Datenintegration. Im Detail lernen Sie den Return on Advertising Spend in Abschn. 6.3 kennen.

7. **Webseiten personalisieren:** Die Idee dahinter ist es, Ihren Webseitencontent auf Ihre verschiedenen Nutzergruppen anzupassen. Durch individualisierte Inhalte, Call-To-Actions und Aktionen können verschiede Gruppen passgenau angesprochen werden, was sehr gute Effekte auf die Conversion Rate haben kann. Im Detail widmen wir uns dem Thema in Kap. 5.

8. **Aufbau einer zentralen Marketingdatenbank:** Noch einen Schritt weitergedacht, werden alle vom Unternehmen genutzten Online-Marketing-Kanäle in einer Datenbank zusammengefasst. Man möchte also weg von Daten-Silos und hin zu einer integrierten Datenlandschaft im Marketing. Hierbei geht es dann darum, den kompletten Prozess, den die Nutzer:innen im Verkaufsprozess durchlaufen, auf der Datenseite abzubilden. Im Detail sollen dabei drei Kategorien an Daten zusammengebracht werden:
   – Leistungsdaten einer Kampagne wie beispielsweise Klicks, Impressions. etc.
   – Kostendaten, bspw. wie viel Budget wurde eingesetzt und welche Klickpreise wurden innerhalb der einzelnen Kampagnen gezahlt?
   – Performance-Daten der Webanalyse, v. a. Absprungraten, Engagement und Conversions.
   Die Idee dahinter ist, die User Journey so genau wie möglich messen zu können, und zwar tatsächlich von einem angeklickten Banner bis hin zu einer Conversion am Ende des Prozesses. Da die technische Infrastruktur von Unternehmen sehr individuell ist, ist es schwer hier eine generelle Empfehlung bezüglich der Datenbanklösung zu geben. Häufig gibt es aber auch bereits Datenbanken oder Systeme wie Business Intelligence-Tools im Unternehmen, die hierfür genutzt werden können.

9. **Berechnung des Kundenwertes:** Mit dem Customer Lifetime Value wird die Betrachtung im Marketing noch ganzheitlicher. Wir betrachten also den Kunden umfänglicher und weiter als nur bis zu seiner ersten Bestellung. Natürlich möchte man gerne seine Produkte und Dienstleistungen verkaufen, aber besonders sinnvoll ist es dabei, den Bestandskunden mehr als nur einmal ein Produkt zu verkaufen. Vor allem, da sich dies auch rechnet und immer deutlich weniger Aufwand mit sich bringt, als Kundinnen komplett neu zu akquirieren und für sich zu gewinnen. Es handelt sich also um eine spannende Kennzahl, ebenfalls werden dadurch weitere spannende Möglichkeiten zur Automatisierung möglich. Die Kennzahl des Kundenwertes vertiefen wir in Abschn. 6.3.

10. **Attribution und Multi Channel Tracking:** Auf der letzten Sprosse der Leiter des datengetriebenen Marketings befinden sich Attribution Modelling und Multi Channel Tracking. Das Attribution Modelling beschäftigt sich mit der Frage, welche Marketingkanäle welchen Anteil am Erfolg hatten. Typischerweise ist es so, dass Banner zwar Aufmerksamkeit wecken können, aber selten zu Conversions führen. Andere Kanäle, vor allem Performance-Kanäle wie Google Ads, profitieren von dieser Vorarbeit, der häufig wird dem letzten Kampagnen-Klick die Conversion zugeordnet. Diese „last click"-Betrachtung lässt aber alle unterstützenden Kanäle außen vor (von Focht, 2022, S. 85). Ein realistischeres Bild zeichnet sich bei einer ganzheitlicheren Betrachtung, die mehrere Kontaktpunkte der Nutzer:innen einschließt (Hartman, 2020, 88 ff.). Das Multi Channel Tracking ermöglicht es, die Werbekontakte kanalübergreifend einzelnen Nutzer:innen zuzuordnen. Die genauesten Ergebnisse lassen sich mit einem speziellen Tool erzielen, welches sämtlichen Online-Kanälen zwischengeschaltet wird.

Meiner Erfahrung nach wird bei 90 % der Webseiten bereits der erste Schritt nicht konsequent zu Ende geführt, da das Conversion-Tracking oft fehlt oder unzureichend ist. Ohne das kann weder festgestellt werden, ob die Webseite profitabel ist, noch können die weiteren der og. Schritte zielführend verfolgt werden.

Natürlich gibt es auch links und rechts dieses Fahrplanes noch Maßnahmen und Technologien. Auch sind nicht immer alle Schritte individuell empfehlenswert, im Querschnitt stellen die zehn Schritte jedoch eine gute Empfehlung für die Marketingpraxis dar.

Auch über die zehn Schritte hinaus gibt es noch weitere Evolutionsstufen, vor allem wenn man an Data Science und Künstliche Intelligenz denkt. Das Ziel dieses 10-Schritte-Fahrplanes ist es jedoch eine Leitlinie zu geben. Haben Sie den Großteil dieser Schritte erreicht, sind die Chancen hoch, dass Sie besser aufgestellt sind als die meisten Ihrer Wettbewerber.

Ihr Transfer in die Praxis

- Arbeiten Sie die Ziele Ihrer Webseite heraus! In der Conversion-Optimierung geht es darum, mehr Nutzer:innen dazu zu bringen diese Ziele zu erreichen. Haben Sie mehrere Ziele, unterteilen Sie diese in primäre und sekundäre Conversions.
- Webanalyse-Tools wie Google Analytics sind dafür die Grundlage für die Optimierung unerlässlich. Sorgen Sie unbedingt dafür, dass Ihre wichtigen Webseiten-Ziele auch in Analytics gemessen werden! Oft ist die Anreicherung von individuellen Daten mit weniger Aufwand verbunden, als man denkt.
- Aus der Zusammenführung von Technologien wie Marketing-Tools, CRM-Tool oder Analytics kann eine wahre Wunderwaffe entstehen. Im ersten Schritt ist ein Tag-Management-Tool ein sehr mächtiges Bindeglied. In einer weiteren Ausbaustufe eine zentrale Datenbank mit sämtlichen Marketing-Daten die Königsklasse.
- Wir alle sind im Internet sehr selektiv unterwegs und sind ungeduldig. Es gilt also Ihre Online-Präsenzen so intuitiv und benutzerfreundlich zu gestalten wie möglich. Häufig führen Hürden und unübersichtliche Webseiten zu Abbrüchen und sorgen so zu vermeidbaren Umsatzeinbußen.
- Versetzen Sie sich so oft es geht in Ihre User:innen und stellen Sie sich vor, wie jemand Ihre Webseite bei seinem/ihrem ersten Besuch sieht. Diese externe Sicht ist Gold wert.
- Im Werkzeugkasten der Conversion-Optimierung liegen drei sehr nützliche Werkzeuge: bei der Best-Practice-Optimierung werden allgemeingültige Erfolgsrezepte umgesetzt. Im A/B-Testing wird durch datenbasierte Experimente herausgefunden, was bei Ihrer Zielgruppe am besten funktioniert. Und in der Personalisierung werden Webseiteninhalte und Online-Marketing-Kampagnen anhand von Daten individuell auf die Nutzer:innen zugeschnitten.
- Optimierungsideen gewinnt man am besten aus der Analyse der User-Daten und brainstormt zusätzlich in interdisziplinären Gruppen.
- Orientieren Sie sich an den 10 Schritten des datengetriebenen Arbeitens, um Ihr eigenes Marketing Stufe für Stufe weiterzuentwickeln.◄

Literatur

Brandt, O. (2015). Mit Webanalyse zu einer gezielteren Besucheransprache. In Braun, G. & Schwarz, T. (Hrsg.), *Leitfaden Data Driven Marketing* (S. 121–130). Marketing Börse.

Eherer, T. (2013). Customer experience management/IBM Tealeaf. Steigerung von Umsatz und Kundenzufriedenheit in Online Kanälen. IBM Tealeaf (IBM BusinessConnect 2013). https://docplayer.org/11431938-Customer-experience-management-ibm-tealeaf.html, zugegriffen am 06.06.2022.

Erlhofer, S. & Brenner, D. (2019). *Website-Konzeption und Relaunch. Planung, Optimierung, Usability* (2. Aufl.). Rheinwerk Verlag.

Field, D., Patel, S. & Leon, H. (2019). The dividends of digital marketing maturity. https://www.bcg.com/de-de/publications/2019/dividends-digital-marketing-maturity, zuletzt aktualisiert am 18.02.2019, zugegriffen am 18.12.2021.

Hartman, K. (2020). Digital marketing analytics. In *Theory And In Practice* (2. Aufl.). Ostmen Bennettsbridge Publishing Services.

Hassler, M. (2016). *Digital und web analytics. Metriken auswerten, Besucherverhalten verstehen, Website optimieren* (4. Aufl.). MITP Verlag (mitp Business).

Jacobsen, J. (2017). *Website-Konzeption. Erfolgreiche und nutzerfreundliche Websites planen, umsetzen und betreiben* (8. Aufl.). dpunkt.verlag.

Jansen, B. J., Booth, D. L. & Spink, A. (2008). Determining the informational, navigational, and transactional intent of Web queries. *Information Processing & Management, 44*(3), 1251–1266. https://doi.org/10.1016/j.ipm.2007.07.015.

Jensen, T. (2019). Ad reporting discrepancies: what to do when your data doesn't match. Search Engine Journal. https://www.searchenginejournal.com/ad-reporting-discrepancies/313387/, zuletzt aktualisiert am 08.07.2019, zugegriffen am 12.06.2022."

Kahneman, D. (2014). *Schnelles Denken, langsames Denken.* Siedler Verlag.

Kotler, P., Armstrong, G., Saunders, J. & Wong, V. (2007). *Grundlagen des Marketing* (4. Aufl.). Pearson Studium.

Kotler, P., Kartajaya, H. & Setiawan, I. (2021). *Marketing 5.0. Technology for humanity.* Wiley.

Krug, S. (2013). *Don't make me think, revisited. A common sense approach to web usability* (3. Aufl.). Berkley: New Riders.

Marr, B. (2017). *Data strategy. How to profit from a world of big data, analytics and the internet of things.* Kogan Page.

Mayer, S. (2018). Hirn aus, Shopping an: Mehr Konversion durch Kognitive Leichtigkeit. https://www.konversionskraft.de/konsumpsychologie/hirn-aus-shopping-an-mehr-konversion-durch-kognitive-leichtigkeit.html, zuletzt aktualisiert am 09.08.2018, zugegriffen am 04.03.2022.

Morys, A. (2018). *Die digitale Wachstumsstrategie. 10 Prinzipien für ein profitables Online-Geschäft* (1. Aufl.). Springer Fachmedien.

Morys, A. (2019). Das 7-Ebenen-Modell. Eine Methodik zur nutzerzentrierten Website-Analyse. https://www.konversionskraft.de/methoden/7-ebenen-modell-customer-experience.html, zuletzt aktualisiert am 28.11.2019, zugriffen am 13.04.2022.

Odden, L. (2012). *Optimize. How to attract and engage more customers by integrating SEO, social media, and content marketing.* Wiley.

Pispers, R., Rode, J., & Fischer, B. (2018). *Neuromarketing im Internet. Gehirngerechtes Kundenerlebnis in der digitalen Welt* (3. Aufl.). Haufe Group.

Salesforce Research. (2021). 7th State of Marketing Report. Insights and trends from over 8,200 global marketers engaging customers from anywhere, zuletzt aktualisiert am 12.08.2021, zugegriffen am 06.04.2022.

Schwarz, T. (2017). *Erfolgreiches Online-Marketing. Das Standardwerk* (4. Aufl.). Haufe Gruppe.

Still, B., & Crane, K. (2017). *Fundamentals of user-centered design. A practical approach.* CRC Press Taylor & Francis Group.

von Focht, T. (2022). Marketing Analytics – Technologien und Tools. In Halfmann, M. & Schüller, K. *Marketing Analytics. Perspektiven – Technologien – Anwendungsfelder* (S. 75–104). Springer Fachmedien.

Wittmann, G., Seidenschwarz, H., Pur, S., & Bergmann, I. (2018). ibi-Mystery-Shopping-Studie 2018. Die Realität des deutschen E-Commerce. ibi research an der Universität Regensburg GmbH. https://www.ecommerce-leitfaden.de/studien/item/ibi-mystery-sho pping-studie-2018-die-realitaet-des-deutschen-e-commerce, zuletzt aktualisiert im Oktober 2018, zugegriffen am 06.03.2022.

Youyou, W., Kosinski, M. & Stillwell, D. (2015). Computer-based personality judgments are more accurate than those made by humans. *Proceedings of the National Academy of Sciences of the United States of America, 112*(4), 1036–1040. https://doi.org/10.1073/pnas.1418680112

Erfolgreiche Webseitenoptimierung: Best Practices mit dem RETURN-Modell

2

Was Sie aus diesem Kapitel mitnehmen werden

- Die sechs wichtigsten Kategorien der Webseitenoptimierung.
- Worauf Sie achten sollten, um Erstbesucher:innen Ihrer Webseite in den wichtigen ersten Sekunden für sich zu gewinnen.
- Maßnahmen zur Steigerung der Interaktion mit Ihrer Webseite.
- Wie Sie die Benutzerfreundlichkeit von Webseiten erhöhen und Hürden für die Nutzer:innen abbauen.
- Wie Sie über Ihre Webseite klar und zielführend kommunizieren und erfolgreich argumentieren.
- Diverse Impulse, wie Sie Ihre Internetpräsenzen vertrauensschaffender gestalten können.

2.1 Die sechs Kategorien der Webseitenoptimierung

„Jede Usability-Optimierung senkt die Gefahr eines Abbruchs, und weniger Abbrüche bedeuten eine höhere Conversion Rate." (Morys, 2019).

Eine Webseite zu erstellen ist kein Hexenwerk, die Schwierigkeit besteht darin eine Webseite erfolgreich zu machen (Erlhofer & Brenner, 2019, S. 17). Es existieren viele Ansätze für eine Usability-Optimierung und eine damit einhergehende Conversion-Optimierung. Wir haben die Erkenntnisse aus mehreren Hundert Optimierungsprojekten in dutzenden Branchen gesammelt und in einem

Abb. 2.1 Das
RETURN-Modell zur
erfolgreichen
Webseitenoptimierung

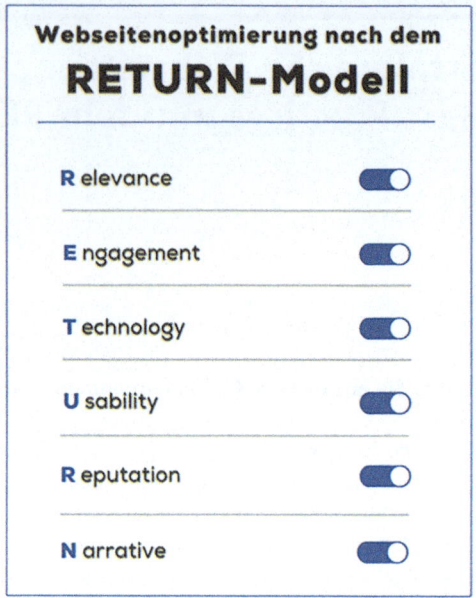

eigenen Modell zusammengefasst: dem RETURN-Modell (Abb. 2.1). Das End-
ergebnis ist ein über viele Jahre fundierter Prüfkatalog, der über 250 praktische
Optimierungstipps zur Verbesserung von Webseiten aufweist.

Das Modell bündelt verschiedenste Sichtweisen rund um die Optimierung
von Conversion Rate und Benutzerfreundlichkeit, berücksichtigt aber auch ver-
kaufsfördernde Elemente und die Benutzerführung auf Webseiten. Besonders
die Informationsarchitektur und die Interaktion mit Webseiten spielen bei dieser
Optimierung eine wesentliche Rolle.

Insgesamt verfügt das Modell über sechs Kategorien, die jeweils praktische
Empfehlungen zur Webseitenoptimierung enthalten. Die meisten Empfehlungen sind universell einsetzbar, natürlich sollten diese auch noch einmal für die
individuelle Anwendung geprüft werden.

Nachfolgend werden die Kategorien näher vorgestellt, bevor wir uns in den
Folgekapiteln den wichtigsten Optimierungsempfehlungen im Detail widmen.

1. **Relevance: Unterstreiche ich klar und deutlich das Thema der Webseite?**
   In der ersten Kategorie des RETURN-Modells geht es darum festzustellen, was für Nutzer:innen auf einer Webseite von Relevanz ist. Das kann beispielsweise eine Headline sein, die zu den Erwartungen von Nutzer:innen passt. Klicken Nutzer:innen auf ein Google-Ergebnis, bei dem es um einen konkreten Sportschuh geht, wird erwartet, dass eine Unterseite zu genau *diesem* Sportschuh folgt – anstatt eine Kategorieseite mit über 70 verschiedenen Schuhen. Wie Sie es vermutlich selbst kennen, verfügt man im Internet nur über eine sehr geringe Aufmerksamkeitsspanne und möchte schnell zum Ziel finden. Es kann bereits eine große Hürde sein, in einem (unbekannten) Shop wenige Sekunden nach einem Schuh zu suchen, den man gerade auf einer Anzeige gesehen hat. Dabei können viele, teilweise einfache Faktoren helfen, dass sich Benutzer:innen auf Webseiten besser zurechtfinden. Es geht unter anderem um die schnelle Erfassbarkeit des Angebotes und der Alleinstellungsmerkmale eines Unternehmens.

2. **Engagement: Wie kann ich eine Interaktion des Nutzers erreichen?**
   In dieser Kategorie geht es um Empfehlungen für bestimmte Elemente, die zu einer verbesserten Interaktion der Besucher:innen einer Website führen. Das können offensichtliche Aspekte sein: Von auffälligen und gut erreichbaren Call-to-Action-Buttons, die zu wichtigen Konversionen wie Kontaktanfragen oder Anmeldeformularen führen, bis hin zu Maßnahmen des Onsite-Marketings[1]. Hierzu gehören unter anderem sogenannte Exit-Intent-Banner, in Form von Pop-Ups, die erscheinen, wenn Nutzer:innen die Webseite verlassen möchten. Häufig werden diese mit einer Newsletter-Anmeldung oder einem Rabattcode verknüpft. Es wird für Nutzer:innen ein Anreiz geboten, entweder auf der Seite zu bleiben oder eine Newsletter-Anmeldung durchzuführen. Andere, weniger offensichtliche Beispiele sind Lade-Animationen: Einzelne Module oder Webseiten-Elemente erscheinen beim Herunterscrollen. Genauso dynamisch sind interaktive Kontaktmöglichkeiten wie die zunehmend beliebte Chatfunktion.

3. **Technology: Entspricht die Seite den aktuellen technologischen Anforderungen?**
   In der dritten Kategorie geht es in erster Linie darum, dass Webseiten den aktuellen technologischen Anforderungen entsprechen. Hier geht es mehr um

---

[1] Als „Onsite-Marketing" bezeichnen wir hier Maßnahmen zur Bewerbung von Aktionen, Produkten und Conversion-Zielen auf der Webseite selbst. Es gibt andere Definitionen, aber für unsere Zwecke ist es zielführend sich darunter Aktionsbanner, Exit-Intent-Popups oder die Einbindung von Produktkacheln wie „Unsere Top-Seller" vorzustellen.

Hygiene- als um Begeisterungsfaktoren, die Kund:innen direkt und besonders positiv beeinflussen. Beispielsweise erwarten Nutzer:innen heutzutage, dass Webseiten schnell laden.

Gleichzeitig sind Nutzer:innen darauf eingestellt, dass der Aufbau einer Webseite mobil optimiert ist. Bei oftmals über 60 % mobilen Zugriffen ist ein *Responsive Design* heute etwas, was eine Webseite bieten muss. Auch für den Google-Algorithmus ist dies ein wichtiger Faktor – seit 2020 setzt die Suchmaschine die Mobiloptimierung mit ihrem „mobile first"-Ansatz sogar an erste Stelle (Pilz, 2021, S. 125). Ist die Mobiloptimierung unzureichend, wirkt sich dies negativ auf Suchmaschinen-Rankings aus.

Genauso wenn es um Fehler wie nicht aufrufbare Unterseiten oder offensichtliche Designfehler geht, fallen Nutzer:innen diese negativ auf. Eine fehlerfreie Webseite wird vorausgesetzt. Ein weiterer wichtiger Punkt ist der datenschutzkonforme Umgang mit Cookies und Nutzerdaten: Wird ein DSGVO-konformes Consent Banner verwendet? Wird mit den Nutzerdaten vertrauensvoll umgegangen? Genauso spielt das Thema Verschlüsselung in der dritten Kategorie eine bedeutende Rolle.

4. **Usability: Wie senke ich Hürden und steigere die Benutzerfreundlichkeit?**
Unter solch eine Optimierung fällt beispielsweise eine leicht verständliche, intuitive Seitenstruktur – was sowohl den inhaltlichen Aufbau als auch die Menüstruktur betrifft. Ein klassisches Beispiel ist die Empfehlung von nicht mehr als sieben Menüpunkten pro Navigationsebene, sodass sich Nutzer:innen einfach zurechtfinden. Andere Beispiele sind Features, wie beispielsweise häufig gestellte Fragen (FAQs), die es den Benutzer:innen ermöglichen Informationen schnell aufzunehmen. Auch Sticky Header – eine feststehende, dauerhaft sichtbare Navigation – ermöglichen es Nutzer:innen sich jederzeit auf der Seite zu orientieren. Generell empfiehlt es sich, kurze Klick-Pfade einzuhalten. Wenn Besucher:innen eines Online-Shops in ein Produkt navigieren möchten, sollten zwar einerseits verschiedene Navigationspfade angeboten werden, andererseits die benötigten Klicks zu den gewünschten Produktinformationen so wenig wie möglich sein. Sobald es darum geht sich auf einer neuen Webseite zurechtzufinden, ist die Aufmerksamkeit und Toleranz der Besucher sehr gering. Daher besteht das Hauptziel der Usability darin, genau diese Hürden abzubauen.

5. **Reputation: Wie sammele ich vertrauensbildende Faktoren auf der Webseite?**
In der Kategorie Reputation soll es um die vielen imagebildenden Faktoren gehen, die so unterschiedlich sind wie die Webseiten und Online-Shops selbst. Bei Online-Shops ist es beispielsweise üblich mit Gütesiegeln zu arbeiten.

Nutzer:innen sind es gewohnt Trust-Siegel, SSL-Zertifikate oder eine Angabe über die Partnerschaft mit bekannten Webseiten wie idealo.de vorzufinden. Aber auch bei Marken- und B2B-Webseiten gibt es zahlreiche Faktoren, die die Reputation positiv beeinflussen können. So kann es zielführend sein Nutzer:innen etwas an die Hand zu geben, um das Unternehmen kennenzulernen. Das können sowohl Fakten über das Unternehmen, Teamfotos oder ein aussagekräftiges Impressum sein. Hier steht Ihrer Kreativität nichts im Wege.

6. **Narrative: Welche Geschichte möchte ich in meiner Kommunikation erzählen?**

In der letzten Kategorie des RETURN-Modells geht es um Ihre Geschichte, den Kern Ihres Unternehmens, die handelnden Personen Ihrer Erzählung. Kurzgefasst: vertrauensschaffendes, positives und transparentes Storytelling. Was wollen Sie in Ihrer Online-Kommunikation erzählen? Das Wichtigste dabei ist, dass Ihre Kernbotschaft klar mitgeteilt wird. Wofür steht das Unternehmen? Was sind die Werte? Was unterscheidet Ihr Unternehmen von anderen? Was ist die Geschichte des Unternehmens? Neben der Geschichte selbst geht es genauso um Optimierungstipps für deren Darstellung. Die Verwendung von Highlights in Form von einzelnen, fett oder kursiv geschriebenen, Texten, begünstigt das schnellere Aufnehmen der Informationen. Die wenigsten Nutzer:innen nehmen sich Zeit, längere Texte zu lesen. Der Lesefluss ist meist selektiv und der Lesevorgang dauert nur wenige Sekunden. Umso wichtiger sind daher Zwischenüberschriften oder kurze Kernaussagen auf Bildern, um es Nutzer:innen zu ermöglichen die wichtigsten Elemente schnell zu erfassen. Zielgruppen, die sich mehr Zeit nehmen möchten, können sich neben den Kernaussagen auch die informativen Fließtexte durchlesen. In der Kategorie Narrative soll es aber auch um *inhaltliche* Punkte gehen, wie beispielsweise die Vorwegnahme von Einwänden, um mögliche Bedenken der Nutzer:innen direkt zu beantworten oder antizipieren.

2.2   Relevance: Liebe auf den ersten Blick

„Es gibt keine zweite Chance für den ersten Eindruck" (Urheber unbekannt)

Die Kategorie „Relevance" bündelt verschiedene Best Practices, die Nutzer:innen helfen sollen festzustellen, ob sie auf einer Webseite richtig sind. Denn: Besucher:innen entscheiden innerhalb weniger Sekunden, ob eine Webseite für sie relevant ist. Daher muss schnellstmöglich transportiert werden, worum es auf

der Webseite geht: „Sag mir wer du bist, was du machst und was du kannst!"
(Erlhofer & Brenner, 2019, S. 127).

Im Beispiel von vegan-pizza-box in Abb. 2.2 kann man sehr gut die drei
Hauptvorteile auf der Webseite erkennen. Diese werden so dargestellt, dass sie
nach dem Hero-Modul, welches dafür sorgt, dass die Produkte zunächst emotional
vermittelt werden, angezeigt werden. Man sieht hier die drei Alleinstellungsmerkmale direkt kommuniziert: „frisch, zu 100 % vegan und handgemacht".
Gleichzeitig wird ein möglicher Einwand von Anfang an vorweggenommen: Sich
gekühlte Pizza im Internet zu bestellen, ist zunächst ungewöhnlich. Jemand, der
noch nie Tiefkühlware im Internet bestellt hat, fragt sich, wie die Kühlkette
sichergestellt sein kann. Daher ist es in diesem Beispiel von Vorteil, *direkt* auf
den Kühlversand hinzuweisen, um jegliche Bedenken aus dem Weg zu räumen
und sich zusätzlich von üblichen Bestellungen im eCommerce abzuheben.

Dabei kann auch bereits ein Slogan unter dem Logo helfen, das Thema der
Seite zu vermitteln. Einleitende Worte, Überschriften oder aber die Navigation
können ebenfalls dazu beitragen.

Als Richtwert gilt: In maximal fünf Sekunden müssen User:innen verstehen können, wer Sie sind und was Sie machen. André Morys (2011, S. 25 f.)
empfiehlt diesen ersten Eindruck in der Realität mit einer Handvoll Personen
zu testen. Man gibt den Proband:innen einen Ausdruck der Startseite und fünf
Sekunden Zeit und fragt dann deren ersten Eindruck ab. Ein einfacher, aber sehr
wirkungsvoller Test für erstes und schnelles Feedback.

Abb. 2.2 Früh auf der Startseite kommunizierte Alleinstellungsmerkmale auf vegan-pizza-box.de

Wählen Sie die ersten Worte weise

Man spricht hierbei auch von optischer Übereinstimmung, zum Beispiel von einer Online-Werbung zu der sich danach ladenden Webseite (Morys, 2019). Klickt eine Userin auf ein Suchergebnis, möchte sie das entsprechende Keyword auch auf der dahinterliegenden wiederfinden.

Rein inhaltlich betrachtet ist ein „Herzlich Willkommen" auf der Startseite nicht nutzenstiftend. Im ersten Schritt sind klare Worte, die innerhalb kürzester Zeit das Thema aufzeigen, viel wichtiger. Eine freundliche Begrüßung kann im Anschluss erfolgen. Dies gilt neben anderen Einstiegsseiten der Webseite insbesondere für die Startseite. Vor allem dann, wenn der Unternehmensname und das Logo nicht beschreibend sind. Enthält das Logo zum Beispiel bereits „Schulte Duschkabinenbau", wissen Nutzer:innen schnell, wo sie sind. Befindet sich dort nur ein Schriftzug mit dem Namen „Schulte", wird eine ergänzende Beschreibung benötigt. Es ist also sehr wichtig, Nutzer:innen die Möglichkeit zu geben, das übergreifende Thema der Webseite zu verstehen.

Achten Sie darauf, dass Anzeigen und Landingpages zusammenpassen

Ebenso was das Design der Webseite angeht, kann es je nach Angebot/Unternehmen wichtig sein, dass ein besonders modernes oder ein besonders aufgeräumtes, strukturiertes Design verwendet wird (Abb. 2.3). Ein Beispiel: Als Software-Unternehmen ist es besonders wichtig, dass die Webseite auf den ersten Blick Modernität ausstrahlt, um den Aspekt der Digitalisierung visuell zu transportieren. Denkt ein:e Nutzer:in, dass es sich um eine 20 Jahre alte Webseite handelt, entsteht gleichzeitig auch der Eindruck, dass die angebotene Software nicht auf dem neuesten technologischen Stand ist. In diesem Fall würde es sich negativ auf die Relevanz, sowie unmittelbar auf die wahrgenommene Kompetenz des Unternehmens auswirken.

Auch in anderen Branchen ist dies ein wichtiger Faktor. Zum Beispiel ist es das Kerngeschäft eines Schulungsanbieters, Inhalte nachvollziehbar zu vermitteln.

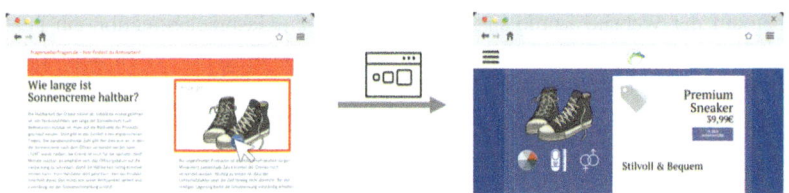

Abb. 2.3 Werbeanzeigen müssen auch visuell zur Zielseite der Kampagne passen

Stelle ich diese Kernkompetenz auf der Webseite nicht dar, wirkt sich das mitunter negativ auf mein Online-Image und die Wahrnehmung meines Unternehmens aus. Der Anspruch, dass sich Benutzer auf der Webseite schnell zurechtfinden können sollen, kann bereits zu einem Wahrnehmungs-Konflikt mit dem Unternehmen führen. Moderne Webdesigns und ein intuitiver Aufbau der Webseite sind somit ausschlaggebend.

Gleichermaßen verhält es sich mit zentralen Bildern auf der Webseite oder einzelnen Unterseiten. Hier besteht die dringende Empfehlung, individuell passende Bilder zu verwenden. Wenn das erste Bild, was man auf einer Unterseite sieht, nicht zu dem Thema der Seite passt, führt das zu Verwirrung und Unsicherheiten auf Seiten der Nutzer:innen. Um das Beispiel des Schulungsanbieters aufzugreifen, wäre es hier z. B. eine gute Idee, als erstes Bild auf der Startseite und den wichtigen Unterseiten eine Schulungssituation darzustellen. So kann auch unabhängig des Textes rein visuell eine Einordnung des Themas vorgenommen werden. Später, nachdem der erste Eindruck gesetzt ist und Nutzer:innen sich entschieden haben auf der Webseite zu verweilen, kann mit anderen unterstützenden Bildelementen gearbeitet werden.

Machen Sie Ihre Alleinstellungsmerkmale sichtbar
Alleinstellungsmerkmale (*Unique Selling Points, USPs*) bezeichnen die Merkmale eines Unternehmens, die es vom Wettbewerb abgrenzt.

Ich kenne Unternehmen, deren Alleinstellungsmerkmale mir aus persönlichen Gesprächen bekannt und völlig klar waren. Auf deren Webseiten konnte ich all das jedoch nicht wiederfinden. Die Webseiten richteten sich somit strenggenommen stark an Bestandskund:innen aus, denen man die Dienstleistungsschwerpunkte nicht erklären muss. Es fehlten einfache, wichtige Begriffe, wie in meinem erlebten Beispiel, dass es sich um einen Anbieter für Schulungen handelte. Ein Optimierungsschritt bestand darin, zentrale Begriffe wie „Ausbildung" und „Seminare" explizit auf der Webseite zu platzieren, dass sie beim ersten Aufruf schnell und direkt gesehen werden (Semerádová & Weinlich, 2020, S. 7). Im Hero-Modul ganz oben auf der Website wurde statt einer allgemeinen Gesprächssituation ein Foto einer Seminarsituation eingebunden. So sorgten Optimierungen im Hero-Modul und der Haupt-Navigation dafür, dass die Relevanz deutlich gesteigert werden konnte. Nutzer:innen wussten innerhalb der ersten Sekunden sehr genau, was das Ziel der Webseite ist und ob es für sie relevant ist.

Dieselbe Logik kann ebenso bei weiteren Unterseiten Anwendung finden. Es ist immer eine gute Idee, die zentralen Begriffe und Schlagwörter bereits in der ersten Überschrift aufzugreifen. Wenn man beispielsweise Service- oder Produktversprechen in den Mittelpunkt rücken möchte, darf man nicht vergessen, was das

Unternehmen im Kern anbietet. Ist mein Alleinstellungsmerkmal, dass ich besonders kurze und kompakte Schulungen anbiete, sollte genau dieser USP in die zentrale Überschrift integriert werden. Bei der Formulierung sollte zunächst darauf geachtet werden, dass in jedem Fall die Inhalte der Seite transportiert werden.

Als auf ein oder zwei Themen spezialisierter Schulungsanbieter, sollte auch die Spezialisierung bereits in der ersten oder zweiten Überschrift erkennbar sein. Zusätzlich ist es wichtig, dass alle Inhalte auf kleinen Auflösungen (wie auf Smartphones) ohne Scrollen sichtbar sind. Auch für die Suchmaschinenoptimierung und Online-Kampagnen ist es von Vorteil, wenn zentrale Begriffe bereits zu Beginn verwendet werden, sodass es nicht zu einem Bruch kommt und die Nutzererwartung erfüllt werden können.

▶ **Tipp**
   Nehmen Sie immer wieder gezielt die Außenperspektive ein. Versuchen Sie Ihre Webseite aus der Perspektive eines neuen Interessenten zu betrachten, der Sie noch nicht kennt. Fragen Sie sich, welche Informationen Ihre Kund:innen benötigen, um sich zurechtzufinden. Es hilft dabei aus Sicht verschiedener Zielgruppen mit W-Fragen zu arbeiten, wie zum Beispiel:

   • Was bietet das Unternehmen an?
   • Was unterscheidet es vom Wettbewerb?
   • Was sind die Vorteile der angebotenen Produkte?

Diese und andere Fragen können bereits einem fruchtbaren Abgleich dienen, der sich auch auf wichtige Unterseiten einer Webseite anwenden lässt.

Produktvorteile schnell erfassbar machen
Besonders wichtig ist und bleibt der erste Eindruck. Was für Alleinstellungsmerkmale gilt, gilt ebenso für die Produktvorteile, die das Unternehmen bietet. Auch hier empfiehlt es sich, diese möglichst einfach konsumierbar, einfach erfassbar und präsent darzustellen.

Zur Darstellung gibt es einige gangbare und empfehlenswerte Lösungsansätze. Wichtig ist dabei vor allem, dass die Produktvorteile nicht in Fließtexten versteckt oder durch Fachbegriffe schwer verständlich sind. Diese sollten unbedingt so dargestellt sein, dass sie bei einer selektiven Leseweise schnell erfassbar sind.

Abb. 2.4 zeigt die Produktvorteile der Fotobox von booth2go in einer sehr schnell erfassbaren Tabellendarstellung. Besonders ist hier der direkte Vergleich zu der Mehrzahl der Wettbewerber, sodass Nutzer:innen die Vorteile anhand weniger Worte erfassen können. Dabei sind die Vorteile selbst durch Häkchen-Icons positiv und vorteilhaft dargestellt.

Auch Google-Rankings bedeuten Relevanz
„Relevant für Suchende ist das, was auf der ersten Trefferseite der Suchmaschine erscheint." (Kreutzer, 2018, S. 282) Ein gutes Ranking wird also mit wahrgenommener Relevanz gleichgesetzt. Damit beginnt die Relevanz einer Webseite also schon vor dem Besuch, beispielsweise in der Suchergebnisliste bei Google oder anderen Suchmaschinen.

Die Darstellung in der Suchergebnisliste kann man zu seinen Gunsten beeinflussen, indem man den Titel und die sogenannte Meta-Beschreibung der Webseite und aller relevanten Unterseiten pflegt. Die Nutzer:innen entscheiden bereits in der

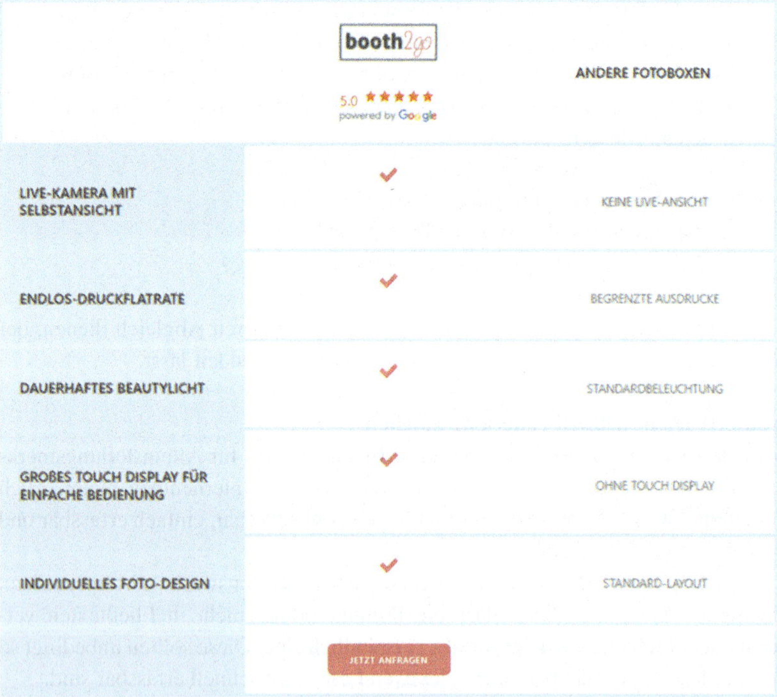

Abb. 2.4 Gut kommunizierte Produktvorteile in Tabellenform auf booth2go.de

Suchergebnisliste, ob die Website interessant oder relevant für sie sein kann (Vgl. Abschn. 4.2 für weitere Detailtipps).

Diese Optimierungstipps sollen Ihnen dabei helfen einerseits in der Suchergebnisliste aufzufallen und die Klickrate zu steigern, andererseits, um bereits vor dem Besuch der Webseite die Relevanz der Seite zu unterstreichen. Alleinstellungsmerkmale und Produktvorteile zu kommunizieren kann hier inhaltlich eine gute Idee sein. Herausfordernd ist allerdings die Einschränkung der Zeichenmenge, die sich genau wie die Suchmaschine und der dahinterliegende Algorithmus stets weiterentwickelt und verändert. Hier lohnt es sich, die aktuellen Entwicklungen im Blick zu behalten.

Nutzen Sie eine möglichst kurze Top-Level-Domain
Auch eine kurze Top-Level-Domain wie .de oder .com schafft wahrgenommene Relevanz und wirkt vertrauensschaffend (Byers, 2022). Zum Beispiel wirkt „hemden.de" automatisch wie ein alteingesessener Marktführer, während eine Domain wie beispielsweise „hemden-kaufen-24.org" deutlich weniger seriös und etabliert wirkt. Es empfiehlt sich aus Gründen der Wahrnehmung, aber auch der Google-Rankings mit Landes-Domains oder einer .com-Domain zu arbeiten.

2.3   Engagement: die Interaktion steigern

In der Kategorie „Engagement" geht es darum, die Nutzer:innen dazu zu bringen mit einer Webseite zu interagieren. Die Interaktion trägt dazu bei, die Aufmerksamkeit aufrechtzuhalten und die Nutzer:innen auf der Webseite zu halten. Wir wissen, dass die Aufmerksamkeitsspanne im Internet sehr gering ist, weshalb es Nutzer:innen so einfach wie möglich gemacht werden muss, sich auf der Webseite zurechtzufinden und ihr Ziel zu erreichen.

Sorgen Sie für ausreichend Call-To-Action-Buttons und verteilen Sie diese clever
Einer der wichtigsten Faktoren dabei ist der Call-to-Action Button (kurz: CTA), der auf wichtige Webseitenelemente verlinkt (z. B. „unverbindlich reservieren"). Ausschlaggebend ist vor allem eine eindeutige Bezeichnung des CTAs, sodass Nutzer:innen wissen, was nach dem Klick erwartet werden kann. Ein weiterer Punkt, der bei vielen Webseiten nicht gegeben ist, ist die gute Erreichbarkeit des CTAs. Häufig werden CTAs zu spärlich und zu selten benutzt. Es empfiehlt sich, sie daher mehrfach einzubauen.

Gerade bei Unterseiten von Webseiten mit viel Content und vielen Scroll-Möglichkeiten ist es empfehlenswert, mehrere CTA-Buttons auf der Seite zu integrieren. Insbesondere bei Zugriffen über Smartphones werden Webseiten oft sehr lang und hier sollte besonders auf eine sinnvolle Verteilung der CTA-Buttons geachtet werden.

Besonders auch am Ende von Unterseiten ist es wichtig den User:innen die Möglichkeit zu geben, schnell zur Conversion zu kommen. Wer so viel Content gelesen oder durchgescrollt hat, sollte es nicht auch noch schwer haben, im Prozess weiterzukommen.

Wählen Sie für wichtige CTAs eine gesonderte Farbe Ihrer CI
Ein ebenfalls häufiges Thema bei Optimierungsprojekten in der Praxis ist die Farbe der CTA-Buttons. Hierbei ist es empfehlenswert eine besonders auffällige Farbe für die wichtigsten, conversion-nahen CTA-Buttons und -Elemente einzuführen. Es geht also weniger um „Weiterlesen"-Buttons als um solche, die zu Registrierungen, Bestellungen oder Anfragen leiten. Häufig ist zu beobachten, dass die Corporate Identity (CI) oder die Logo-Farbe für CTAs benutzt werden. In der Regel werden jedoch diese Farben besonders häufig auf der Webseite benutzt, weshalb CTAs weniger auffallen als sie sollten. Es empfiehlt sich daher mit zwei Abstufungen von CTA-Buttons zu arbeiten: eine eigene besonders auffällige Farbe für die conversion-nahen CTA-Buttons (z. B. „Jetzt gratis testen") und eine zweite Button-Farbe, die beispielsweise zu reinen Informationsseite führen. Für Erstere eignen sich häufig die Komplementärfarben, da diese lebhaft und kontrastreich sind, aber auch zu den anderen Farben der Seite passen (Hahn, 2015, S. 421 f.). Zum Beispiel ist die Komplementärfarbe zu einem blauen Logo orange. Für weniger conversion-nahe Buttons (z. B. „Weiterlesen") lässt sich in diesem Beispiel sehr gut das Blau aus dem Logo verwenden.

Tipps für gute Call-To-Action-Buttons

- Nutzen Sie eine eigene, auffällige Farbe.
- Formulieren Sie konkret, damit Nutzer:innen wissen, was Sie erwartet („Kostenlos testen" anstelle von „Weiter zum Gastzugang").
- Gestalten Sie die CTA-Buttons aktivierend („Jetzt buchen!").
- Formulieren Sie den Vorteil („Nie wieder News verpassen", „Jetzt absichern").
- Nehmen Sie mögliche Einwände vorweg („In nur 1 Min registrieren").
- Machen Sie die CTA-Buttons immer schnell erreichbar, egal wo sich Nutzer:innen gerade auf der Seite befinden.◄

Durch eine solche Optimierung kann oft eine relative Verbesserung von 30–40 % auf Klickraten erreicht werden. Diese wiederum wirken sich sehr positiv auf die Conversion Rate aus. Mein persönlicher Lieblings-CTA ist übrigens bei PayPal zu finden: der „Mehr Geld senden"-Button.

Dauerhafte Erreichbarkeit der wichtigsten Webseitenziele: Das Floating CTA-Modul
Ein weiterer Optimierungstipp in der Kategorie Engagement ist die dauerhafte Sichtbarkeit der CTA-Buttons. Ein Best-Practice-Beispiel ist ein sogenanntes Floating CTA-Modul. Das bedeutet, dass die Conversion-Buttons immer sichtbar sind – selbst wenn der Nutzer nach unten scrollt. Hier hat sich gezeigt, dass die einfache Erreichbarkeit gute Effekte auf die Konversionsrate haben kann. Beachten Sie jedoch dabei nur die wichtigsten Conversions zu verwenden, um ein solches Modul nicht zu überladen. Abb. 2.5 zeigt ein Beispiel, bei dem drei CTA-Buttons auf der rechten Seite sichtbar sind, unabhängig davon, wo sich Nutzer:innen gerade auf der Webseite befinden.

Zudem sind Icon-Elemente häufig eine sinnvolle Idee. Aber auch hier gilt: Einfache und intuitive Verständlichkeit sind ein Muss. In der Abbildung sind daher einfache Symbole wie ein Telefonhörer für einen Anruf, ein Briefsymbol für eine Kontaktaufnahme per E-Mail und ein Monitor für die Live-Demo eines Dashboards gewählt.

Bei Webseiten mit nur einem zentralen Conversion-Element bietet es sich hingegen eher an, diese mit einem CTA-Button in der Kopfzeile bzw. der Hauptnavigation zu bewerben.

Auch kleine Animationseffekte tragen positiv zur User Experience bei
Ein weiterer Tipp in dieser Kategorie sind interaktive Elemente. Hiermit sind nicht klassisch interaktive, dynamische Tools auf der Webseite gemeint, sondern kleine Details, die die Benutzer:innen mit der Seite interagieren lassen, um die Aufmerksamkeit hochzuhalten. Dazu gehören unter anderem Zoom-Effekte, wenn man mit der Maus über ein Bild fährt. Genauso können es auch Animationseffekte beim Laden einzelner Module sein, wenn Nutzer:innen auf der Webseite nach unten scrollen. Solche Animationen können das „Salz in der Suppe" darstellen – es gilt jedoch diese wohldosiert einzusetzen (Hahn, 2015, S. 703).

Abb. 2.5 Auch beim Scrollen immer sichtbare Call To Action-Buttons auf digitalinsight.de

Es empfiehlt sich ebenfalls Button-Effekte zu nutzen: Wenn Benutzer:innen beispielsweise mit der Maus über einen wichtigen CTA-Button fahren, könnte sich dieser durch die Anwendung des Zoom-Effektes farblich verändern.

Interaktionsmöglichkeiten

- Animationseffekte beim Scrollen auf der Webseite
- Zoom-Effekte bei Bildern
- Button-Effekte bei Mouse-Over wie Farbwechsel oder Fettschrift
- Aufklappbare Akkordeon-Module
- Flip-Over-Grafiken◄

Generieren Sie Upselling durch Produktvorschläge
Darüber hinaus ist es ratsam, unter einer Produktseite ähnliche Produkte vorzuschlagen. Vielleicht kommt ein:e Benutzer:in über die Google-Suche auf Ihre Webseite, um ein spezifisches Produkt zu kaufen. Wir haben hier nun die Chance, weitere Produkte anzubieten und Upselling zu generieren. Selbst wenn nur ein kleiner Prozentsatz der Besucher:innen diese Möglichkeit wahrnimmt und zusätzliche Produkte in den Warenkorb legt und am Ende sogar kauft, kann sich die Funktion bereits schnell rentieren. Dasselbe gilt bei Blogs, denn hier ist es besonders häufig der Fall, dass Benutzer:innen über die Google-Suche kommen, um eine spezifische Frage durch den passenden Blogbeitrag beantwortet zu bekommen. Da anschließend kein weiterer Anlass besteht, weiter auf dem Blog zu bleiben, ist ein Modul mit „Ähnliche Beiträge" oder „Weiterlesen" eine gute Alternative. Im Beispiel in Abb. 2.6 hat sich seit der Einführung des Moduls „Ähnliche Blogbeiträge" am Ende aller Beiträge die Absprungrate des gesamten Blogs um 14,5 % verbessert:

Man sieht also deutlich, wie viel Effekt bereits ein einzelnes Feature auf die gesamte Webseite haben kann. Je nach Webseitensystem und technischer Lösung

Sieh dir auch folgende interessante Artikel an:

Wie zaubere ich einen schnellen Grill-Snack? — Wie braue ich mein eigenes Bier? Eine Schritt-für-Schritt Anleitung — Warum sind Erdbeer Topfenknödel ein toller Snack? — Wie schneide ich besonders schnell Gemüse?

Abb. 2.6 „Weitere interessante Artikel"-Modul im Blog fragenueberfragen.de

können solche Empfehlungssysteme u. a. auf Basis von Schlagwörtern und Artikel-Kategorien thematisch passende Vorschläge unterbreiten. Umso passender die Empfehlungen, umso besser ist auch der Effekt auf die Verweildauer.

Belohnen Sie den Nutzer bei dem Ausfüllen von Formularen: direktes Feedback beim Ausfüllen
Formulare auf Webseiten bieten großes Fehler- und daher Optimierungspotential. Generell gilt, dass Formulare so schlank wie möglich gestaltet sein sollten. Erfahrungsgemäß sind hier die Abbruchraten ansonsten enorm. Es empfiehlt sich, so selten wie möglich mit reinen Text-Eingaben zu arbeiten. Insbesondere mobil sollte daher besser mit Checkboxen, Auswahl-Buttons und Auswahllisten gearbeitet werden, wo es möglich ist (Ertel & Laborenz, 2017, S. 132).

Grundsätzlich sind alle Arten von direktem Feedback beim Ausfüllen von Formularen positiv (Hahn, 2015, S. 668 f.). Dieses sollte dann immer möglichst konkret formuliert sein (Erlhofer & Brenner, 2019, S. 98). Erhält man eine Fehlermeldung direkt beim Ausfüllen eines Feldes, ist dies immer besser als eine Fehlermeldung ganz am Ende des Prozesses. Erfahrungsgemäß wirkt sich eine kleine Meldung wie etwa „Bitte geben Sie eine fünfstellige PLZ ein" deutlich positiver direkt nach der Eingabe aus und führt zu weniger Abbrüchen. Solche Feedback-Elemente verbessern die Bedienbarkeit enorm und wirken sich positiv auf die Conversion Rate aus.

Eine weitere Empfehlung, um die Interaktion zu fördern, ist die sogenannte *Inline-Validierung*. Diese kann angewandt werden, wenn Nutzer:innen ein Formular, wie beispielsweise die Registrierung für einen Account, ein Event oder eine Bestellung, auf der Webseite ausfüllen. Dabei ist es von Vorteil, wenn wir Nutzer:innen belohnen, nachdem eine Eingabe getätigt wurde. Das kann sich bereits in Form eines grünen Häkchens äußern, das neben dem ausgefüllten Formular erscheint, sobald man etwas eingetippt hat. Vereinzelte Webseiten arbeiten darüber hinaus mit Fortschrittsbalken oder anderen Elementen, die Nutzer:innen zeigen, dass sie sich auf dem richtigen Weg befinden und fortfahren sollen.

Unglücklicherweise ist es gängige Praxis, dass Benutzer:innen beginnen Formulare auszufüllen, aus unbestimmten Gründen abbrechen und das Formular nicht erfolgreich abschicken. Hier hat es sich daher als gute Maßnahme erwiesen, darauf zu achten eine Bestätigung innerhalb der Formulareingabe zu nutzen. Der Negativ-Fall begegnet uns tatsächlich häufiger: Wenn wir beispielsweise beginnen eine Telefonnummer einzugeben, das Formular rot wird und uns ein Fehler angezeigt wird. Der Grund: Es waren keine Informationen darüber angegeben, welches Format bei der Telefonnummer erwartet wird. Vielleicht wird eine Landesvorwahl erwartet, vielleicht auch nicht – und schon handeln wir uns eine Fehlermeldung ein, die für den Prozess Nutzer:innen bis zum Ende des Formulars am Ball zu halten, nicht förderlich ist. Es sollte also darauf geachtet werden, Fehlermeldungen so gering wie möglich zu halten. Wie immer gibt es Fälle, wo es unvermeidlich ist. Beispielsweise, wenn das Häkchen für die Datenschutzerklärung nicht gesetzt wurde bevor eine Nachricht verschickt wird. Es sollte jedoch vermieden werden, dass bei Telefonnummern, die zum Beispiel aus einer E-Mail in ein Webformular kopiert werden, auf Formatfehler hingewiesen wird, weil sich noch Leerzeichen in der Telefonnummer befinden. Geschickter wäre es, wenn die Webseite die Leerzeichen automatisch entfernt.

Danke-Seiten als optimale Möglichkeit weitere Angebote aufzuzeigen
Ein letzter Optimierungstipp in dieser Kategorie sind „Danke-Seiten". Immer dort, wo wir bereits eine Conversion erzielt haben – sei es die Bestellbestätigungsseite oder die „Danke für Ihre Anmeldung"-Seite nach einer erfolgreich verschickten Kontaktanfrage. Hier wurde zunächst die wichtigste Conversion erreicht. Dennoch wurden Nutzer:innen aus einer Zielgruppe erreicht, die ein hohes Interesse an unseren Produkten oder unserer Dienstleistung haben. Daher bietet sich hier die Chance Nutzer:innen mehr anzubieten, da bereits eine positive Verbindung mit uns besteht. Je nach Webseite bietet es sich an, über eine Micro-Conversion nachzudenken, die zusätzlich angeboten werden kann. Das kann ein Social Media Following („Folgen Sie uns auf Social Media") sein wie in Abb. 2.7 oder eine Aufforderung zum Newsletter-Abonnement sein.

Dabei besteht immer das Ziel, dass Kund:innen über die Bestellung hinaus mit dem Unternehmen in Kontakt bleibt. Ein weiteres Beispiel ist die DKMS: Nach der Anmeldung für eine Knochenmarkspende – ein wichtiges Ziel der Organisation – bittet die DKMS auf der Danke-Seite um Spenden, wodurch noch mehr als nur eine Anmeldung erreicht werden kann. Es befindet sich ein konkreter Spendenaufruf mit Anleitung und weiteren Verlinkungen auf der Danke-Seite. Dabei gilt auch hier wieder: Wenn nur ein kleiner Prozentsatz diese zusätzliche Konversion wahrnimmt, kann bereits durch wenig Aufwand viel erreicht werden.

Auch denkbar ist es natürlich, hier noch weitere Produkte zum Upselling anzubieten, wie es zum Beispiel der Lebensmittel-Lieferdienst Flaschenpost macht.

Produktvarianten darstellen
Häufig gibt es verschiedene Varianten von Produkten, zum Beispiel bei Software-Lizenzen oder Dienstleistungsprodukten.

Grundsätzlich empfehlen sich eine möglichst kompakte Darstellung sowie die Verwendung von Vorteilshaken. Auch sollten die Produkte rein mengenmäßig zu

Abb. 2.7 Danke-Seite mit Kontaktmöglichkeit und Social-Media-Einbindung auf der Web-seite der Event-Marketing-Agentur gadplan

dem Preis passen – für das Auge entsteht ansonsten ein Ungleichgewicht. Visuell ist es empfehlenswert, dass die Anzahl der Vorteile passend zu den Preisen steigt.

In Abb. 2.8 sehen Sie die Darstellung der Produktvarianten unseres RETURN-Checkups, der auf dem hier ausgeführten RETURN-Modell beruht.

An diesem Beispiel ist gut zu sehen, wie sich Erklärungstexte mit Info-Icons abbilden lassen. Dadurch, dass diese Texte erst eingeblendet werden, wenn Nutzer:innen mit der Maus über das Icon fahren, wird die Textmenge der Produktkacheln selbst reduziert.

Der sogenannte *center stage effect* besagt, dass man psychologisch immer zur Mitte tendiert, wenn man eine Auswahl hat (Valenzuela & Raghubir, 2009, S. 185 ff.). Dies sollte man natürlich sowohl als Produktentwickler, als auch als Conversion-Optimierer bedenken. So kann hier ein Störer wie „Kundenfavorit" diesem Effekt entgegenwirken.

Abb. 2.8 Der Center-Stage-Effekt am Beispiel des RETURN-Checkups zur Webseitenoptimierung

2.4 Technology: Modernen Anforderungen gerecht werden

Im Gegensatz zu den anderen Kategorien sammelt die Kategorie „Technology" Optimierungsideen, die überwiegend Hygiene-Faktoren darstellen. Diese Tipps führen also nicht direkt zur Kundenzufriedenheit oder begeistern Nutzer:innen, sondern sind wichtig, um einer negative Nutzererfahrung und einem generellen negativen Eindruck vorzubeugen, der bei dem Nichteinhalten entstehen kann.

Langsame Ladezeiten führen zum Verlust von potenziellen Kunden
Zuallererst ist hier das Thema Ladezeiten zu nennen: Lädt die Seite langsam, wissen wir, dass mit jeder Sekunde der Prozentsatz der Nutzer:innen, die abspringen und die Seite sofort wieder verlassen, steigt. Daher ist es wichtig, die Ladezeiten sowohl für den Zugriff vonia Desktop-PCs als auch von Mobilgeräten zu optimieren.

> ▶ Das kostenlose Tool Google PageSpeed Insights ist eine gute erste Anlaufstelle, wenn man die Ladezeiten seiner Webseite testen möchte. Unter https://pagespeed.web.dev/ werden Bewertungen für Desktop und Mobile sowie einige Optimierungsansätze ausgegeben. Beachten

Sie dabei, dass es sich immer um Momentaufnahmen handelt. Wenige
Minuten später können die Testergebnisse anders aussehen.

Zur Optimierung der Ladezeiten sollten vor allem Bilder und Videos berücksich-
tig werden: Werden Bilder unkomprimiert benutzt, wirkt sich dies negativ auf
die Ladezeit aus. Bei Videos verhält es sich ähnlich. Es gibt viele weitere technische Faktoren, die die Ladezeiten einer Webseite begünstigen oder verschlechtern,
weshalb es empfehlenswert ist ein sogenanntes Caching (Zwischenspeichern)
oder ein Content Delivery Network zu aktivieren. Da diese Optimierungsan-
sätze jedoch sehr technisch sind, werden wir in diesem Buch nicht weiter darauf
eingehen.

Verschlüsseln Sie Ihre Webseite
Ein weiterer, klassischer Hygiene-Faktor ist die HTTPS-Verschlüsselung von Webseiten, was heute bereits zum Standard gehören sollte. Der Google-Algorithmus
oder auch die DSGVO setzen dies bereits voraus. Nichtsdestotrotz begegnen mir
in der Praxis regelmäßig Webseiten, die im Browser neben der URL-Zeile eine
Sicherheitswarnung haben und darauf hinweisen, dass die aufgerufene Webseite
nicht verschlüsselt ist.

Das ist insbesondere verwunderlich, da die SSL-Verschlüsselung bei vielen Web-
hostern schnell und einfach eingestellt werden kann. In den meisten Hosting-Paketen
ist die SSL-Verschlüsselung bereits fester Bestandteil und muss lediglich aktiviert
werden.

Lassen Sie URLs sprechen
Auch die URLs – die Adressen einer Website und aller Unterseiten – sind ein Faktor,
der in dieser Kategorie berücksichtigt werden sollte. Es empfiehlt sich sprechende
URLs zu benutzen wie beispielsweise Produktnamen anstatt kryptischer Nummern
und IDs.

Außerdem empfiehlt es sich aus Gründen der Suchmaschinenoptimierung sowie
der Benutzerfreundlichkeit, die URLs möglichst kurz zu halten und dabei einer
einheitlichen Logik zu folgen.

Datenschutzkonforme Cookie-Banner
Ein weiterer wichtiger Faktor, den jede moderne Webseite haben sollte, ist ein
Consent Management Tool – ein sogenanntes Cookie-Banner. Ebendieses ist heute
nach nationalen (DSGVO) und internationalen Datenschutzrichtlinien Vorschrift
und sollte daher konform implementiert werden. Erst nach Zustimmung des Nutzers
sollte ein Tracking von Nutzer-Daten erfolgen.

Bei der mobilen Darstellung des Cookie-Banners sollte insbesondere darauf geachtet werden, dass entweder ein Opt-in oder ein Opt-out erfolgen kann, ohne dass Nutzer:innen scrollen müssen. Bei einem merklichen Prozentsatz an Webseiten öffnet sich zwar ein Cookie-Banner, doch sind auf der Smartphone-Ansicht die wichtigen CTA-Buttons zur Zustimmung oder Ablehnung des Banners ohne nach unten zu scrollen nicht zu sehen. Dies sollte unbedingt vermieden werden, um keine:n Nutzer:in zu verlieren.

Nutzen Sie Web-Analytics-Tools, um über Ihre Nutzer:innen zu lernen
Ebenfalls technologisch wichtig ist das Web Analytics Tracking der Webseite. Dies sollte nicht nur vorhanden, sondern auch individualisiert sein. Das heißt: Die wirklich wichtigen individuellen Elemente und Merkmale der Webseite sollten getrackt werden. In erster Linie sollten dabei die Conversions berücksichtigt werden. Aber auch andere wichtige Eigenschaften, die entweder aufwendig zu realisieren oder für die Nutzererfahrung von Relevanz waren, sollten getrackt werden. So ermittelt man die technologische Basis der Webseite und kann auch aus Benutzerfreundlichkeits-Gesichtspunkten weiter optimieren.

Häufig ist die Individualisierung der Analytics-Daten mit weniger Aufwand verbunden als gedacht. Auf den meisten Webseiten ist bereits mit der Einrichtung weniger individueller Conversions viel erreicht.

Abschließend soll auf das aus Datenschutzgründen notwendige Verschleiern des Trackings hingewiesen werden. Dies ist die bestehende Anforderung die IP-Adressen der Benutzer:innen nicht 1 zu 1 in Webanalyse-Tools zu speichern, sondern sie zu anonymisieren. Auch das ist etwas, was in Universal Analytics – der letzten aktuellen Version von Google Analytics – sehr schnell und einfach implementierbar ist. Im neuen Google Analytics 4 ist die IP-Anonymisierung bereits standardmäßig aktiviert.

Web Analytics eignet sich nicht nur um über seine Zielgruppe zu lernen, sondern auch zur Kampagnenoptimierung und zur Detailanalyse im A/B-Testing.

2.5   Usability: Hürden abbauen und Benutzerfreundlichkeit erhöhen

„Die Kunst ist, dem Benutzer die Orientierung so leicht zu machen, dass er den Weg zur richtigen Seite nicht als mühsam empfindet." (Jacobsen, 2017, S. 115).

Wir haben Webseiten, bei denen wir regelmäßig etwas falsch machen, uns verklicken oder etwas übersehen. Ich zum Beispiel vergesse regelmäßig bei Lieferando einen Artikel in den Warenkorb zu legen. Oftmals ist so etwas aber gar kein „falsch machen", sondern eine unintuitive Benutzerführung.

In der Kategorie Usability geht es darum, die Benutzerfreundlichkeit von Webseiten zu optimieren. Durch eine gute User Experience lassen sich auch heute noch Wettbewerbsvorteile erreichen (Pispers et al., 2018, S. 20). Ihre Webseite sollte stets intuitiv und leicht verständlich bedienbar gestaltet sein. Im Besonderen sollen Hürden für die Nutzer abgebaut und ihnen die Benutzung der Webseite so einfach wie möglich gemacht werden, sodass sie ihr Ziel erreichen können.

Machen Sie das Hauptmenü intuitiv und immer sichtbar
Das erste Best-Practice-Beispiel in dieser Kategorie ist der Aufbau einer klaren Menüstruktur. Inhaltlich ist eine einfache und nachvollziehbare Struktur sehr wichtig. Auch Abkürzungen, Fachbegriffe oder andere nicht selbsterklärende Begriffen sollten vermieden werden.

Um das Hauptmenü gut erreichbar zu machen, kann ein sogenannter Sticky Header genutzt werden: eine Kopfzeile auf der Webseite, die auch beim Runterscrollen sichtbar bleibt (Krug, 2013, S. 66). Das kann das Hauptmenü sein, das immer sichtbar und einfach zu erreichen sein soll, aber auch das Logo, einzelne Texte oder Produktvorteile.

Faustregel nach Miller's Law: Nicht mehr als sieben Menüpunkte
Ein weiterer Optimierungstipp für die verbesserte Benutzerfreundlichkeit sind schlanke Menüs. Es empfiehlt sich, nicht mehr als sieben Menüpunkte pro Navigationsebene, wie beispielsweise dem Hauptmenü in der Kopfzeile, zu verwenden. Das liegt daran, dass es dem Menschen schwerfällt, sich mehr als sieben Dinge zu merken – wie es Miller's Law beschreibt (Miller, 1956). Dieses beschäftigt sich mit der Frage, wie viele Informationseinheiten ein Mensch im Kurzzeitgedächtnis speichern kann, wobei die Zahl 7 eine Orientierung darstellt. Man sagt jedoch, je nachdem wie komplex die Thematik ist, sind $+\backslash$- zwei Einträge in Ordnung. In unserem Fall sollte unbedingt berücksichtigt werden, wie lang oder komplex die einzelnen Wörter im Menü sind.

Ein Negativbeispiel ist hier web.de, die nach dem Login 13 Punkte in der Hauptnavigation haben und einer davon noch „mehr" anzeigt. Aus Sicht der Benutzerfreundlichkeit – auch wenn kurze Begriffe und Icons verwendet werden – ist das absolut nicht empfehlenswert.

Die Empfehlung der sieben Punkte gilt auch für jede weitere Menüebene. Wird ein Menüpunkt aufgeklappt, gilt also auch hier, möglichst nicht mehr als sieben Einträge im Menü zu nutzen.

Vereinfachen Sie Ihre Formulare

Besonders bei Anfragen oder Registrierungsprozessen sollten die Hürden möglichst gering gehalten werden. Komplizierte Formulare sorgen bekanntermaßen für schlechte Abschlussquoten. Grundsätzlich empfiehlt es sich Formulare kurz zu halten, diese ansprechend zu gestalten und leicht ausfüllbar zu machen.

Bei einer Account-Registrierung sollte im allerersten Schritt idealerweise nicht mehr als der Name und die E-Mail-Adresse abgefragt werden. Nach der Bestätigung der E-Mail-Adresse und dem erstmaligen Einloggen können weitere Felder abgefragt werden. Mit solch einem niedrigschwelligen Angebot bekommt man Benutzer:innen leichter in den Funnel, da sich die Benutzer:innen bereits mitten im Prozess befinden. Bietet man hingegen ein Registrierungsformular an, das mehr als ein Dutzend detaillierte Formularfelder enthält, ist die Hürde für Nutzer:innen groß. Einerseits müssen sie viel Zeit aufwenden, um alles auszufüllen, andererseits müssen sie viele Daten von sich direkt im ersten Schritt preisgeben. Häufig sind sich Nutzer:innen in dem frühen Stadium noch nicht sicher, ob das Unternehmen, mit dem sie in dem Moment interagieren, das Richtige ist. Vielleicht schaut man sich erst um, testet ein wenig, versucht ein Gefühl zu bekommen und bleibt unentschlossen. Dementsprechend scheint die Aufgabe der Datenpreisgabe sehr groß in dem Moment.

Sorgen Sie für kurze Klickpfade – besonders zu den Conversions

Weiterhin empfiehlt es sich darauf zu achten, die Klick-Pfade auf der Webseite möglichst kurz zu halten. Das gilt im Allgemeinen, insbesondere aber, wenn es um wichtige Bereiche der Webseite oder das Erreichen von Conversions geht. Das Ziel sollte es sein, dass die Benutzer:innen ihr Ziel mit möglichst wenig Aufwand erreichen können (Jacobsen, 2017, S. 115).

Solche Übersichten wie in Abb. 2.9 helfen sehr dabei, wichtige Prozesse auf der Webseite zu skizzieren. Oftmals merkt man bereits bei der Erstellung solcher Diagramme, welche Pfade zu lang sind und optimiert werden können (Still & Crane, 2017, S. 95).

Es empfiehlt sich, sobald man einmal die Konversionen und Webseiten-Ziele definiert hat, die verschiedenen Wege dorthin aufzuzeichnen. In der Regel bieten Webseiten Nutzer:innen verschiedene Wege an, wie beispielsweise über die Hauptnavigation, einen Banner an einer anderen Stelle oder über Buttons auf Film-Unterseiten.

Daher ist es zielführend eine pragmatische Bestandsaufnahme zu erstellen, wie viele Klicks bis zu welcher Konversion nötig sind. Sich in diesem Zuge die Frage zu stellen, welcher Schritt eingespart werden kann, ist ein guter zusätzlicher Hebel.

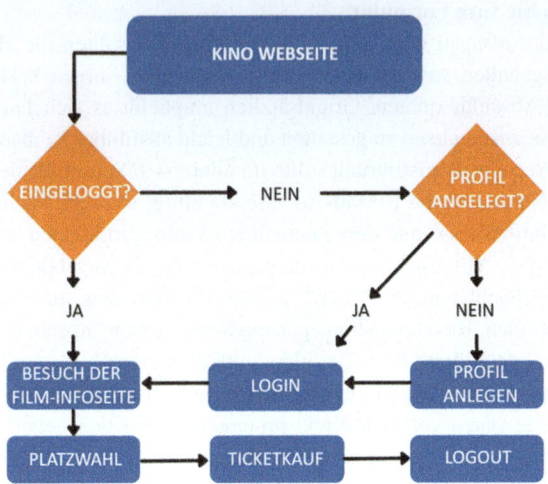

Abb. 2.9 Klickpfad bei der Online-Buchung von Kinotickets (in Anlehnung an Still & Crane, 2017, S. 95)

Kürzere Seiten durch Ausklapp-Module

Was Texte angeht, besteht immer ein Spannungsfeld: Einerseits braucht es für erfolgreiche Suchmaschinenoptimierung gewisse Textmengen auf der Website, andererseits ist viel Text für den Nutzer anstrengend zu lesen. Häufig ist es der Fall, dass die Anforderungen sehr hoch sind und es 1.000 Wörter braucht, um im Google-Ranking ganz oben zu stehen. Nur in seltensten Fällen möchten Nutzer:innen jedoch so viel auf einer Webseite lesen. Gleichzeitig sollten Sie nicht vergessen, dass sich auf Webseiten meist verschiedene Nutzergruppen und Informations-Typen aufhalten (Abschn. 1.5). Es gibt Personen, die sich sehr intensiv mit unserem Angebot beschäftigen und viele Informationen zur Verfügung gestellt haben möchten. Andererseits gibt es den Großteil der Nutzer:innen, der sehr selektiv auf der Website ist und schnell zu den benötigten Informationen oder dem Angebot kommen möchte.

Um beiden Zielgruppen und den jeweiligen Informationsbedürfnissen auf einer Unterseite oder Webseite gerecht zu werden, ist es ratsam, mit Aufklappmodulen zu arbeiten. Solche sogenannten Akkordeons sind vor allem platzsparend und ermöglichen es, Unterseiten mit weniger Scrollen betrachten zu können (Ertel & Laborenz, 2017, S. 414 f.).

In der Grafik Abb. 2.10 sieht man gut, dass einige Textblöcke nach der Optimierung der Webseite in Akkordeonmodule umgewandelt wurden. Was früher lange

Textblöcke waren, sind jetzt bei Bedarf einzeln aufklickbare Textschnipsel. Im Beispiel sieht man, dass auf die Überschriften geklickt werden kann und zwei solcher Akkordeonmodule aufgeklappt sind. Dadurch wird Nutzer:innen klar, wie sie auch die anderen Akkordeonmodule bedienen können. Eine Alternative dazu stellen auch Karteikarten-Module dar, bei der die einzelnen Reiter klickbar sind, während sich die Texte im selben Bereich laden (Jacobsen, 2017, S. 163 f.).

FAQ-Seiten zur optimalen Informationsabdeckung
Im folgenden Optimierungstipp widmen wir uns Unterseiten, die häufig gestellte Fragen (FAQ: frequently asked questions) zur Verfügung stellen. Diese haben den Vorteil, dass der Informationsbedarf direkt erfüllt werden kann. Außerdem können Informationen, die man möglicherweise im Service regelmäßig per E-Mail formulieren muss, stattdessen einfach auf der Unterseite verlinkt werden. Gleiches gilt für eine Reservierungsbestätigung. Hier kann es je nach Produkt eine gute Idee sein, einen Link auf die FAQ-Seite einzufügen. Für die Suchmaschinenoptimierung

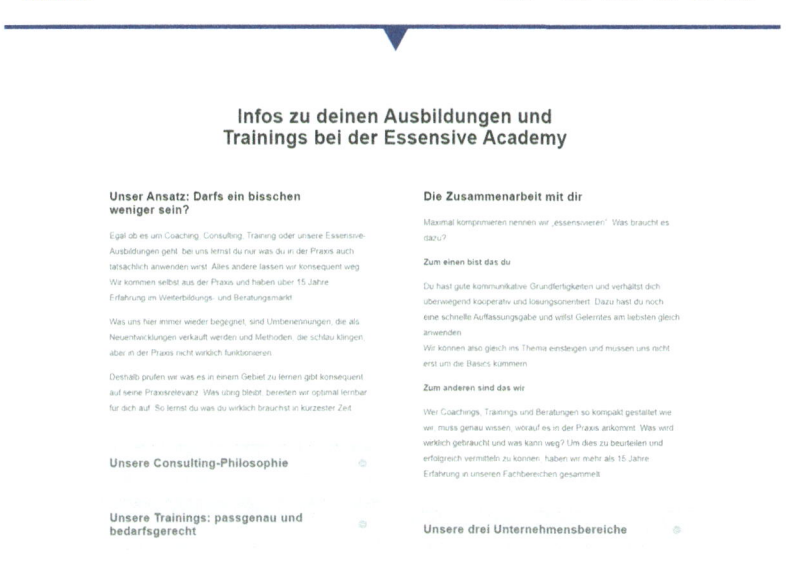

Abb. 2.10 Einklappbare Text-Module auf der Webseite essensive.com

ergibt sich dabei ebenfalls ein Vorteil, da die Textmenge auf der Webseite steigt. Textlich kann die Unterseite zudem für Einwandvorwegnahmen genutzt werden. Das heißt: Punkte, die entweder antizipiert oder erfahrungsgemäß etwas kritischer von den Kund:innen betrachtet werden, können hier aufgelöst und erklärt werden (Abschn. 2.7). Für die Umsetzung einer FAQ-Seite empfiehlt sich je nach Länge mit Akkordeonelementen (s. o.) zu arbeiten.

Achten Sie auf selbsterklärende Begriffe
Es gilt des Weiteren, die verwendeten Texte und Begriffe benutzerfreundlich zu gestalten und sie dahingehend immer wieder zu optimieren. Besonders bei Produktnamen oder wichtigen Elementen in der Hauptnavigation sollte explizit darauf geachtet werden, dass diese einerseits selbsterklärend, andererseits überschneidungsfrei sind. Ein gutes Beispiel dafür ist die Umbenennung von Menüpunkt auf www.quelle.de (Jacobsen, 2017, S. 118): die Formulierung „Meine QUELLE" mag aus Branding-Gründen vorteilhaft sein, die Bezeichnung „mein Konto" ist jedoch viel besser und schneller zu verstehen.

Ein weiteres Beispiel für trennscharfe Begriffe lässt sich aus einem Projekt für einen Kursanbieter zeigen: hier wurden die Begriffe „Training" und „Academy" beide im Hauptmenü genutzt. Für die Nutzer:innen war nicht verständlich, inwiefern sich diese unterscheiden. Benennt man diese z. B. in „Inhouse Trainings" und "Online Academy" um, sind sie selbsterklärend und man versteht direkt, dass es sich um Vor Ort-Trainings sowie ein E-Learning Angebot handelt.

Beachten Sie daher, dass man selbst häufig vergisst, wie die Wahrnehmung von außen ist und wie missverständlich manche Formulierungen sein können, wenn man selbst tief in der Materie steckt. Es empfiehlt sich daher, beispielsweise bei Planung eines Hauptmenüs externe Meinungen einzuholen. Idealerweise befragt man die Zielgruppe oder aber führt eine Befragung komplett fachfremder und zielgruppenferner Personen durch, da diese, gerade was Verständlichkeit betrifft, sehr gutes Feedback geben können.

2.6   Reputation: Interesse ist gut, Vertrauen ist besser

„Anders als bei einem realen Geschäft spielt das Vertrauen bei Webshops die Schlüsselrolle." (Jacobsen, 2017, S. 412).

In dieser Kategorie des RETURN-Modells werden verschiedene Empfehlungen gebündelt, die dazu dienen, Vertrauen bei Nutzer:innen zu schaffen. Zahlreiche Studien belegen, wie wichtig es ist, dass eine Webseite vertrauensstiftend wirkt, und wie wichtig diese Wirkung letztendlich auf die Abschlüsse der Konversionsrate sein kann.

Glaubwürdigkeit auf Webseiten wird einer Studie zufolge bereits nach 2,3 Sekunden gebildet (Robins & Holmes 2008, S. 386ff). Es gilt also, vertrauenstiftende Elemente präsent und schnell wahrnehmbar zu machen. Vor allem auch, da die wahrgenommene Vertrauenswürdigkeit direkt mit der Kaufabsicht einhergeht (Frik & Mittone, 2019, S. 93 ff.).

Es gibt verschiedene Wege Vertrauen aufzubauen: Zum einen gibt es die Möglichkeit, Kompetenz zu zeigen und darzustellen, und somit eine fachliche Reputation aufzubauen und zu kommunizieren (Eisenegger & Imhof, 2008, 127 ff.). Zum anderen gibt es die Reputation aus anderen Quellen, worunter zum Beispiel Kundenmeinungen oder Presseberichte fallen.

Grundsätzlich benötigen unbekannte Marken oder Webseiten mehr vertrauensschaffende Elemente, um Unsicherheiten ab- und Glaubwürdigkeit aufzubauen (Goward, 2013, S. 104).

Nutzen Sie Trust-Siegel

Im ersten Schritt betrachten wir die Möglichkeit Trust-Siegel (Abb. 2.11) auf der Webseite zu nutzen – eine grundsätzliche Best-Practice-Empfehlung. Wenn Sie wissen wollen, *wie* die Trust-Siegel *wo* auf der Webseite angeordnet werden sollen und *welche* Trust-Siegel verwendet werden können, kann dies mittels A/B-Testing genauer herausgefunden werden (siehe Kap. 3).

Siegel von Anbietern wie zum Beispiel ProvenExpert, Trusted Shops oder dem TÜV Rheinland erfreuen sich auf Webseiten seit Jahren großer Beliebtheit. Immer häufiger sieht man Trust-Siegel auch in TV-Spots. Die Idee ist einfach: Die Glaubwürdigkeit von Produkten und Marken steigt durch externe Reputation von Dritten.

Hinter manchen Siegeln steckt ein detaillierter Prüf-Prozess, wie beispielsweise bei dem Siegel des TÜV Rheinland. Andere Siegel wie beispielsweise Trusted Shops oder eKomi beziehen sich auf Hunderte oder Tausende Kundenbewertungen. Wieder andere Siegel lassen sich ungeprüft gegen eine Monatsgebühr oder kostenlos nutzen.

Abb. 2.11 Vertrauensschaffende Trust-Siegel im Header auf der E-Learning-Webseite datenkompetent.de

Aus eigenen A/B-Tests an über 500.000 Usern weiß ich, dass die Logos bekannter Marken positiv wirken, auch wenn sie nur marginalen Einfluss auf Webseiten haben. So wurde beispielsweise das DHL-Logo von den Nutzer:innen als vertrauensschaffend eingestuft, auch wenn es sich um eine Mobilfunkseite handelte. Das legt nahe, dass das grundsätzliche Vorhandensein von Trust- und Markenlogos positive Effekte hat.

So können auch selbst erstellte Siegel wie „Datenschutz: Bei uns sind Ihre Daten verschlüsselt" positiv wirken, auch wenn dahinter nicht mehr steckt, als dass die üblichen Vorschriften der Datenschutz-Grundverordnung (DSGVO) erfüllt sind.

Beispiele für Trust-Logos

- Kunden-Logos
- Verbands- und Vereinsmitgliedschaften, z. B. „Mitglied der Digital Analytics Association"
- Partnerschaften, z. B. „Offizieller Google-Partner"
- Vertriebskanäle, z. B. „auch erhältlich bei REWE" oder „idealo-Partner"
- Branchenspezifische Zugehörigkeiten wie z. B. „Düsseldorfer Anwaltskammer" oder „Mitglied im Händlerbund"
- Awards, Zertifikate und Qualifikationen◄

Zwar haben heute 73 % der Online-Shops ein Gütesiegel auf der Startseite (Wittmann et al., 2018), oftmals sind diese aber erfahrungsgemäß erst sichtbar, nachdem Besucher:innen nach unten scrollen. Es empfiehlt sich also diese direkt in im Kopfzeilenbereich der Webseite sichtbar zu machen. Zusätzlich ist es zielführend, diese auch nach dem Scrollen noch sichtbar zu machen. Zum Beispiel an der Seite der Webseite oder im Fußzeilenbereich.

Schaffen Sie Fakten über sich und stellen Sie diese heraus
Diese Empfehlung zur Reputation zielt darauf ab, Fakten leicht konsumierbar auf der Webseite darzustellen. Auch diese Maßnahme ist darauf ausgelegt, dass sie schnell und selektiv verstanden und aufgenommen werden kann. Die Erfahrung zeigt, dass inhaltlich bei der Mehrzahl der Unternehmen eine gute Grundlage besteht und sich vertrauensstiftende Fakten finden lassen können.

In Abb. 2.12 sieht man beispielsweise einige Fakten, die auf die Kundenstruktur („800+ Kunden") und die Leistung („über 1 Million Fotos") der Event-Marketing-Agentur gadplan einzahlen. Die Fakten transportieren, dass das Unternehmen schon einige Zeit am Markt besteht und erfahren ist. Auch bei einem Seminar-Anbieter wäre solch ein Faktenmodul sinnvoll nutzbar. Dort könnte man auf die Anzahl der

bereits stattgefundenen Seminare eingehen, oder die bereits geschulten Teilneh-
mer in einer Summe aufführen, sowie die Anzahl der geschriebenen Fachartikel
und der gegebenen Interviews zusammenfassen. Möglicherweise wurden auch die
Konferenzvorträge gezählt oder die Anzahl der erfolgreich durchlaufenen Schu-
lungsangebote kann wiedergegeben werden. Bei dieser Maßnahme handelt es sich
um konkrete Fakten, die von dem Unternehmen *selbst* kommen und auf die Kom-
petenzbereiche sowie idealerweise die Alleinstellungsmerkmale des Unternehmens
einzahlen.

Abb. 2.12   Fakten-Modul auf der Webseite der Fotobox-Spezialisten gadplan.com

Platzieren Sie Logos von Kund:innen, Magazinen oder Partnern auf Ihrer Webseite

Neben Trust-Logos von Bewertungsplattformen, Partnern oder Mitgliedschaften, sind auch Medien eine hervorragende Quelle für Vertrauen. Medienberichte, Fachartikel, Interviews und generell Presselogos haben eine starke Wirkung und wirken sich positiv auf die Online-Reputation aus (Looschelders, 2018).

In der Praxis erlebt man oft, dass es zwar Artikel und Interviews gibt, diese aber nicht gut auffindbar auf den Online-Präsenzen von Unternehmen sind. Aus Sicht der Conversion-Optimierung sollten diese daher an strategisch relevanten Stellen und anderen Online-Kanälen sichtbar gemacht werden. Auf Webseiten ist in aller Regel ein „Bekannt aus"-Modul eine sehr gute Möglichkeit die Nutzer:innen auf die Presselogos aufmerksam zu machen.

Häufig bietet sich die Startseite für die Platzierung eines solchen Modules an. Je nach Kontext, Webseiten-Zielen und häufigsten Einstiegsseiten[2] auf der Webseite ist es ratsam, die Logos auch noch an anderen Stellen zu verwenden. Auf der Webseite einer Unternehmensberatung könnte beispielsweise auch die Kontakt-Unterseite ein geeigneter Ort sein. Erfolgen viele Webseitenbesuche z. B. über eine Produkt-Unterseite, ist auch hier eine Einbindung der Presselogos ratsam.

Eine gute Methode dafür ist das „Bekannt aus"-Modul. Hierbei handelt es sich um eine verkürzte Darstellung der Presseartikel, in denen das Unternehmen bereits durch einen Artikel oder Interviews repräsentiert wurde, indem Logos der Nachrichtenmedien und Online-Zeitungen aufgeführt werden. Auch hier ist es denkbar eine Mischung vorzunehmen, wie zum Beispiel Presse- mit Konferenzlogos. In einem Kundenprojekt konnten wir die Absprungrate auf der Startseite durch ein „Bekannt aus"-Modul um 28 % verbessern und dadurch die Interaktion mit der Webseite deutlich steigern.

Keine Presseberichte? Denken Sie über Content Marketing nach!

Stehen keine Presseartikel zur Verfügung, kann es hilfreich sein eine Content-Marketing-Kampagne zu initiieren. Über neu platzierte Fachartikel, Interviews und redaktionelle Beiträge wird Reputation aus Drittquellen gewonnen und zusätzlich können die Artikel auch auf den eigenen Kanälen genutzt und gezeigt werden.◄

---

[2] Einstiegsseiten sind Unterseiten einer Webseite, auf der der Besuch eines Users beginnt. Dies muss nicht zwingend die Startseite der Webseite sein. Findet ein User die Webseite z. B. über die Google-Suche, erfolgt der Einstieg in die Webseite häufig über zum Suchbegriff des Users passende Unterseiten.

Eine Abwandlung dieser Idee könnte auch für Händler:innen passend sein, indem sowohl die Einzelhändler als auch die großen Ketten, die ihre Produkte führen, aufgeführt werden (etwa in einem „Erhältlich bei"-Modul).

Neben der Einbindung der Webseiten, ist auch die Nutzung von Presselogos in der E-Mail-Signatur oder innerhalb von E-Mail-Marketing-Kampagnen eine hervorragende Idee, um Vertrauen aufzubauen.

Grundsätzlich besteht das Ziel, die Bedeutsamkeit des eigenen Unternehmens oder der eigenen Dienstleistungen noch einmal durch Drittmeinungen zu bekräftigen. So kann die eigene Reputation zusätzlich mit der Reputation von bekannten Marken oder Medien verknüpft und aufgeladen werden.

Bewertungen von Kund:innen oder von Partner:innen zum Aufbau von Vertrauen

Eine weitere clevere Maßnahme ist die Verwendung von Kundenstimmen oder Testimonials. Auch hier hängt es davon ab, für welche Art von Unternehmen man Testimonials nutzen möchte. Beachten Sie, dass anders als aus der TV-Werbung bekannt, es hier um reale Stimmen von Kund:innen und Partner:innen statt prominenter Werbefiguren geht. Ist man auf Social Media aktiv, kann sich an den Kommentaren sowie bereits bestehenden Facebook-Bewertungen bedient werden und eine Auswahl auf der eigenen Webseite gebündelt dargestellt werden. Auch die Bewertungen von Google oder anderen Bewertungsportalen und Reputationssystemen, wie Trusted Shops oder Ekomi, lassen sich hervorragend in Auszügen verwenden. Es empfiehlt sich hierbei entweder eine Verkürzung vorzunehmen – ohne inhaltliche Veränderungen an dem Gesagten zu treffen – oder aber mit Texthervorhebungen zu arbeiten. Wenn es sich um ein längeres Zitat von drei oder vier Sätzen handelt, ist es sinnvoll eine zusammenfassende Überschrift zu wählen und dabei zwei oder drei einzelne Aussagen durch Fettschrift oder eine andere Farbigkeit hervorzuheben. So ist auch ein schnelles Überfliegen der Sätze möglich. Im B2B-Bereich lässt sich gleichermaßen mit Kunden- oder Partnerzitaten arbeiten, da beide zielführend sein können.

Vertrauen durch Social Proof

„Mehr als 25 Leute haben den Artikel heute bereits gekauft!" – solche oder andere Aussagen kennen wir alle von Webseiten. Durch die Tatsache, dass es bereits zahlreiche Käufer:innen gibt, entsteht Vertrauen in das Produkt.

Im Online-Shop des Fußballvereins Tottenham Hotspur wurde ein solches Element bei einigen nachgefragten Artikel implementiert. Das Ergebnis kann sich sehen lassen: Der Umsatz/Session konnte um 10 % gesteigert werden (Connor, 2017).

Andere Webseiten wie beispielsweise Digistore24 arbeiten mit abgekürzten Namen („Michael G. aus Düsseldorf hat gerade gekauft!"). Andere Shops wie z. B. Snocks zeigen die Gesamtzahl der Bestellungen auf Produktseiten („Mehr als 10.722 mal in den letzten 2 Monaten gekauft").

Wichtig dabei ist immer, dass es sich um authentische und glaubhafte Zahlen handelt. Trifft dies nicht zu, kehrt sich der Effekt ins Gegenteilige und Interessent:innen werden durch einen negativen Eindruck verschreckt.

Binden Sie Produktbewertungen in Ihren Online-Shop ein

Die Verwendung von Produktbewertungen im E-Commerce ergibt eine sehr ähnliche Logik und dient ebenfalls der Vermittlung von Vertrauen. Wenn andere Kund:innen bereits eine positive Kauferfahrungen hatten, kann es durchaus meine eigene Kaufentscheidung unterstützen. Es gibt dabei verschiedene Maßnahmen: Einige Anbieter von Reputationssystemen bieten neben Shop-Bewertungen auch die Einbindung von Produktbewertungen an. Es gibt ebenso diverse Shopsysteme, die selbst diese Möglichkeit anbieten.

Grundsätzlich ist es als positiv anzusehen. Sie sollten jedoch beachten, dass bei der Einführung von Produktbewertungen gleichzeitig eine kleine Kampagne in Verbindung gebracht wird, die dazu aufruft, Produktbewertungen zu erstellen. Wenn Kund:innen sehen, dass es die Möglichkeit gibt Produktbewertungen abzugeben, es jedoch noch keine Bewertungen im Shop selbst gibt, kann der gegenteilige Effekt auftreten: Es entsteht der Eindruck eines unpopulären Shops, der bisher keine oder kaum Kund:innen hat (Park & Lee, 2008, S. 387 ff.).

Da diese Wirkung nicht gewünscht ist, empfiehlt es sich, entweder eine Mailing-Kampagne an Bestandskund:innen oder eine Social-Media-Aktion mit dem Aufruf zur Produktbewertung in Betracht zu ziehen. Wichtig ist, nicht zu vergessen, dass nicht nur positive Meinungen von den Kund:innen erwartet werden, sondern eine ehrliche, authentische Bewertung bevorzugt und gern gesehen wird. Auch hier kann es sich gegenteilig auswirken, wenn sich Kund:innen oder Influencer:innen manipuliert fühlen.

▶   Denken Sie darüber nach, wie Sie Anreize für Bewertungen schaffen können. Denkbar sind Rabatte oder auch Spenden, wenn eine Bewertung abgegeben wurde. Besonders im B2C-Geschäft ist das ein lohnendes Mittel. Der Anbieter reviewforest.org zum Beispiel tätigt für jede von Kund:innen abgegebene Bewertung eine Baumspende. So wird einerseits die Abgabe von Bewertungen gefördert und gleichzeitig ein sozialer Zweck unterstützt.

2.7 Narrative: Persönliche Kommunikation und Storytelling

Die abschließende Kategorie des RETURN-Modells behandelt die Kommunikation des Unternehmens. Es geht vor allem darum, dass sowohl die Werte als auch die Alleinstellungs- und Unterscheidungsmerkmale des Unternehmens auf der Webseite kommuniziert werden und die Kernbotschaft klar platziert wird. Die Nutzer:innen müssen schnell verstehen, wie sich das Unternehmen und das Angebot vom Wettbewerb abgrenzt. „Kommunizieren Sie den Wert Ihres Angebots, um Kund:innen auf emotionaler Ebene zu aktivieren." (Kratz, o. J,)

Vielen Unternehmen ist das bewusst und man weiß wie der Markenkern definiert ist oder was die Unternehmensphilosophie ausmacht. Es lohnt sich jedoch explizit darauf zu achten, dass diese Aspekte auf der Webseite und anderen Online-Kanälen schnell zu erfassen sind. Die Nutzer:innen sollten auf den ersten Blick verstehen wofür das Unternehmen steht und wie es sich abgrenzt.

In den Kriterien der Kategorie Narrative gibt es im Wesentlichen vier Entwicklungsstufen:

1. Produkte gut kommunizieren
2. Sich als Unternehmen positionieren
3. Persönlich kommunizieren
4. Storytelling betreiben

Die folgenden Empfehlungen beziehen sich dabei auf verschiedene dieser Entwicklungsstufen.

Schaffen Sie sich einen Content-Container
Viele Unternehmenswebseiten stehen vor der Herausforderung, dass es ihnen an Bereichen auf der eigenen Webseite fehlt, um unabhängig von Produkten Inhalte zu veröffentlichen. Das schließt häufig auch persönlichere Inhalte oder Inhalte über das eigene Unternehmen ein. Es fehlt also bereits rein strukturell an einer Möglichkeit, auf der Webseite einige Inhaltsarten zum Storytelling veröffentlichen zu können.

Für diesen Zweck sollte ein Content-Container auf der Webseite implementiert werden. Zuallererst denkt man dabei an einen Blog, was auch technisch gesehen und für die Suchmaschinenoptimierung eine sehr gute Idee ist (Odden, 2012, S. 147 ff.). Der Name des Content Containers ist jedoch sehr entscheidend dafür, wie die Erwartungshaltung der Nutzer:innen ausfällt. Der Name sollte daher besser nicht „Blog" oder „News" lauten, da beide einen hohen Anspruch an die Regelmäßigkeit der

Inhalte stellen. Besser ist es einen solchen Bereich eher als FAQ, als Wissenswertes, Glossar oder Media Center aufzuziehen. Hier kann man Inhalte veröffentlichen, es wirkt aber nicht negativ, wenn dies nicht in einem zweiwöchentlichen Turnus passiert.

Auch andere Spielarten, wie etwa eine Unterseite oder ein Modul, auf der automatisch die letzten LinkedIn-Postings dargestellt werden, ist hier denkbar.

Vermitteln Sie einen persönlichen Eindruck
Manche Webseiten verschenken großes Potential, da sie unpersönlich und damit nicht nahbar wirken. Oftmals fehlt es auf solchen Webseiten an Einblicken in das Unternehmen. Dabei können bereits Fotos vom Gebäude und vom Team hier einen großen Unterschied machen.

Insbesondere visuell lässt sich ein persönlicher Eindruck gut vermitteln. Die folgende Empfehlungen helfen, die passenden Bilder auszuwählen (Erlhofer & Brenner, 2019, S. 783):

- Es ist viel besser, Bilder authentischer Menschen und Kolleg:innen zu verwenden als unpersönliche Stockfotos.
- Wählen Sie Bilder aus, die Emotionalität vermitteln. Bereits ein Lächeln kann hier sehr positiv wirken.
- Komprimieren Sie die Grafiken auf Ihrer Webseite, um die Ladezeiten gering zu halten.
- Binden Sie die Bilder so ein, dass sie den Blick der Besucher:innen auf wichtige Bereiche Ihrer Seiten lenken.

Gleichzeitig wirken Fotos der Ansprechpartner:innen mit Namen und persönlichen E-Mail-Adressen viel besser als eine anonyme Kontaktadresse.

Manchmal wirken auch lediglich Webseiten unpersönlich, während die Social-Media-Kanäle des Unternehmens persönliche Einblicke sogar in den Vordergrund stellen. In solchen Fällen ist es zweckdienlich die Social-Media-Postings auch direkt auf der Webseite einzubinden.

Alleinstellungsmerkmale deutlich kommunizieren
Nehmen wir ein Beispiel eines ehemaligen Kunden: Bei der Webseite eines Software-Vertriebs hat sich im Zuge des Projektes herausgestellt, dass das Unternehmen eines von lediglich zwei zertifizierten Wiederverkäufern in Europa ist. Für Nutzer:innen war diese Besonderheit jedoch auf der Webseite nicht erkennbar. Es gab also ein für die Branche relevantes Unterscheidungskriterium, das im Marketing nicht ausreichend platziert war. Hier könnte es bereits helfen den Slogan/Claim des

Unternehmens, falls dieser verfügbar ist und darauf kommunikativ einzahlt, im Logo zu verwenden. Ein weiterer Lösungsansatz ist das Platzieren des Unterscheidungskriteriums mit wenigen Worten im Kopfzeilen-Menü. Denkbare Lösungsansätze sind, je nach Aufbau der Website, ebenso der Titel und einleitende Worte auf der Startseite.

Im nächsten Schritt geht es dann jedoch auch darum, die kommunizierten Alleinstellungsmerkmale auch mit Leben zu füllen und diese zu belegen (Hahn, 2015, S. 87). Dabei kommt es ganz auf die Inhalte an, was als Beleg dienen kann. Bei einer langen Firmentradition kann es ausreichen, diese visuell erlebbar zu machen, bei der Innovationsführerschaft werden nachvollziehbare Fakten wie Auszeichnungen, Patente oder Presseberichte benötigt.

Verwendung von Icons zur visuellen Unterstützung

Grundsätzlich empfiehlt es sich, wichtige Textteile zusätzlich visuell herauszuarbeiten. Beispielsweise durch die Verwendung von Fettschrift bei Kerninformationen. Dies gilt nicht nur für die Kommunikation von Alleinstellungsmerkmalen, sondern ist auch in der Produktkommunikation oder auf weiteren Landingpages empfehlenswert. Bedenken Sie dabei immer, was die Kerninformationen einer Unterseite sind und stellen Sie diese explizit heraus. Icons können ebenso hilfreich sein. Gerade bei längeren Fließtexten können gewisse Kriterien durch Icons zusammengefasst und herausgelöst dargestellt werden.

Icons haben nicht nur einen visuellen Charakter, sondern vermitteln auch selbst direkt und einfach Informationen (Semerádová & Weinlich, 2020, S. 36). Abb. 2.13 zeigt die Alleinstellungsmerkmale der Coachingausbildung der Essensive GmbH. Diese sind prominent oben auf der Unterseite platziert und mit individuell erstellten Icons schnell erfassbar gemacht.

Auch bei der Kommunikation von Produktvorteilen können Icons eine sinnvolle Möglichkeit darstellen. Um eine einfache Erfassbarkeit sicherzustellen, empfiehlt es sich mit nicht mehr als fünf Icons zu arbeiten. Da diese in der Regel nicht vollständig selbsterklärend sind, bedenken Sie kurze, beschreibende Sätze zu verwenden. Das kann beispielsweise eine kurze Zusammenfassung des Titels sein, und wenn notwendig dazu eine detailliertere Erklärung von nicht mehr als ein bis zwei Sätzen.

Der Gesamteindruck zählt

Genauso wichtig wie einzelne Abschnitte ist der Gesamteindruck in der Kategorie „Narrative". So kann es beispielsweise passieren, dass die wahrgenommene Unternehmensgröße auf der Webseite eine andere ist als in der Realität. So habe ich es bei einem erfolgreichen Feinkost-Hersteller erlebt, der bereits bei großen Supermarktketten gelistet ist, ein großes Produktsortiment anbietet und eine gewisse Größe

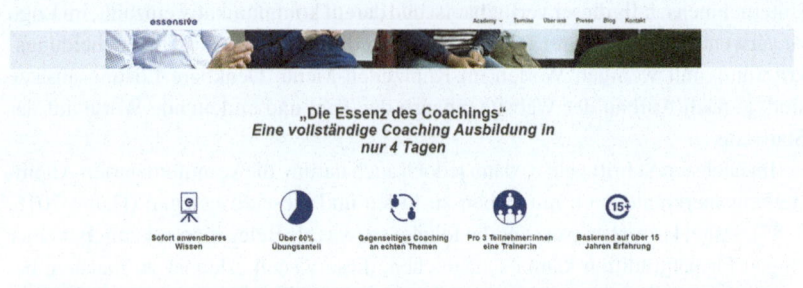

Abb. 2.13 Darstellung der USPs der Coachingausbildung auf der Webseite essensive.com

erreicht hat. Auf der Webseite wirkte es jedoch, als würde es sich um ein kleines
Garagen-Startup handeln. Für die Außenwirkung ist das in diesem Fall unnötig und
eher negativ ist. Selbst wenn es keinen Online-Shop auf der Webseite gibt, ist die
wahrheitsgemäße Wirkung auf andere Anspruchsgruppen des Unternehmens, wie
Bewerber:innen oder Partner – in dem Fall weitere Einzelhändler – hinderlich. Dies
kann sich anschließend negativ auf Verhandlungen, Umsätze und Kooperationen
auswirken. Ein wie zuvor besprochenes Icon-Modul hätte an dieser Stelle bereits
ein kommunikatives Gegengewicht geschaffen. Es hätte dargestellt werden können,
seit wann es das Unternehmen gibt, wie viele Produkte monatlich vom Band gehen,
oder in wie vielen Supermärkten und Discountern das Produkt bereits gelistet ist.
So hätte dem negativen Eindruck mit einfachen Mitteln entgegengewirkt werden
können.

Bewegtbild – aber bitte webgerecht!
Niemand schaut sich im Internet einen mehrminütigen Imagefilm an. Wahrscheinlich verlieren Sie Ihre Nutzer:innen schon nach 30 Sekunden.

Kurze Animationen hingegen haben immer wieder hervorragende Effekte und
vermitteln einen dynamischen Eindruck. Neben Videos stehen vor allem auch
Gif-Animationen, Slider-Elemente und Animationseffekte auf der Webseite selbst
spannende Möglichkeiten der Ausgestaltung dar (Rupp, 2016, S. 267 ff.). Es kann
auch bereits eine gute Idee sein, Sequenzen weniger Sekunden aus bestehendem
Videomaterial herauszulösen und diese auf der Webseite einzubinden. Bei der
Eventmarketing-Agentur gadplan nutzen wir eine kurze stumme Videosequenz von
einem Messeauftritt als Video-Header von Kampagnen-Landingpages.

Auch ein Erklärvideo anstelle reiner Produkteinbindungen auf einer Webseite
kann eine gute Wirkung haben, wenn es sich um komplexere Produkte handelt.

Kurze Testimonial-Videos von Kund:innen stellen ebenfalls eine gute Möglichkeit dar, das Narrativ Ihres Unternehmens zu vermitteln.

Einwandvorwegnahmen: Kommunikative Probleme lösen, bevor sie entstehen

Das Prinzip der Einwandvorwegnahme kommt ursprünglich aus dem Bereich der Verhandlungstechniken, lässt sich aber hervorragend auch für Webseiten und Online-Kampagnen nutzen. Es geht darum mögliche Einwände gegen ein Angebot zu antizipieren und diese Gegenargumente bereits im Vorhinein zu widerlegen.

Ein Beispiel, wo diese Technik sehr direkt genutzt wird, ist unsere E-Learning-Plattform www.datenkompetent.de. Hier wird der Online-Kurs „Data-Driven Marketing" angeboten. Alle Themen rund um Daten sind erst einmal abstrakt. Bei der Zielgruppe Marketing-Manager:innen ist daher die Sorge naheliegend, es könnte sich um einen sehr trockenen theoretischen Online-Kurs handeln. Genau aus diesem Grund enthält der Kurs einen besonders hohen Praxisbezug und zahlreiche interaktive und auflockernde Elemente. Auf diese auf der Webseite hinzuweisen, dient also bereits der Einwandvorwegnahme. Man kann jedoch auch noch einen Schritt weiter gehen und wie in Abb. 2.14 gezeigt direkt den Einwand ansprechen: „Keine Angst, es wird keine Statistik-Vorlesung!"

Einwandvorwegnahmen eignen sich darüber hinaus auch dafür, um direkt am CTA-Button platziert zu werden. Dazu einige Beispiele:

- Bei Online-Shops kann es zielführend sein, auf ein erweitertes Rückgaberecht oder die Möglichkeit kostenloser Retouren hinzuweisen.
- Bei Textilprodukten an den Warenkorb-Button Hinweise auf die Passgröße zu geben („Passt 92 % der Kunden wie erwartet").

Abb. 2.14 Einwandvorwegnahmen beim Online-Kurs „Data-Driven Marketing" auf datenkompetent.de

- In der Dienstleistung kann ein Hinweis auf ein kostenloses Erstgespräch die Conversion Rate drastisch erhöhen.
- Bei Online-Tools ist ein häufiges Bedenken, dass man mit der Testphase ein kostenpflichtiges Abonnement eingeht. Dem lässt sich mit kurzen Texten wie bspw. „bleibt auch nach der Testphase kostenlos!" oder „keine Kreditkarte nötig" entgegnen.

Bestätigung auch nach der Conversion
Storytelling hört nach der erfolgreichen Konversion noch nicht auf. Auch danach gibt es Mittel und Methoden, mit dem das Storytelling fortgeführt werden und positive Bestärkung ausgeübt werden kann (Morys, 2019). Ein gutes Beispiel sind Danke-Seiten, nachdem eine Newsletter-Anmeldung erfolgt ist, oder eine Bestellbestätigung-Seite, nachdem ein Kauf getätigt wurde. Hier bestehen Ihre Chance etwas Emotionales zu kommunizieren, wie ein paar persönliche Worte oder das Hervorheben des Alleinstellungsmerkmals.

Der Textilhersteller Snocks macht dies in seinem Online-Shop auch vorher bereits sehr gut. Legt man Produkte in den Warenkorb, wird man noch während des Ladevorgangs durch ein 👍-Emoji und den Hinweis auf kostenlosen Versand bestärkt. Im Warenkorb selbst wird man ein weiteres Mal in seiner Entscheidung bekräftigt: „Gute Wahl! Hier sind deine Produkte:"

Auch Bestätigungsemails sind eine gute Möglichkeit, um das Storytelling noch außerhalb der Webseite fortzuführen und es kanalübergreifend zu implementieren. Es empfiehlt sich neben den wichtigen, sachlichen Fakten auch eine emotionale Note in die Kommunikation zu integrieren. Häufig kann es darüber hinaus als Chance genutzt werden, noch einmal Fakten oder Produktvorteile zu kombinieren und kommunizieren. Ein Beispiel: „Willkommen in unserer Community mit bereits über 10.000 Mitgliedern". Ein weiteres schönes Beispiel für eine persönliche Note ist in der E-Mail-Signatur von dem Unternehmen Reishunger: Jeder Mitarbeitende wird hier in einer Zeile mit „Mein Lieblingsreis: ..." aufgeführt und macht so auf eine charmante und persönliche Art auf Produkte aufmerksam (siehe auch Abschn. 5.5). Solche Bestätigungen wirken in jedem Fall imagebildend, können sich aber sogar verkaufsfördernd auswirken.

Ihr Transfer in die Praxis

- Es gibt zahlreiche Best Practices in der Webseitenoptimierung. In unserem RETURN-Modell haben wir über 250 dieser Erfolgsrezepte zusammengetragen. Ein Checkup lohnt sich!

- Schaffen Sie Relevanz: Versteht man innerhalb weniger Sekunden, was Sie auf Ihrer Webseite anbieten? Haben Sie Ihr Alleinstellungsmerkmal klar und deutlich auf der der Webseite präsentiert?
- Haben Sie ausreichende viele auffordernde Call-To-Actions und aktivierende Sätze auf Ihrer Webseite? Vergessen Sie nicht: Nutzen Sie lieber zu viele als zu wenige CTA-Buttons. Am besten definieren Sie sogar eine eigene Farbe nur CTAs zu den allerwichtigsten Conversions.
- Denken Sie darüber nach, wie Sie das Nutzererlebnis noch interaktiver gestalten können. Selbst kleine Elemente wie Mouseover-Effekte oder Ladeanimationen können bereits das Nutzerlebnis signifikant verbessern.
- Sehen Sie zu, dass Ihre Webseite auf dem neuesten technischen Stand ist. Prüfen Sie, ob die HTTPS-Verschlüsselung greift, ob die Ladezeiten gut sind und ob Ihre Webseite auch auf Smartphones gut und ohne langes Scrollen funktioniert.
- Kund:innen von heute haben keine Zeit: Sind Ihre Formulare so kurz wie möglich gehalten, ihre Texte klar und ausschließlich relevant, und die Klickpfade eindeutig zielführend? Auch schlanke Menüs sind empfehlenswert: Keine Menü-Ebene sollte mehr als sieben Punkte tief sein.
- Nutzen Sie bereits ausreichend Trust-Siegel auf Ihrer Webseite? Denken Sie über klassische Bewertungssiegel nach, aber auch über Testimonials und Ausschnitte aus Bewertungstexten. Auch die Logos bekannter Kunden oder Partner wirken vertrauensstiftend.
- Gibt es Presseartikel über Sie? Wenn ja, machen Sie diese präsent und zeigen, wenn möglich die Logos der Medien. Gibt es keine Berichterstattung, denken Sie über eine Content Marketing-Kampagne oder Gastartikel auf anderen Webseiten nach.◄

Literatur

Byers, K. (2022). Domain Extensions:.com vs.org,.net,.io & 4 Other TLDs (Study). https://growthbadger.com/top-level-domains/, zuletzt aktualisiert am 30.01.2022, zugegriffen am 10.06.2022.

Connor, N. (2017). *To dare is to do. Live on stage demo with tottenham. Personalization pioneers.* Dynamic Yield. Berlin: 05.09.2017.

Eisenegger, M., & Imhof, K. (2008). The true, the good and the beautiful: reputation management in the media society. In Zerfass, A., van Ruler, B. & Sriramesh, K. (Hrsg.), *Public Relations Research* (S. 125–146). VS Verlag für Sozialwissenschaften.

Erlhofer, S., & Brenner, D. (2019). *Website-Konzeption und Relaunch. Planung, Optimierung, Usability* (2. Aufl.). Rheinwerk Verlag.

Ertel, A., & Laborenz, K. (2017). *Responsive Webdesign. Konzepte, Techniken, Praxisbeispiele* (3.Aufl.). Rheinwerk Verlag.

Frik, A. & Mittone, L. (2019). Factors influencing the perception of website privacy trustwor-
thiness and users' purchasing intentions: the behavioral economics perspective. *Journal
of Theoretical and Applied Electronic Commerce Research, 14*(3), 89–125. https://doi.
org/10.4067/S0718-18762019000300107.

Goward, C. (2013). *You should test that! Conversion optimization for more leads, sales and
profit or the art and science of optimized marketing.* Wiley Sybex.

Hahn, M. (2015). *Webdesign: Das Handbuch zur Webgestaltung. Attraktive Websites gestalten: Layouts, Typografie, Farbe, Bilder; Website-Konzeption, Usability und Responsive
Webdesign.* Galileo Press (Galileo Design).

Jacobsen, J. (2017). *Website-Konzeption. Erfolgreiche und nutzerfreundliche Websites planen,
umsetzen und betreiben* (8. Aufl.). Dpunkt.verlag.

Kratz, K. (o. J.). *10 unterschätzte Online Marketing Grundlagen.* https://karlkratz.de/online
marketing-blog/onlinemarketing-grundlagen/, o. J., zugegriffen am 13.12.2021.

Kreutzer, R. T. (2018). *Praxisorientiertes Online-Marketing. Konzepte – Instrumente –
Checklisten* (3. Aufl.). Springer Gabler (Lehrbuch).

Krug, S. (2013). *Don't make me think, revisited. A common sense approach to web usability*
(3. Aufl.). New Riders.

Looschelders, T. (2018). *Leitfaden Online Reputation Management.* BIEG Hessen, c/o IHK
Frankfurt a. M..

Miller, G. A. (1956). The magical number seven, plus or minus two: some limits on our
capacity for processing information. *Psychological Review, 63,* 81–97. https://doi.org/10.
1037/h0043158.

Morys, A. (2011). *Conversion-Optimierung. Praxismethoden für mehr Markterfolg im Web.*
Entwickler.press.

Morys, A. (2019). *Das 7-Ebenen-Modell. Eine Methodik zur nutzerzentrierten Website-
Analyse.* https://www.konversionskraft.de/methoden/7-ebenen-modell-customer-experi
ence.html, zuletzt aktualisiert am 28.11.2019, zugegriffen am 13.04.2022.

Odden, L. (2012). *Optimize. How to attract and engage more customers by integrating SEO,
social media, and content marketing.* Wiley.

Park, D.-H., & Lee, J. (2008). EWOM overload and its effect on consumer behavioral inten-
tion depending on consumer involvement. *Electronic Commerce Research and Applica-
tions, 7*(4), 386–398. https://doi.org/10.1016/j.elerap.2007.11.004.

Pilz, G. (2021). *Online-Marketing Schritt für Schritt. Arbeitsbuch.* UVK Verlag; Narr Francke
Attempto Verlag.

Pispers, R., Rode, J., & Fischer, B. (2018). *Neuromarketing im Internet. Gehirngerechtes
Kundenerlebnis in der digitalen Welt* (3. Aufl.). Haufe Group.

Rupp, M. (2016). *Storytelling für Unternehmen. Mit Geschichten zum Erfolg in Content
Marketing, PR, Social Media, Employer Branding und Leadership.* MITP (mitp Business).

Semerádová, T., & Weinlich, P. (2020). *Website quality and shopping behavior. Quantitative
and qualitative evidence.* Springer.

Still, B., & Crane, K. (2017). *Fundamentals of user-centered design. A practical approach.*
CRC Press Taylor & Francis Group.

Valenzuela, A., & Raghubir, P. (2009). Position-based beliefs: The center-stage effect. *Journal of Consumer Psychology, 19*(2), 185–196. https://doi.org/10.1016/j.jcps.2009.02.011.

Wittmann, G., Seidenschwarz, H., Pur, S., & Bergmann, I. (2018). ibi-Mystery-Shopping-
Studie 2018. Die Realität des deutschen E-Commerce. https://www.ecommerce-leitfa
den.de/studien/item/ibi-mystery-shopping-studie-2018-die-realitaet-des-deutschen-e-
commerce, zuletzt aktualisiert am Oktober 2018, zugegriffen am 06.03.2022.

A/B-Testing: Webseiten systematisch optimieren

3

Was Sie aus diesem Kapitel mitnehmen werden

- Was Sie alles A/B-testen können, um den Erfolg Ihrer Webseite zu verbessern.
- Praktische Tipps zum A/B-Testing von Webseiten und welche Stolpersteine es zu vermeiden gilt.
- Warum es so wichtig ist, Testlaufzeiten einzuhalten (auch wenn es schwerfällt).
- Mit welchem kostenfreien Tool Sie ins A/B-Testing einsteigen können.
- Welche Kennzahlen Sie benötigen und warum dazu keine theoretische Statistik nötig ist.
- Wie Sie erfolgreich Test-Hypothesen formulieren.
- Konkretes Handwerkzeug, um Ihre Testideen faktenbasiert priorisieren zu können.

3.1 Das Raten hat ein Ende

„We are investing in our websites , so we should measure what comes of them. "
(Kaushik, 2010, S. 55).

Im vorigen Kapitel haben wir bereits einige allgemeingültige Optimierungen, Tipps und Best Practices kennengelernt. So ist es zum Beispiel grundsätzlich eine gute Idee, Gütesiegel auf der Webseite zu verwenden. Es gibt jedoch auch zahlreiche Bereiche auf Webseiten, die sich zwar einfach optimieren lassen, wo jedoch

© Der/die Autor(en), exklusiv lizenziert an Springer Fachmedien Wiesbaden GmbH, ein Teil von Springer Nature 2022
T. Looschelders, *Conversion-Optimierung: Erfolgreiche Webseiten und Digitalkampagnen*, https://doi.org/10.1007/978-3-658-38509-5_3

keine allgemeingültigen Aussagen zutreffen. Dazu gehören beispielsweise Features und Funktionen oder spezifischere Details wie das Wording von CTA-Buttons. Hier muss individuell getestet werden, wie die eigene Zielgruppe auf Änderungen reagiert. Genau dafür ist A/B-Testing eine sehr wirkungsvolle Methode. Prof. Stefan Thomke (2020, S. 42) beschreibt es sehr treffend: „… A/B experiments are an extremely valuable way to create or improve online experiences."

Warum? A/B-Testing ist eine wissenschaftlich orientierte Vorgehensweise und testet anhand des Verhaltens der Nutzer:innen wie in einem Experiment, welche Features auf der Webseite besser funktionieren. Es gibt daher, wie der Name bereits verrät, immer mindestens zwei Gruppen: A und B. Bei Gruppe A spricht man von der Gruppe, die die Webseite im unveränderten Zustand zu sehen bekommt, während B die Gruppe mit Ansicht der optimierten Variante bezeichnet. In einem klassischen wissenschaftlichen Experiment würde man hier von A als Kontrollgruppe sprechen. Die durch diese Betrachtung erreichten Vergleichswerte erlauben konkrete Aussagen wie beispielsweise (Abb. 3.1): „Die Veränderung unserer CTA-Farben hat dazu geführt, dass Klickraten und Konversionsraten gestiegen sind."

In diesem Buch sprechen wir der Einfachheit halber von A/B-Testing, es ist jedoch möglich und in der Praxis gängig auch mehrere Versionen gleichzeitig gegeneinander zu testen. Auch ist es möglich verschiedene A/B-Tests auf einer Webseite parallel laufen zu lassen.

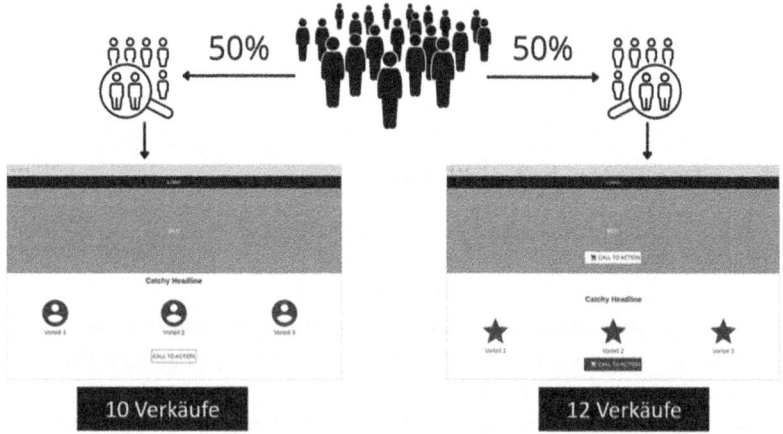

Abb. 3.1 Wie funktioniert A/B-Testing

Da man im A/B-Testing die Personen, die sich im Moment der Testung live auf der Website befinden in die verschiedenen Gruppen aufteilt, spricht man hier auch von Split Testing (to split = teilen). So entsteht eine exakte, datenbasierte Methode ohne einen aufwendigen Versuchsaufbau. Eine völlig andere Situation wäre es, ein Dutzend potenzielle Nutzer:innen in ein UX-Labor einzuladen und diese vor einem Bildschirm Aufgaben auf der Webseite erledigen zu lassen. Solche Laborsituationen bieten zwar qualitativ spannende Einblicke, sind aber immer durch die künstliche Situation verzerrt. A/B-Testing ermöglicht eine wesentlich authentischere sowie realistischere Situation, da die Nutzer:innen nicht wissen, dass sie gerade Teil eines Experiments sind.

Effektiv testen kann man auf einer Webseite sehr viel. Über CTA-Buttons haben wir dabei bereits gesprochen. Selbst hier kann man jedoch noch weitere Aspekte testen, wie beispielsweise die ideale Anzahl von CTA-Buttons auf einer Landingpage. Hinzu kommen zahlreiche andere Bereiche, wie z. B. große Header-Grafiken. Genauso lassen sich Überschriften ändern oder Textblöcke verschieben. Auch komplette Webseiten-Features sollten getestet werden.

Einige Beispiele dafür, was auf Webseiten a/b-getestet werden kann

- Buttons/CTAs
- Headlines
- Webseiten-Features
- Grafiken
- Komplette Layouts und Designs
- Produktpreise und -bestandteile wie bspw. Streichpreise
- Anordnungen, z. B. wann ein Preis angezeigt wird
- Benutzeroberflächen/Interfaces
- Formulare
- Apps & Web-Tools◀

Nehmen wir das Beispiel E-Commerce mit der Frage: Welche Darstellung funktioniert auf einer Kategorie-Seite am besten? Ist es eher die kurzgehaltene Listendarstellung oder doch die bildgewaltigere Kachelansicht? Oder ist es eine völlig andere Darstellung, die die Vorteile des Produktes bereits in der Übersicht kommuniziert? Auch hier lassen sich keine allgemeingültigen Aussagen treffen. Es kommt nicht nur auf das Unternehmen und die Art der Webseite an, sondern vor allem auf die Produktart und die Zielgruppe. Sind einige Produkte zum Beispiel erklärungsbedürftiger als andere, kann es sinnvoll sein bereits auf einer

Kategorie-Seite mehr Informationen oder wichtige Produktvorteile zu kommunizieren. Um genau das herauszufinden und um die Zielgruppe besser zu verstehen,
ist A/B-Testing das perfekte Mittel der Wahl.

Dabei ist A/B-Testing keineswegs eine neue Technologie. Bereits 2008 wurde
dieses Verfahren im Präsidentschaftswahlkampf von Barack Obama sehr erfolgreich eingesetzt, um Wahlstimmen, Unterstützung und Spenden zu gewinnen
(Siroker & Koomen, 2015, S. 4 ff.). Allerdings sind auch viele Jahre später
A/B-Testing und Conversion-Optimierung noch nicht in der breiten Masse der
Unternehmen angekommen. Der fortschreitenden Digitalisierung zum Trotz sind
noch heute die meisten Webseiten unwirtschaftlich und werden nicht systematisch
optimiert.

Anders als bei Digitalkampagnen, wo A/B-Testing häufig bereits als Funktion
vorgesehen ist, wird bei Webseiten in der Regel ein eigenständiges Tool benötigt. Manche Webseitensysteme verfügen zwar über A/B-Testing-Features, in aller
Regel wird aber ein eigenes Testing-Tool nötig sein. Dieses sorgt in den meisten
Fällen auch für die zweite, abgewandelte Version, sodass keine zwei Varianten
im Webseitensystem angelegt werden müssen. Inzwischen bieten jedoch manche Webseiten oder Shop-Systeme eine A/B-Testing Funktionalität als Add-on
an. Ein Beispiel für ein kostenloses Tool ist Google Optimize, das sich besonders
gut eignet, wenn man mit dem Thema A/B-Testing noch keine Berührungspunkte
hatte und erste Schritte machen möchte. Andere große, dafür aber kostenpflichtige
Tools sind zum Beispiel Optimizely, AB Tasty oder Kameleoon.

Bei jedem Aufruf der Webseite entscheidet das Tool, in welche der Gruppen ein Nutzer zugeordnet wird – fällt er in die Kontrollgruppe A oder in die
Gruppe mit der veränderten Website, Gruppe B? Das A/B-Testing-Tool merkt
sich bei erneuten Webseitenaufrufen anhand von Cookies, in welcher Testgruppe
Nutzer:innen waren. So kann es nicht passieren, dass Nutzer:innen später eine
andere Version ausgespielt bekommen. Das A/B-Testing-Tool selbst verfügt in
der Regel über viele Einstellungsmöglichkeiten, mit denen definiert werden kann,
wo genau auf der Webseite ein Test stattfinden soll oder welche Personengruppe
möglicherweise ausgeschlossen werden soll. Vielleicht richtet sich ein A/B-Test
beispielsweise nur an Erstbesucher einer Webseite?

Im A/B-Testing-Tool gibt es im Normalfall außerdem Funktionen, um die
Tests dort direkt selbst anzulegen. Über die Visual-Page-Editoren von A/B-
Testing-Tools ist es möglich direkt Testvarianten auf der Webseite vorzunehmen,
ohne dass man das Webseitensystem (CMS) dazu bemühen muss. Das kann man
besonders gut bei einfachen A/B-Tests anwenden, um beispielsweise Headlines
oder Bilder zu tauschen und Buttons neu hinzuzufügen oder umzufärben. Häufig
lassen sich solche visuellen Editoren ebenso dafür nutzen die Reihenfolge des

Contents zu verändern. Es gibt zudem größere, aufwendigere Tests, die überdies mit Programmieraufwand verbunden sind oder die Anbindung weiterer externer Tools erforderlich machen. Gerade zu Beginn empfiehlt es sich jedoch mit einfach erklärbaren A/B-Tests zu beginnen, die sich direkt über das Testing-Tool aufsetzen lassen.

Eine weitere sehr wichtige Funktion von A/B-Testing-Tools sind dabei die Analysemöglichkeiten. Wir sehen also beispielsweise im Tool, wie häufig ein laufender A/B-Test bereits ausgespielt wurde und welche Wirkung dieser erzielen konnte. So kann die optimierte B-Variante besser, bzw. performancestärker, als die unveränderte A-Variante abgeschnitten haben – oder vielleicht genau andersherum. Auch andere Informationen, wie eine bereits bestehende Aussagekraft oder die noch benötigte Restlaufzeit des Tests, werden über das Tool gesteuert und ausgegeben. Auch für noch tiefere Analysen eignen sich diese Tools gut: Beispielsweise wenn man wissen möchte, wie sich ein A/B-Test lediglich auf das Nutzungsverhalten bei Zugriff auf die Webseite über das Smartphone ausgewirkt hat, oder ob sich Benutzer:innen, die ausschließlich über Google Ads-Kampagnen auf die Webseite gekommen sind, anders verhalten.

Ein Beispiel hierfür ist ein Test, den ich selbst vor einigen Jahren durchgeführt habe. Es ging darum auf einer Deal-Webseite einen Pop-Up-Banner zu schalten. Die Klickraten waren auf den ersten Blick gut. Doch um testen zu können, ob das Pop-Up-Banner eine störende Wirkung auf Nutzer:innen haben könnte, war es sinnvoll und zielführend Analytics-Daten hinzuzunehmen. So konnte verglichen werden, wie hoch die Absprungrate bei Nutzer:innen mit oder ohne Anzeige des Pop-Ups war.

3.2 A/B-Testing erfolgreich umsetzen – so geht´s

> *„Mit cleverem A/B-Testing generieren Unternehmen höhere Umsatz- trotz gleichbleibender Besucherzahlen."* (Budde, 2015).

A/B-Testing ermöglicht also eine datenbasierte Weiterentwicklung von Webseiten und Online-Marketing-Kampagnen, wobei wir uns in diesem Kapitel auf die Webseitenoptimierung konzentrieren.

Es ist wichtig sich vor Augen zu führen, dass ein solches Vorgehen den gesamten Entwicklungsprozess verändert. A/B-Testing ist nicht nur eine Methode, sondern letztendlich ein Veränderungsprozess. Klassischerweise arbeitet man bei Webseiten-Entwicklungen mit Relaunches, die alle 2–5 Jahre stattfinden, und bei der die Webseite komplett überarbeitet und neu aufgesetzt wird. Das betrifft in aller Regel sowohl das Design als auch strukturelle und Layout-Fragen. Häufig wird ein Relaunch aufgrund von Design-Anforderungen oder der Überarbeitung der Informationsarchitektur notwendig. Meistens kommt ein Relaunch dabei eher einer Kernsanierung als einem Frühjahrsputz gleich. Solche Projekte sind sehr aufwändig und wer schon einmal daran beteiligt war, hat wahrscheinlich die Erfahrung gemacht, dass der Zeitplan nicht eingehalten werden konnte.

Das A/B-Testing hingegen fokussiert sich auf die kontinuierliche Weiterentwicklung der Webseite. Es finden dauerhafte, idealerweise sogar parallele, Optimierungen und Weiterentwicklungen statt. Schritt für Schritt sollen diese die Webseite erfolgreicher machen. Durch konsequente, kontinuierliche Weiterentwicklung kann dies dazu führen, dass große Relaunches gar nicht mehr nötig sind. Damit wird sogar der Umgewöhnungseffekt für die User, der durch Relaunches entsteht und häufig vergessen wird, ausgespart. A/B-Tests von neuen Relaunch-Versionen zeigen häufig schlechte Ergebnisse.

Um aussagekräftige Ergebnisse aus einem A/B-Test zu erhalten, sollte dieser gut geplant werden. Da schon kleine Fehler in der Planung zu verfälschten Ergebnissen und wagen Ableitungen führen können, ist es wichtig, einem gezielten Prozess zu folgen.

Es gibt verschiedene Modelle, anhand derer A/B-Tests aufgebaut werden. In der Praxis hat sich jedoch der A/B-Test-Kreislauf (Siroker & Koomen, 2015, S. 170 ff.) bewährt, der in Abb. 3.2 zu sehen ist. Er ist deshalb sehr gut, da er neben dem eigentlichen Test auch wichtige vor- und nachfolgende Schritte umfasst. Diese sind notwendig, um erfolgreiche Schlussfolgerungen aus dem Test ziehen zu können.

Im ersten Schritt wird zunächst ein spezifisches Conversion-Ziel ausgewählt, das durch den A/B Test erreicht werden soll. Beispielsweise mehr Newsletter-Eintragungen über ein Formular auf der Webseite.

Im Anschluss stellt man hierzu eine Hypothese im „Wenn… dann …"-Format auf. In unserem Beispiel wäre dies vereinfacht gesagt „Wenn wir die Newsletter-Anmeldung prominenter darstellen, werden sich mehr Nutzer in unseren Newsletter eintragen." (im Abschn. 3.4 widmen wir uns Hypothesen im Detail).

In Schritt drei wird überlegt, durch welche Maßnahme das gewünschte Ziel herbeigerufen werden kann. Eine Maßnahme könnte hier sein, den „Jetzt zum Newsletter anmelden"-Button in der auffälligen CTA-Farbe zu färben. Anschließend wird der Test durchgeführt, indem beide Varianten (einmal in CTA-Farbe, einmal in bisheriger Färbung) an reale Nutzer ausgespielt wird. Wichtig ist es, während dem Testing Daten zu beiden Tests getrennt zu erfassen. Beide Tests

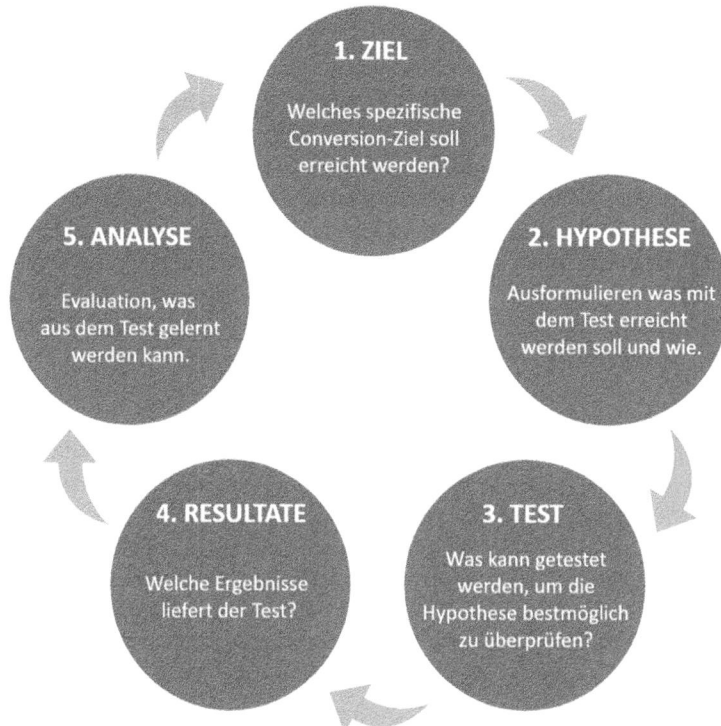

Abb. 3.2   Der A/B-Testing-Kreislauf (in Anlehnung an Siroker & Koomen, 2015, S. 170)

sollten auch über einen gewissen Zeitraum (s. u.) durchgeführt werden, um zu beiden Tests eine relevante Datenmenge zu erhalten.

Anschließend werden die Ergebnisse anhand der erfassten Daten ausgewertet: Auf welcher Variante fanden mehr Newsletter-Anmeldungen statt? Aus dieser Erkenntnis lässt sich in Schritt fünf feststellen, ob die getroffene Maßnahme relevant für eine Conversion-Steigerung war. Eine erfolgreiche Maßnahme sollte anschließend auf der Webseite implementiert werden.

Webseitenoptimierung ist ein iterativer Prozess und somit auch das A/B-Testing. Im letzten Schritt des Prozesses wird nun erneut ein Blick auf die Webseite geworfen, um neue Schwachstellen und Möglichkeiten zu erkennen, wie die Conversion-Rate gesteigert werden kann. Aus diesen wird ein neues Ziel für den nächsten A/B-Testing-Prozess definiert.

Testen Sie einzelne Veränderungen schrittweise für größere Lerneffekte
Eine weitere hilfreiche Gedankenstütze ist A/B-Tests als das zu betrachten, was sie sind: als Experimente. Wie in der Wissenschaft gilt es für ein erfolgreiches Ergebnis auch hier einige Grundlagen zu berücksichtigen: Achten Sie beispielsweise darauf nur *eine* Veränderung vorzunehmen und diese zu testen. So lässt sich sauber ableiten, dass die Veränderungen durch diese bestimme Anpassung stattgefunden haben. Selbstverständlich ließen sich beispielsweise auch zwei vollständig anders gestaltete Landingpages gegeneinander testen, doch die Erkenntnis daraus wäre lediglich allgemein, nämlich welche Landingpage besser funktioniert. Durch eine solch allgemeine Erkenntnis wird die Chance verpasst, aus einem A/B-Test ganz operativ und im Detail zu lernen. Es empfiehlt sich daher, nach Möglichkeit *einzelne* Elemente zu verändern. Sei es eine Grafik, ein CTA oder eine Webseiten-Funktion. Machen Sie lieber schrittweise oder parallel mehrere Tests statt einen großen A/B-Test mit vielen Veränderungen gleichzeitig.

Wie in einem wissenschaftlichen Experiment ist es auch hier sehr sinnvoll, Störeinflüsse zu vermeiden. Daher sollten die Tests gegeneinander abgegrenzt sein, um zu vermeiden, dass die laufenden Tests sich gegenseitig beeinflussen. Ein Beispiel: Im E-Commerce wirken sich Rabattaktionen sehr direkt auf die Conversion Rate aus. Daher sollten A/B-Tests zusätzlich hinsichtlich anderer Maßnahmen geprüft werden, die die Konversionsrate beeinflussen. Bei manchen Rabattaktionen kann es sinnvoll sein, den Test kurzzeitig zu pausieren und erst nach Ablauf der Aktion wieder aufzunehmen. Sonst drohen die Ergebnisse verfälscht zu werden.

Wie viel Traffic benötigt man zum Testen?
Je mehr Zugriffe man auf der Webseite hat, desto schneller bekommt man ein Ergebnis. Bei weniger als 10.000 monatlichen Besucher:innen werden Tests nur auf den häufig besuchten Unterseiten funktionieren. Bei mehr Traffic kann man mehrere A/B-Tests durchführen, man sollte aber im Auge behalten, dass diese unter Umständen etwas mehr Zeit benötigen, um Ergebnisse zu liefern (Witzenleiter, 2020). Als Faustregel gilt: selbst bei viel Traffic sollte man Tests mindestens zwei Wochen laufen lassen, um übliche Schwankungen abzufangen.

Bei A/B-Tests mit zwei Varianten empfiehlt sich in aller Regel eine Trafficverteilung von 50:50. Verfügt man grundsätzlich über viel Traffic auf der Webseite, kann man darüber nachdenken das Verhältnis anzupassen. Ein Grund für eine größere Kontrollgruppe ist das Risiko minimieren zu wollen: entweder, falls es zu technischen Fehlern kommt oder falls das Experiment nicht erfolgreich ist (Eltsefon, 2022). Wichtig ist jedoch vor allem, dass man die richtige Testlaufzeit berechnet und dass genug Nutzer:innen für ein aussagekräftiges Ergebnis im Test sind.

Achtung, zu kurze Testlaufzeiten führen zu falschen Schlüssen!
Bei aller Wissenschaftlichkeit in der Herangehensweise brauchen Sie keine Angst
vor theoretischer Statistik zu haben. Auch wenn diese dem A/B-Testing zugrunde
liegt, ist hier nicht nötig, diese in der Tiefe zu durchdringen. Eignet man sich ein
wenig Basiswissen an, schützt dies vor Fehlentscheidungen (Budde, 2015). Im A/B-
Testing müssen Sie keine komplizierten Formeln berechnen.

Zuallererst ist die Stichprobengröße wichtig. Damit ist schlichtweg gemeint,
wie viele User und Userinnen sich im Test befinden. Es ist wie einem Münzwurf:
statistisch stehen die Chancen 50:50, bei nur zehn Würfen kann die Verteilung
zwischen Kopf und Zahl aber ganz anders aussehen. Über eine gewisse Masse lässt
sich dieser Effekt ausgleichen; es ist also wichtig, eine ausreichende Menge an
User:innen im Test zu haben. Durch eine ausreichende Testlaufzeit werden auch
Schwankungen ausgeglichen.

Die benötigte Stichprobengröße lässt sich mithilfe einfacher Online-Rechner
ermitteln. Die Stichprobengröße hängt je nach Methode und Rechner von drei bis
vier Faktoren ab (Witzenleiter, 2017, S. 96):

1. Die aktuelle Conversion-Rate des zu optimierenden Ziels
2. Der erwartete Effekt des Tests (der erzielte Uplift)
3. Das Konfidenzlevel (die Aussagesicherheit von Tests)
4. Optional: Die statistische Power

Glücklicherweise sind die aktuelle Conversion Rate sowie der erwartete Effekt beides Kriterien, für die wir keinerlei Statistik-Kenntnisse zu bemühen brauchen. Auch
unabhängig von der Stichprobengröße ist es sinnvoll, sich diese vorab zu überlegen
und zu dokumentieren, spätestens wenn es um die Hypothesenbildung (Abschn. 3.4)
oder die Priorisierung von Tests (Abschn. 3.5) geht.

Dabei gilt: Je größer die erwartete Steigerung durch den Test ist, desto weniger
User:innen benötigen Sie für einen aussagekräftiges Ergebnis (Witzenleiter, 2017,
S. 96).

Das Konfidenzlevel (auch: Konfidenzniveau) gibt die Aussagesicherheit eines
Test-Ergebnisses wieder. Umso höher die Konfidenz, desto verlässlicher das Ergebnis eines Tests. Üblich ist ein Wert von 95 %. Die Wahrscheinlichkeit eines Irrtums
beträgt demnach 5 % und da wir keine medizinische Forschung betreiben, sondern
Webseiten optimieren ist das ein sehr guter und praktikabler Wert.

▶   In Google Optimize wird nicht die Konfidenz eingesetzt, sondern mit
    der „Wahrscheinlichkeit, die ursprüngliche Variante zu übertreffen"
    gearbeitet. Dabei handelt es sich zwar streng genommen um eine

andere Kennzahl, jedoch wird diese auf eine sehr ähnliche Weise eingesetzt und kann analog zur Konfidenz genutzt werden. Auch hier
wird ein Wert von 95 % empfohlen.

Die statistische Power drückt die Wahrscheinlichkeit aus, ein Ergebnis zu ent-
decken, wenn es vorhanden ist. Mit der Power wird also die Aussagekraft von
A/B-Tests ausgedrückt. Auch hierfür gibt es einfache Online-Rechner, um die
Testpower herauszufinden. Dieses Kriterium wird jedoch häufig gar nicht benötigt. Ob es benötigt wird oder nicht, hängt von der Messmethode und dem
A/B-Tool ab – am besten stimmt man sich hierzu mit dem Anbieter des Tools
ab. Bei einer Power von mindestens 80 % gilt ein A/B-Test als stark (Witzenleiter, 2017). Einer Studie zufolge verfügen die meisten A/B-Tests über zu wenig
statistische Power und werden zu früh abgeschaltet (Georgiev, 2018).

Damit die eigenen Bemühungen nicht fruchtlos bleiben und die Optimierung
gelingt, ist es umso wichtiger auf ausreichende Werte zu achten. Die beste Power
erreicht man mit einer Ausspielung im Verhältnis 50:50 (Eltsefon, 2022).

Es empfiehlt sich unbedingt, die Testlaufzeiten vorab zu berechnen und sie
nachzuhalten. Das dient vor allem dem Planungsaspekt sowie der Kommunikation
gegenüber den Anspruchsgruppen. Ich weiß aus Erfahrung, dass die Verlockung
für Viele groß ist, einen A/B-Test frühzeitig abzubrechen – vor allem, wenn sich
das erhoffte Ergebnis bereits in der Tendenz zeigt. Jetzt heißt es stark bleiben.

Einige Experten warnen sogar davor, sich vor Ablauf der Testlaufzeit über-
haupt die Effekte zwischen den Varianten im A/B-Testing-Tool anzuschauen!
Natürlich sollten Sie sicherstellen, dass technisch alles in Ordnung ist und die
Daten korrekt gesammelt werden (siehe dazu Abschn. 6.1). Aber bitte treffen Sie
keine Entscheidungen nur aufgrund eines Uplifts, wenn Sie noch nicht genug
Daten haben.

Abb. 3.3 veranschaulicht, wie stark sich ein Ergebnis verzerren kann: Würde
es in Variante A noch zu zwei Käufen mehr kommen, wäre das Ergebnis ganz
anders. Ein zu früh abgebrochener Test kann zwar eine Tendenz zeigen, die Stichprobengröße ist jedoch noch zu gering für eine belastbare Aussage. Am besten
wartet man sogar, bis sich das Nutzerverhalten im Test stabilisiert (Bojinov et al.,
2020, S. 53).

Signifikanz: Wann die Effekte von A/B-Tests aussagekräftig sind
In der Praxis muss man also vor allem verstehen, *warum* die Signifikanz wichtig ist,
und muss diese bei der Durchführung von A/B-Tests beachten. Die tiefgehenden
statistischen Hintergründe sind in aller Regel nicht relevant.

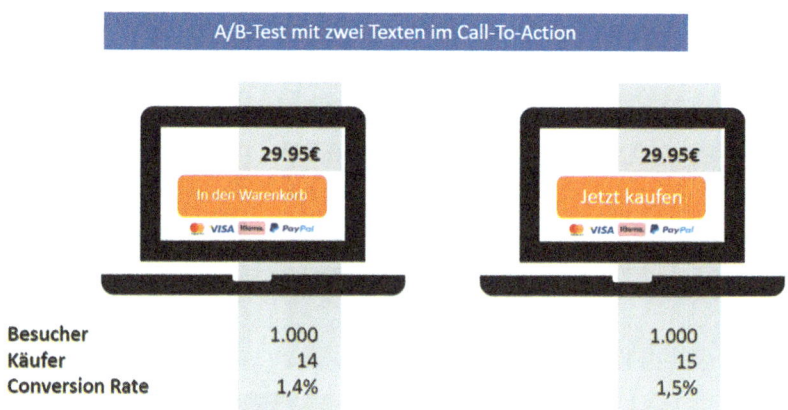

Abb. 3.3   Zu kurze Testlaufzeiten führen zu falschen Schlüssen

Was genau bedeutet Signifikanz?

Unter 5 % *relativer Veränderung* gelten Ergebnisse von A/B-Tests als nicht signifikant (Goward, 2013, S. 301 f.). Zum Beispiel eine Veränderung der Klickrate von 2 % auf 3 % wäre sogar sehr relevant, da dies ein relatives Wachstum von 50 % darstellt.

Nutzen Sie zwei Messkennzahlen: Interaktions- und Business-Ziel

Bereits vor Beginn des A/B-Tests, noch während der Konzeption, empfiehlt es sich zwei primäre Kennzahlen zur Messung zu definieren, die sich als zielführend bewiesen haben (Abb. 3.4). Analytisch, um das Ergebnis des A/B-Tests in der Tiefe zu verstehen, können noch andere Kennzahlen sinnhaft sein. Wir beschäftigen uns jedoch mit folgenden: Die erste Kennzahl spiegelt die Interaktion wider, die möglichst direkt mit dem A/B-Test zusammenhängt. Dabei handelt es sich um eine möglichst unmittelbare, am A/B-Test nahe Kennzahl. Nehmen wir an, wir verändern ein Slider-Element auf der Startseite und testen ein neues Design. In diesem Fall besteht das Interaktionsziel darin, die Klickrate zu erhöhen, womit sich die Click-Through-Rate als ideales Interaktionsziel erschließt.

Da durch die Veränderung im Rahmen des A/B-Tests jedoch auch immer ein größeres Ziel verfolgt wird, bedarf es einer zweiten Kennzahl: Das Business-Ziel. Das hat die Aufgabe, eine möglichst harte, messbare Kennzahl zu sein, eng am Unternehmenserfolg und am Webseiten-Ziel. In aller Regel ist dieses Ziel die Conversion Rate, der erzielte Umsatz oder die Warenkorbgröße im E-Commerce. Wurde

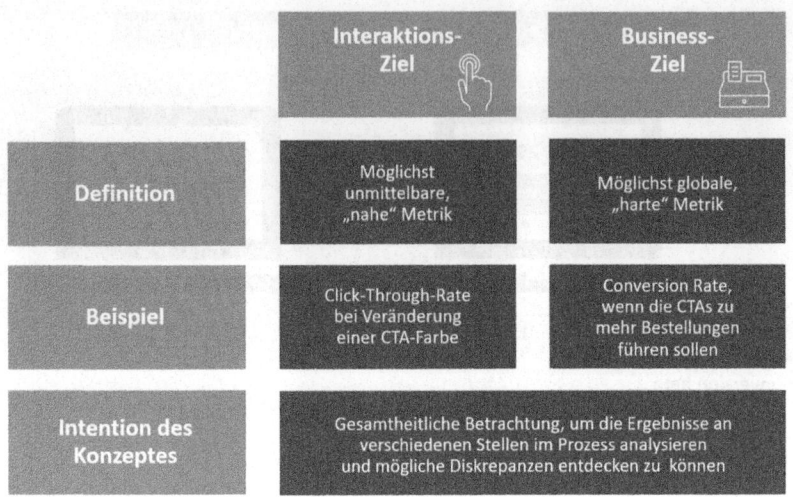

Abb. 3.4   Interaktions-Ziel und Business-Ziel bei A/B-Tests

beispielsweise nur ein einzelnes Produkt optimiert, wird auch nur die Conversion Rate dieses einen Produktes berücksichtigt. Mit der Frage: Wurde das definierte Produkt durch den Test häufiger bestellt, oder nicht?

Insgesamt soll durch diese Messkennzahlen der Prozess der Nutzer:innen besser berücksichtigt werden. Besonders spannend ist es auch, die Unterschiede zwischen der Interaktions- und Business-Kennzahl zu betrachten. Möglicherweise hat das neue Slider-Element zwar die Interaktion und die Klickrate auf der Webseite verbessert, der A/B-Test hat es aber möglicherweise nicht geschafft, einen positiven Effekt auf die Konversionsrate zu erzielen. Auch in dieser Diskrepanz liegt eine weitere Erkenntnis, mit der man im Sinne eines Test- and Learn-Prozesses zielführend weiterarbeiten kann.

Oder nehmen wir an, eine reißerische Display-Ad („jetzt kostenlos bestellen!") sorgt für eine hohe Interaktion durch Likes, Kommentare und Klicks. Auf der Landingpage oder im Checkout tauchen unerwartet teure Versandkosten auf. Oder ein vorher nicht kommunizierter Mindestbestellwert wird plötzlich deutlich. Die dadurch gebrochene User-Erwartung wird sich sehr negativ auf Business-Kennzahlen wie die Conversion Rate oder den erzielten Umsatz auswirken.

So wichtig ein konkretes Business-Ziel auch ist, insbesondere hier sind häufig Limitationen gesetzt. Besonders wenn es um langfristige Betrachtungen wie zum

Beispiel den Kundenlebenszyklus geht, sind solche Daten häufig schwer mit A/B-Tests in Verbindung zu bringen (Ellis & Brown, 2017, S. 77). Selbst wenn diese erhoben werden, ist es für eine durchgängige Analyse wichtig, dass die verschiedenen Tracking-Systeme und Softwares miteinander verbunden sind. Das ist in vielen Fällen möglich, setzt aber einige Arbeit voraus und ist somit als Entwicklungsstufe im A/B-Testing anzusehen.

3.3 Webseiten-Features ganzheitlich testen

„You no longer have to guess what will work on your website." (Kaushik, 2010, S. 196).

In Kap. 2 haben wir die Relevanz von Call-to-Action-Buttons bereits herausgearbeitet und dabei gelernt, dass es wichtig ist diese häufiger zu verwenden – beispielsweise in wiedererkennbaren Farben. Im A/B-Testing wird einen Schritt weiter gegangen und exakt getestet, *welche* Farbe am besten wirkt oder *welche* Button-Texte am besten funktionieren. Auch die beste Anzahl von Call-to-Action-Buttons und die genaue Ausgestaltung des Designs kann hier getestet werden.

Bei dem Automobilhersteller Tesla ließ sich über die Jahre beobachten, wie die Anzahl der Call-to-Actions auf der Startseite stetig zunahm. Wo früher stark fokussiert nur zwei große Call-to-Actions prangten – „Probefahrt" und „Gebrauchtwagen" – fanden sich Jahre später vier große sowie ein kleinerer Call-to-Action. Auch die Hauptnavigation war in der Zeit deutlich gewachsen. All das findet statt, während im Hintergrund ein großflächiges Video abspielt. Ich kann mir kaum vorstellen, dass die Performance durch die Vielzahl der Elemente verbessert wurde, die genaue Wirksamkeit kann dabei nur durch A/B-Tests belegt werden.

Testen Sie so viel wie möglich: Trust-Elemente, Headlines, Teaser-Texte, Grafiken, …

Besonders bei der Startseite einer Webseite, aber auch bei Kampagnen-Unterseiten, sind die Möglichkeiten für A/B-Tests sehr vielfältig. Ich habe schon A/B-Tests erlebt, in denen allein der Austausch der Titel-Grafik einen sehr großen Effekt hatte.

Dabei geht es oft nicht nur um die reinen Bilder, sondern auch um deren Zusammenspiel mit anderen Elementen wie Überschriften, Marketingbotschaften oder anderen verkaufsfördernden Elementen. Auch Videos, Zwischenüberschriften und sogar die Art der Ansprache können hier getestet werden.

So ist es zum Beispiel bei größeren Online-Zeitungen üblich, Headlines, Titel-Grafiken und kurze Teaser-Texte A/B zu testen. Nicht selten erlebt man es, dass man auf das Suchergebnis eines News-Artikels klickt und sich die Überschrift und URL-Zeile unterscheiden. Üblicherweise wird innerhalb weniger Tage getestet welche Headline klickstärker ist, und idealerweise zusätzlich die Verweildauer auf der Seite. Dabei ist die erste Ausbaustufe in aller Regel das Testen der Überschriften. Titel-Grafiken werden nicht ganz so häufig getestet. Hier sieht man den wichtigen Effekt vom A/B-Testing redaktioneller Inhalte, der sich für die Weiterentwicklung auf Unternehmens-Webseiten, Blogs oder Unternehmens-Magazinen anbietet.

Insbesondere missverständliche, oft übersehene oder nicht aktivierende Elemente auf Webseiten bieten sich für A/B-Tests an.

Den Bestellprozess auf Herz und Nieren prüfen und verbessern
Ein weiteres klassisches Beispiel für A/B-Tests im E-Commerce sind Bestell-Strecken. Eine typische Fragestellung ist dabei, ob alle Schritte auf einer einzigen Unterseite – einer Single Page – abgebildet werden sollen, oder über einen mehr-schrittigen Checkout-Prozess, in dem Nutzer:innen immer wieder klicken müssen um zum Ende der Bestellung zu kommen. Hier gibt es keine pauschal anwendbare Empfehlung und es muss für die konkrete Zielgruppe und das konkrete Produkt getestet werden. Zusätzlich spielt das Thema Trust-Elemente in Onlineshops oder B2B-Seiten eine große Rolle, wenn es darum geht, Webseiten-Funktionen zu testen. Das kann im Checkout-Prozess stattfinden, im Kopfzeilenbereich der Webseite oder bei anderen wichtigen Conversion-Elementen, wie Event-Registrierungen oder Kontaktanfragen. Bedenken Sie dabei, dass es im A/B-Testing an dieser Stelle nicht darum geht, *ob* Gütesiegel oder Trust-Elemente sinnvoll sind, sondern um die konkrete Ausgestaltung. Welche Trust-Elemente haben an welcher Stelle auf der Website die größte Wirkung?

Das Gleiche gilt für die Kommunikation von Preisen und Rabatten. Diese sollten nicht nur prominent platziert und verständlich gemacht werden, sondern auch mög-lichst positiv wirken. Im Bestellprozess sollte unbedingt auch an die Warenkorb- und die Bestellbestätigungsseite gedacht werden. Bereits kleine Details können hier das Zünglein an der Waage sein und den letzten Kaufimpuls bieten.

Formulare: Der schmale Grat zwischen vielen Informationen und Conversion-Killern
Ein weiterer Anwendungsbereich für Tests sind Online-Formulare. Hier befindet man sich meist in einem klassischen Spannungsfeld: Einerseits wird versucht, mehr Daten über die Nutzer:innen zu gewinnen, um aus Sicht des Marketings interessante Informationen wie Wohnort oder Geschlecht einer Person abzufragen. Andererseits

stellt aus Sicht der Conversion-Optimierung jedes hinzukommende Formularfeld einen potenziellen Conversion-Killer dar. Mit jedem Formularfeld können wir messbar Nutzer:innen verlieren, die das Formular bisher erfolgreich ausgefüllt haben. Ich selbst habe es bei der Probefahrt-Anfrage eines Automobilherstellers erlebt. Das Formular war nicht lang, aber inhaltlich mit Fragen befüllt, die zu Abbrüchen führten. Eine Frage lautete beispielsweise, welche Automarke man aktuell fährt. Da es sich um ein Pflichtfeld handelte, war man technisch gezwungen die Frage zu beantworten. Das Problem dabei: Diese Art Frage kann Nutzer:innen unangenehm sein und wird – gerade, wenn es sich um ein niedrigpreisiges Modell handelt – nur ungern preisgegeben. Man sieht hieran sehr gut, wie viele Hürden bei einer wichtigen Conversion wie der Probefahrt-Anfrage mit einfachen Mitteln abgebaut werden können.

Empfehlenswert ist es daher, mit möglichst wenigen Formularfeldern zu beginnen und erst im Nachhinein zu versuchen, ergänzend weitere Daten abzufragen. Sie sollten dabei allerdings sicherstellen, dass für den Prozess selbst alle wichtigen Daten abgefragt werden. Bei der Reservierungsanfrage eines Restaurants sollte beispielsweise immer ein Formularfeld mit der Eingabe des Datums integriert werden, sodass keine Folgemail mit ebendiesen Daten nötig wird. So wird die Arbeit für Nutzer:innen verringert und eine Hürde abgebaut. Grundsätzlich sollte immer kritisch geprüft werden, welche Formularfelder zwingend nötig sind. Um aber den genauen Effekt messbar vorweisen und nachvollziehen zu können, sind A/B-Tests wieder das entsprechende Mittel. Im Beispiel unseres Automobilherstellers könnte man ein verschlanktes Formularfeld gegen das bereits bestehende Formular testen, und nach einer gewissen Laufzeit faktenbasiert argumentieren welche Variante die höhere Erfolgsrate vorweisen konnte.

Produkteinbindungen auf Landingpages
Neben Online-Formularen ist auch die Optimierung von Kampagnen-Landingpages ein klassischer und zielführender Bereich des Testings. Wenn wir über SEO-Landingpages sprechen, sind diese häufig textlastig und haben dadurch oft einen starken Informationscharakter. Es gilt herauszufinden wie Produkteinbindungen hier am besten erfolgen können. Ein Beispiel: Ist es zielführend eine offensive Einbindung unserer Produkte vorzunehmen, die mehrfach und auffällig auf der Landingpage stattfindet? Oder ist es erfolgsversprechender, die Informationen in den Vordergrund zu stellen und nur eine Produktanwendung mit Produktkacheln auf der Unterseite zu zeigen?

Bei Info-Keywords kann die User-Erwartung wieder eine andere sein. Wahrscheinlich ist hier ein zu offensiver Verkauf nachteilig.

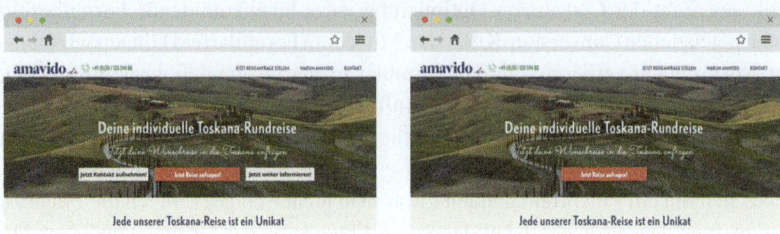

Abb. 3.5   Test von Call-to-Actions auf der Unterseite „Toskana-Rundreise" auf amavido.de

CTAs auf Landingpages ergänzen oder reduzieren
Die optimale Anzahl von Call-To-Action-Elementen ist ein ergiebiges Feld des
A/B-Testings. Im in Abb. 3.5 dargestellten Beispiel haben wir mit der Anzahl von
CTA-Buttons auf einer Google Ads-Landingpage experimentiert.

In dieser beispielhaften Darstellung wurde mit der Reduktion experimentiert,
d. h. der Weg zum Verkaufs-Funnel sollte vereinfacht werden. In anderen Fällen –
insbesondere bei Kampagnen-Landingpages – ist eher der umgekehrte Fall häufig
anzutreffen, nämlich der, dass eher weitere Buttons ergänzt werden.

Trauen Sie sich auch Ihre Preise und Preisbestandteile zu testen
Durch Tests ist es sogar möglich, das Risiko und die Ungewissheiten Ihrer
Geschäftsideen zu reduzieren (Bland & Osterwalder, 2020, S. 44).

Ein weiteres, zugegebenermaßen komplexeres, aber nicht minder spannendes
A/B-Testing-Thema, sind die Preise in der Angebotsgestaltung. Es stellt sich
dabei die Frage: Kann man durch einen attraktiveren Preis so viel mehr Produkte
verkaufen, dass es sich am Ende des Tages wirtschaftlich lohnt, oder nicht?

Nicht nur die Kommunikation oder die Darstellung der Produkte, wie wir es
bisher besprochen haben, bieten sich zum Testen an, sondern auch ein Test, der
die verschiedenen Varianten eines Produktes gegeneinander vergleicht, kann sehr
ergiebig sein. So lassen sich nicht nur Informationen für die Webseitenoptimierung,
sondern auch für die eigene Produktentwicklung gewinnen. Als Beispiel aus meiner
eigenen Erfahrung dient hier ein Mobilfunk-Tarif, der mit folgender Fragestellung
getestet wurde: Wenn wir einen Anschlusspreis aus dem Produkt entfernen, werden
dann so viel mehr Buchungen des Tarifs erfolgen, dass es sich finanziell lohnt?

Sie wissen sicherlich selbst, dass Mobilfunk-Tarife sehr komplex sein können. So
gibt es verschiedenste Preisbestandteile, Gerätepreise, monatliche Preise, Rabatte
mit verschiedenen Laufzeiten und noch vieles mehr. So können Sie sich vorstellen,
dass genau solche Aspekte sehr, sehr spannend für ein Testing sein können und dieser

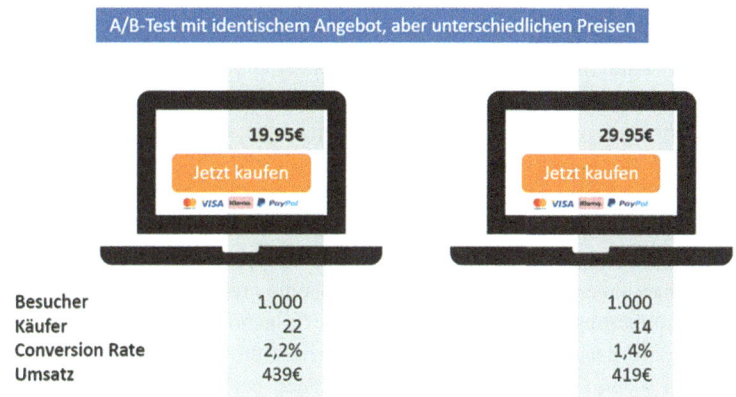

Abb. 3.6 Preise und Tarife testen

im Optimalfall helfen kann, die eigenen Produkte und die Webseite als Absatzkanal profitabler zu machen.

Hier ist jedoch Vorsicht geboten: Achten Sie darauf, dass denselben Benutzer:innen nicht verschiedene Preise angezeigt werden, oder es zu einer missverständlichen Preiskommunikation kommt. Besonders sollte dabei auch auf die Konsistenz der online kommunizierten Preise zu anderen Kanälen wie dem Telesales bzw. dem stationären Handel geachtet werden.

Abb. 3.6 zeigt ein Beispiel dafür, wie dasselbe Produkt mit verschiedenen Preisen a/b-getestet wird. Dies geht noch einen Schritt weiter als Texte oder Grafiken zu testen, sondern experimentiert bereits mit dem Kern von Produkten selbst. Das günstigere Angebot in der A-Varianten benötigt natürlich mehr Conversions, um ähnliche Umsätze zu erzielen wie die teurere B-Variante. Unter dem Strich kann sich das aber dennoch lohnen, da mehr Ertrag dabei erzielt werden kann, Mehr darüber, wie sich A/B-Testing im Online-Marketing nutzen lässt, erfahren Sie im nächsten Kapitel (Abschn. 4.4).

3.4   Test-Hypothesen als Schlüssel zum Erfolg

„Without data you‘re just another person with an opinion." (W. Edwards Deming)

Nachdem eine Idee für einen A/B-Testing entwickelt wurde, gilt es nun im nächsten Schritt Test-Hypothesen zu formulieren. Eine Hypothese ist nichts anderes als der Grund, warum man annimmt, der Test könnte eine Veränderung bewirken. Die Ausformulierung dient der Konkretisierung des Testvorhabens.

Wie in einem wissenschaftlichen Experiment, sollte vor einem A/B-Test genau definiert werden, was getestet werden soll, warum und wie der erwartete Effekt ist. Hypothesen dienen also nicht nur als Richtschnur bei der Konzeption von A/B-Tests, sondern legen auch bereits vorab fest, wann ein Test erfolgreich war und wann nicht. Aber wie genau stelle ich solche Hypothesen jedoch auf, sodass ich einen maximalen Erfolg meiner Test-Kampagne erzielen kann?

Die Formulierung erfolgt in vier aufeinanderfolgenden Schritten. Wenn diese eingehalten werden, besteht ein hohes Potenzial für einen großen Erfolg der Hypothesen – denn oft liegt der Fehler genau hier, bei der mangelnden Qualität einer Hypothese. Bevor also unnötig viel Zeit und Energie in schwache Hypothesen gesetzt wird, sollte man diese vier Faktoren berücksichtigen (Morys, 2018, S. 103):

4 Elemente guter A/B-Test-Hypothesen nach Morys (2018)

1. Objektive Beobachtung
2. Geplante Veränderung an der Webseite
3. Verhaltensänderung
4. Kennzahl und Effekt◄

Im allerersten Schritt der Hypothesenformulierung geht es um die **objektive Beobachtung.** Das bedeutet konkret: Bevor man etwas optimieren kann, müssen die Schwachstellen identifiziert werden und bekannt sein. Diese Schwachstelle lässt sich anschließend folglich festhalten: „Wir erkennen/beobachten, dass…". Nehmen wir ein Beispiel zum besseren Verständnis dazu. Wir führen eine Autovermietung in Köln, die ihren Fokus auf Umzugswagen hat. Seit längerem konnten wir ein Problem auf unserer Webseite feststellen: „Wir beobachten, dass viele Seitenbesucher:innen bei dem Bezahlvorgang im Checkout-Prozess ihre Buchung nicht beenden oder abbrechen". Idealerweise werden solche Beobachtungen bereits auf Daten gestützt. In unserem Beispiel ließe sich das durch ein Analytics-Daten noch weiter spezifizieren, z. B. „… *dass 76 % der Besucher:innen bei der Eingabe der Adresse abbrechen".*

Im nächsten Schritt geht es um die geplante **Veränderung auf der Webseite.** Jetzt wo die Schwachstelle erkannt worden ist, muss überlegt werden, was genau auf der Webseite verändert werden soll, um den Warenkorbabbrüchen entgegenzuwirken. Dies lässt sich in einem Folgesatz festhalten: „Indem wir…,". Bleiben wir bei unserem Beispiel in der Autovermietung: „Wir beobachten, dass viele Besucher:innen bei dem Bezahlvorgang im Checkout-Prozess ihre Buchung nicht beenden oder abbrechen. *Indem wir das Angebot der Bezahlmöglichkeiten um PayPal und VISA erweitern, …*". Denn nach einer Recherche konnte ermittelt werden, dass unsere Zielgruppe heutzutage vor allem diese beiden Zahlungsmittel – auch bei hochpreisigen Produkten – nutzt.

Der dritte Schritt beschäftigt sich nun mit der **erwarteten Veränderung des Nutzerverhaltens.** Welche Veränderung soll durch die Veränderung der Webseite erreicht werden? Der Satz wird fortgeführt mit „…werden Nutzer:innen…". Da der Kauf in vielen Fällen nicht abgeschlossen wurde, liegt der Veränderungswunsch in unserem Beispiel nahe: „Wir beobachten, dass viele Besucher:innen bei dem Bezahlvorgang im Checkout-Prozess ihre Buchung nicht beenden oder abbrechen. Indem wir das Angebot der Bezahlmöglichkeiten um PayPal und VISA erweitern, *werden Nutzer:innen eher ihren Kauf final abschließen und bezahlen*…".

Ein letzter, wichtiger Schritt fehlt noch: Die Messbarkeit in Form von **KPIs und** der erwartete **Effekt.** Was wäre eine Auswertung ohne ein quantitatives Ergebnis in Zahlen? Im vierten Schritt muss dementsprechend die Kennzahl definiert werden, anhand derer der Erfolg oder Misserfolg der Veränderung auf der Webseite gemessen werden kann. Der Satz endet daher mit: „… und die Kennzahl … ändert sich um …". Wir entscheiden uns in unserem Fall für ein ambitioniertes, dennoch nicht abwegiges Ausfüllen der Lücken: „Wir beobachten, dass viele Besucher:innen bei dem Bezahlvorgang im Checkout-Prozess ihre Buchung nicht beenden oder abbrechen. Indem wir das Angebot der Bezahlmöglichkeiten um PayPal und VISA erweitern, werden Nutzer:innen eher ihren Kauf final abschließen und bezahlen und *die Buchungsquote erhöht sich um 20 %*".

Das Wichtigste ist also nicht nur das Aufstellen von Hypothesen, sondern das Erkennen des Zusammenhangs. Vor allem aber: Keine Scheu vor einer starken Hypothese. Schwache Hypothesen sind zwar leichter zu erzielen, bringen jedoch nicht den gewünschten Effekt mit sich. Selbstbewusstes Hypothesenaufstellen lohnt sich also!

Da Hypothesen etwas Zeit kosten, möchte man nicht unzählige Hypothesen aufstellen. Es empfiehlt sich daher die Hypothesen in eine Reihenfolge zu bringen, sodass mit den besten Hypothesen direkt begonnen werden kann. Mehr über die Priorisierung von Test-Ideen erfahren Sie direkt im nächsten Kapitel.

3.5   Priorisierung von A/B-Tests mit dem SCORE-Framework

„Getting numbers is easy; getting numbers you can trust is hard!" (Ronny Kohavi)

Die Priorisierung von Tests ist nicht einfach, daher empfiehlt es sich auch hierbei datenbasiert vorzugehen (Goward, 2013, S. 62). Wie das funktioniert, möchte ich in diesem Kapitel anhand eines von mir entwickelten Frameworks erläutern. Anhand von fünf Bewertungskriterien wird pro Testidee eine Punktzahl errechnet, aus der sich die Priorität ergibt.

Limitationen bestehender Frameworks
In der Praxis ist oft zu beobachten, dass A/B-Tests subjektiv oder einseitig priorisiert werden. Das ist auch nicht verwerflich, da für die Entscheidungsfindung häufig keine Prozesse bestehen. Häufig findet daher eine singuläre Priorisierung durch das Management oder einen Produktmanager statt. Doch besonders bei einem objektiven Vorgehen wie dem A/B-Testing sollte in einer datengetriebenen Organisation so faktenbasiert wie möglich entschieden werden. Es empfiehlt sich daher, die Vergabe der Priorität durch einen definierten Prozess zu steuern.

Es bestehen bereits Frameworks, die dabei helfen sollen A/B-Tests anhand von Punkteskalen zu priorisieren. Zum Beispiel werden in der Praxis das ICE- oder das PIE-Framework genutzt:

- ICE (Adhiya, 2017) steht für Impact (I), Confidence (C) und Ease (E), was ausdrückt, dass in dem Framework die erwartete Wirkung (Impact), das Vertrauen in die Aussagekraft des Tests (Confidence), sowie der Aufwand für die Erstellung des Tests (Ease) berücksichtigt werden.
- PIE (Goward, 2013, S. 66 f.) hingegen steht für Potential (P), Importance (I) und Ease (E), und berücksichtigt somit ebenfalls den Effekt (Potential) und Erstellungsaufwand (Ease) des Tests, bezieht die Wichtigkeit (Importance) jedoch allein auf den Traffic.

Beide Frameworks resultieren zwar in einem Punktesystem, bleiben jedoch subjektiv bewertend und sind somit nicht faktenbasiert.

Faktenbasierte Priorisierung von Testideen mit dem SCORE-Framework
Um dem Anspruch einer tatsächlich faktenbasierten Entscheidung möglichst gerecht zu werden, habe ich das SCORE-Framework entwickelt (Looschelders, 2021 – Abb. 3.7). Dem Framework liegen dabei fünf Kriterien zugrunde:

Abb. 3.7 Die Kriterien des SCORE-Frameworks

Die Leitfrage der Success-Metric lautet: Wie hart ist die Währung, in der der A/B-Test gemessen wird?
Die Success-Metric gibt die primäre Erfolgskennzahl an, mit der der Effekt eines A/B-Test bewertet wird. Umsatznähere Kennzahlen wie etwa die Conversion Rate oder der durchschnittliche Warenkorbwert werden höher bewertet als beispielsweise die Klickrate eines Banners. Anwender:innen werden ermutigt, sich bereits frühzeitig Gedanken zur primären Bemessungsgrundlage eines A/B-Tests zu machen.

Die Leitfrage der Category lautet: Was ist das Ziel des Tests?
Die Category gibt an, ob ein neues Webseiten-Feature implementiert werden soll oder ob der Test einer Content-Optimierung oder der Personalisierung dient. Geht es etwa um die Weiterentwicklung eines Preisvergleichsportals, ist die Entwicklung von Features wahrscheinlich das wichtigere Ziel, da die Webseite gleichzeitig das Produkt des Unternehmens ist. Handelt es sich um eine Brand-Webseite oder ein Info-Portal, spielt die Optimierung des Contents eine größere Rolle. Personalisierung könnte zum Beispiel für bereits gut ausgebaute Online-Shops oder Online-Communities ein wichtigeres strategisches Ziel sein.

Die Leitfrage der Kategorie Outlook lautet: Wie groß ist der erwartete Effekt auf die definierte Ziel-Kennzahl?
Im Outlook versucht man, vorab den erwarteten Effekt des Tests realistisch einzuschätzen. Die zuvor definierte Erfolgskennzahl wird hier ganz konkret in Zahlen gefasst, z. B. „die Klickrate steigt um 8 %". Um bei der Definition möglichst objektiv zu bleiben, sollten mehrere Personen beteiligt sein.

Die Leitfrage der Relevance lautet: Ist der Test abhängig von außerplanmäßigen Kriterien?
Relevance ist ein Kriterium, um auch ungeplante oder zeitkritische Situationen mit einbeziehen zu können. In der Regel sollte diese mit „normal" bewertet werden. Andere Bewertungen mit mehr Punkten sollten nur selten und mit Bedacht gewählt werden. Es gibt jedoch Fälle, wie kurz bevor stehende Kampagnenstarts oder saisonale Aktionen, die ein schnelles Handeln erforderlich machen.

Die Leitfrage der Effort lautet: Wie zeitaufwendig ist es, den Test zu launchen?
Effort spiegelt den Aufwand wider, den es benötigt um den A/B-Test zu realisieren. Manche Testideen sind hochinteressant, erfordern aber eine komplexe Programmierlogik. Bei der Einschätzung von komplexeren Tests sollte immer abteilungsübergreifend kalkuliert werden, um ein realistisches Bild der benötigten Zeit abzugeben. Das Ziel dieser Kennzahl ist es, die Wirtschaftlichkeit mit in die Gleichung einzubeziehen. Werden aufwändige A/B-Tests konzipiert, werden diese in dieser Kategorie zwar weniger Punkte erzielen, jedoch in der Einschätzung des Impacts hoffentlich besser abschneiden.

Hinter jedem Kriterium des SCORE-Frameworks stehen vordefinierte Antwortoptionen und jeder Antwort ist eine Punktzahl zugeordnet wie in Abb. 3.8 zu sehen:
Aus der Standardisierung der Antwortoptionen ergeben sich viele Vorteile in der operativen Nutzung des Frameworks: Es wird nicht nur eine schnelle Punktevergabe innerhalb der Formularfelder ermöglicht, sondern auch eine automatische Punktevergabe im Hintergrund.

Testidee	Success metric	S	Category	C	Outlook	O	Relevance	R	Effort	E	Score
Verrgößerung der Produktbilder	Conversion Rate	12	Feature	8	4-5% Uplift	14	normal	1	1,5 Tage	7	42
Trust-Logo in Header einbinden	Absprungsrate	8	Content	6	2-3% Uplift	7	normal	1	< 1,0 Tag	11	33
CTA-Buttons umfärben	Conversion Rate	12	Content	6	3-4% Uplift	12	normal	1	1,0 Tag	9	40

Abb. 3.8 Beispielhafte Anwendung des SCORE-Frameworks mit Antwortoptionen

Die genaue Punktebewertung sollte dabei an jedes Unternehmen angepasst werden, damit das Framework die individuellen Unternehmensziele bestmöglich reflektiert. Auch die Antwortoptionen können je nach Organisation, Branche und Art der Online-Plattform angepasst werden. Um als Modell aber in sich konsistent zu bleiben, sollten die einmal festgelegten Punktwerte im Nachhinein nicht mehr verändert werden.

Tipp: Nutzen Sie die Excel-Bewertungsvorlage

Eine Excel-Vorlage zur Nutzung des SCORE-Frameworks steht kostenlos hier zum Download zur Verfügung: https://www.digitalinsight.de/score-fra mework/◄

Datenbasierte Priorisierung lohnt sich also
A/B-Testing steht eindeutig in unmittelbarem Zusammenhang zu datengetriebenen und erfolgreichen Organisationen, und sollte daher einen festen Stellenwert haben. Die Erfahrung zeigt, dass die Priorisierung von Testideen zu häufig intuitiv oder dispositiv erfolgt und oft ohne faktische Basis von Einzelpersonen getroffen wird. Dabei lässt sich durch systematische Priorisierung hier an Effektivität gewinnen (Morys, 2018, S. 89 ff.). Das hier vorgestellte SCORE-Framework grenzt sich durch Objektivität von anderen Frameworks ab und kann somit einen wichtigen Beitrag hin zur datengetriebenen Entscheidungsfindung leisten. Die fünf Kriterien stützen sich auf Web-Analytics-Daten, ziehen aber unter anderem auch die erwartete Auswirkung sowie den Aufwand mit in Betracht.

Ihr Transfer in die Praxis

- A/B-Tests sind eine hervorragende Möglichkeit, um Webseiten systematisch zu verbessern. Da immer mindestens zwei Varianten gegeneinander getestet werden, kann man den Effekt sehr genau bestimmen. Getestet wird dabei immer live an Ihren realen User:innen und nicht in einer künstlichen Laborsituation.
- Beziehen Sie Ihre Kolleg:innen unbedingt in den Prozess und in die Ideenfindung mit ein. Ein guter Startpunkt kann es sein, sich die fünf am häufigsten aufgerufenen Unterseite anzusehen oder mittels der Ausstiegsrate zu analysieren auf welchen Unterseiten die User:innen Ihre Webseite verlassen.

- Beginnen Sie unbedingt mit einem möglichst einfachen Test. Idealerweise erstellen Sie erste Varianten mit dem visuellen Editor Ihres A/B-Testing-Tools.
- Keine Angst: Statistik brauchen Sie im A/B-Testing kaum. Ein Basiswissen der wichtigsten Kennzahlen reicht völlig aus.
- Auch wenn es schwerfällt: halten Sie unbedingt die vorher errechneten Testzeiträume ein. Anderenfalls sind Fehlschlüsse sehr wahrscheinlich!
- Priorisieren Sie faktenbasiert. Verwenden Sie dazu am besten ein vordefiniertes punktebasiertes System wie das SCORE-Framework.
- Berechnen Sie die Wirtschaftlichkeit Ihrer A/B-Tests. Zeigen Sie besonders die Effekte auf Conversion Rate und Umsatz auf.◄

Literatur

Adhiya, A. (2017). The practical advantage of the ICE score as a test prioritization framework. https://blog.growthhackers.com/the-practical-advantage-of-the-ice-score-as-a-test-prioritization-framework-cdd5f0808d64, zuletzt aktualisiert am 14.11.2017, zugegriffen am 05.05.2022.

Bland, D. J., & Osterwalder, A. (2020). *Testing business ideas. You're holding a field guide for rapid experimentation: Use the 44 experiments inside to find your path to scale: Systematically win big with small bets by.* Wiley.

Bojinov, I., Saint-Jacques, G., & Tingley, M. (2020). Avoid the pitfalls of A/B testing. In *Harvard Business Review Mar/Apr2020 (2)*, 48–53. Harvard Business Publishing.

Budde, L. (2015). A/B-Testing: Der große Starter-Guide. Hg. v. t3n Magazin. https://t3n.de/news/ab-test-anleitung-600782/. zuletzt aktualisiert am 19.03.2015, zugegriffen am 07.05.2022.

Ellis, S., & Brown, M. (2017). *Hacking growth. How today's fastest-growing companies drive breakout success.* Virgin Books.

Eltsefon, M. (2022). 50/50 Split or not?. https://medium.com/analytics-vidhya/50-50-split-or-not-6bdac4fb1b01, zuletzt aktualisiert am 13.02.2022, zugegriffen am 10.05.2022.

Georgiev, G. (2018). Analysis of 115 A/B tests. Average lift is 4%, most lack statistical power. https://blog.analytics-toolkit.com/2018/analysis-of-115-a-b-tests-average-lift-statistical-power/, zuletzt aktualisiert am 26.06.2018, zugegriffen am 10.05.2022.

Goward, C. (2013). *You should test that! Conversion optimization for more leads, sales and profit or the art and science of optimized marketing.* Wiley Sybex.

Kaushik, A. (2010). *Web analytics 2.0. The art of online accountability and science of customer centricity.* John Wiley & Sons.

Looschelders, T. (2021). A/B-Testing in der agilen Organisation implementieren und priorisieren. In Bitkom (Hrsg.), *Digital Analytics & Optimization. Strategische, kulturell-personelle und organisatorische Aspekte bei der Transformation zur datengetriebenen Organisation* (S. 40–53). Bitkom e. V. https://www.bitkom.org/sites/default/files/2021-03/210325_lf_digital-analytics-optimization.pdf, zugegriffen am 04.08.2021.

Morys, A. (2018). *Die digitale Wachstumsstrategie. 10 Prinzipien für ein profitables Online-Geschäft.* Springer Fachmedien.

Siroker, D., & Koomen, P. (2015). *A/B Testing. The most powerful way to turn clicks into customers.* Wiley.

Thomke, S. (2020). Building a culture of experimentation. In *Harvard Business Review March-April*(2), 40–47. Harvard Business Publishing.

Witzenleiter, M. (2017). A/B-Testing: Von null auf Statistiker. In *Website Boosting*, (44), 95–98.

Witzenleiter, M. (2020). Was Sie wissen müssen, bevor Sie mit A/B-Testing beginnen. https://www.kameleoon.com/de/blog/abtesting-start, zuletzt aktualisiert am 30.10.2020, zugegriffen am 12.07.2022.

Erfolgreiche Optimierung und A/B-Testing von Digitalkampagnen

4

Was Sie aus diesem Kapitel mitnehmen werden

- Konkrete Strategien der Optimierung laufender Kampagnen, die nicht erfolgreich laufen.
- Wie Sie Ihre Kampagnen in Google Ads, Social-Media-Werbung und im E-Mail-Marketing datengetrieben anlegen und verbessern.
- Wie Sie erfolgreiche Remarketing-Kampagnen anlegen.
- Empfehlungen zur Optimierung Ihrer Google-Rankings durch Suchmaschinenoptimierung (SEO).
- Ideen und Empfehlungen zum Experimentieren mit A/B-Tests im Online-Marketing.
- Wie Sie mit Kampagnen-Tracking echte Mehrwerte schaffen und die Auswertungen Ihrer Kampagnen um ein Vielfaches verbessern.
- Die Vor- und Nachteile von Googles Smart Shopping Ads.

4.1 Kampagnen für maximalen Erkenntnisgewinn konzipieren

„Die Hälfte meiner Werbung ist herausgeworfenes Geld. Ich weiß nur nicht welche Hälfte." (John Wanamaker)

Der große Vorteil der Online- gegenüber der Offline-Werbung ist die hohe Messbarkeit. Bei Printanzeigen und Plakatwerbung ist nicht annähernd realistisch einschätzbar, von wie vielen Personen diese gesehen wurden. Selbst die

© Der/die Autor(en), exklusiv lizenziert an Springer Fachmedien Wiesbaden GmbH, ein Teil von Springer Nature 2022
T. Looschelders, *Conversion-Optimierung: Erfolgreiche Webseiten und Digitalkampagnen*, https://doi.org/10.1007/978-3-658-38509-5_4

Einschaltquoten im TV sind auch heute noch sehr vage hochgerechnet. Im Online-Marketing können wir dies jedoch sehr viel genauer ermitteln. Wir können sogar mehrere Werbekontakte derselben Person zu ordnen. Daraus ergeben sich sehr datengetriebene Möglichkeiten zur Aussteuerung von Kampagnen. Wendet man diese an, weiß man sehr genau, welche Hälfte der Werbeausgaben herausgeworfen ist.

Neue Marketingmaßnahmen sollten grundsätzlich als Test verstanden werden. Nicht jede Kampagne kann von Beginn an bereits erfolgreich sein. Nicht jede Botschaft funktioniert bei jeder Zielgruppe und nicht jede kreative Idee zündet gleich im ersten Versuch. Oft müssen zunächst entlang der Laufzeit diverse Erkenntnisse gewonnen werden. Häufig bedeutet dies, Anpassungen an Kampagnen vorzunehmen, bis diese erfolgreich sind. Dies geschieht in der Praxis regelmäßig, z. B. durch den Austausch der Werbemittelgrafiken. Darüber hinaus gehört es auch dazu, Texte und Zielgruppen zu testen, weiterzuentwickeln und mitunter auch wieder zu verwerfen. Optimierung ist im Online-Marketing nicht das Ziel, sondern der notwendige Weg (Odden, 2012, S. 225).

Der richtige Inhalt für die richtigen Kund:innen zum richtigen Zeitpunkt auf dem richtigen Kanal. In etwa so lässt sich Kampagnenoptimierung in einem einzigen Satz beschreiben. Das klingt komplex und das ist es auch. Eine Kampagnenoptimierung hat die Minimierung von Streuverlusten, eine erhöhte Kundenbindung und folglich eine Umsatzsteigerung zum Ziel. Sie ist nicht nur ein wichtiger Teil des Kundenmanagements, sondern auch wichtig für die sinnvolle Allokation des Marketingbudgets. Ihre Konkurrenz schläft schließlich auch nicht. Kampagnen sollten daher immer wieder optimiert werden, um genau das zu erreichen. Dabei sollten Sie folgende Aspekte beachten: Zum einen lassen sich Kampagnen am besten durch ihre eigenen Leistungsdaten optimieren. Wenn Sie während der aktiven Laufzeit einen Blick in die Leistung der Kampagne werfen, bekommen Sie bereits einen guten Einblick in die Entwicklung und können dementsprechend reagieren und optimieren. Zum anderen lässt sich vieles lediglich durch reales Testen herausfinden.

Es ist immer sinnig, bereits beim Anlegen von Kampagnen darüber nachzudenken, wie man möglichst viele Erkenntnisse über seine Zielgruppe gewinnen kann. Eine solche Sichtweise führt dazu, dass „herausgeworfenen Werbeausgaben" zu wichtigem Lehrgeld werden – man lernt über seine Zielgruppen, aber auch seine Kampagnen zu optimieren. Bei einer Google Ads-Kampagne mit nur einem Anzeigentext und einem Keyword wird man maximal lernen können, ob genau dieses eingegrenzte Kampagnensetup erfolgreich war. Testet man hingegen zwei Dutzend Keywords in zwei Anzeigegruppen, lässt sich viel mehr für die

Optimierung der Kampagne lernen. Manche Keywords werden dabei gut funktionieren und andere überhaupt nicht. Darunter zählt beispielsweise die Erkenntnis, welche Suchbegriffe die Nutzer:innen *tatsächlich* in die Suchmaschine eingeben. Hierzu ein persönliches Beispiel, das diesen Aspekt sehr gut veranschaulicht: Als ich eine Google Ads Kampagne für mich selbst zum Keyword „Daten-Experte" online nahm, fiel schnell auf, dass meine Anzeige auch in der Schlagwortsuche von „Dating-Experte" angezeigt wurde. Fachkenntnisse, die ich in dieser Form nicht bewerben wollte.

Ähnlich ist es bei Social Media Ads: Setzt man eine Kampagne mit einer Zielgruppe und einer Grafik auf, ist der Erkenntnisgewinn gering. Spannend sind hier verschiedene Grafiken, Headlines, Gebotsstrategien und Zielgruppendefinitionen.

Bei Display-Bannern verhält es sich ähnlich, nur dass man hier auch geschickt mit den Platzierungen arbeiten sollte, also auf welchen Seiten und Kontexten die Anzeigen angezeigt werden. Natürlich sollte man Platzierungen wählen, die erfahrungsgemäß gut funktionieren. Es empfiehlt sich jedoch auch immer wieder neue Platzierungen hinzunehmen, um kontinuierlich Lerneffekte zu erzeugen und Dinge auszuprobieren.

Man muss also nicht gleich mit A/B-Tests starten, auch durch geschickte Kampagnenkonzeption lassen sich Lerneffekte erzielen und aufschlussreiche Erkenntnisse gewinnen.

Nicht vergessen: Prognosen von Kampagnentools sind lediglich Schätzungen

Des Weiteren sollten Sie im Vorfeld der Kampagnenoptimierung beachten, dass vorher zur Verfügung stehende Daten lediglich vage Prognosen sind, die nicht 1:1 für bare Münze genommen werden können. Dazu gehören Klickpreise, Reichweiten, etc. – da diese jeweils nur eine Momentaufnahme sind, können sie nicht als langfristige Zukunftsaussicht gewertet werden.◄

In der Optimierung von Online-Kampagnen gibt es einige Strategien, die sich in den meisten Marketingkanälen anwenden lassen und die nachfolgend zusammengefasst sind (mehr zu den Kennzahlen finden Sie in Abschn. 6.3):

- **Klickraten zu schlecht?** Entweder ist Ihre Werbung nicht aufmerksamkeitsstark genug oder Sie erreichen nicht die richtigen Zielgruppen. Es empfehlen sich folgende Optimierungsschritte:

  1. Anzeigen optimieren: Mit Text und Bild beginnen

2. Optimieren Sie Ihre Zielgruppen bzw. Ihre Keywords.

- **Klickpreise zu hoch?** Entweder ist Ihre Gebotsstrategie noch optimierungs-würdig oder Sie sollten an Ihrer Zielgruppendefinition/Ihren Keywords feilen.
- **Conversion Rate zu schlecht?** Hier lohnt es sich etwas in die Analyse zu gehen und die Analytics-Daten zu Rate zu ziehen. Im Detail empfiehlt sich folgendes Vorgehen:

1. Kampagne analysieren: Prüfen Sie Ihre Anzeigengruppen, Ihre Subkampa-gnen oder Ihre Keywords – womöglich sind nur Teile der Kampagne für die schlechte Gesamtperformance verantwortlich. Ist dies der Fall, sollten die Teilbereiche abgeschaltet oder optimiert werden.
2. Webseiten-Daten analysieren: Vergleichen Sie die Daten der Kampagne mit anderen Marketing-Kanälen und dem Webseitendurchschnitt.
3. Prüfen Sie, ob schlechte Ladezeiten oder technische Fehler auf der Seite der Grund sein könnten.
4. Helfen die anderen Schritte nicht, ist das Ergebnis klar: die Zielseite der Kampagne führt nicht zum gewünschten Ergebnis und muss optimiert werden.

- **Cost per Conversion zu hoch?** Sie erzielen also Conversions, aber die Kosten sind noch zu hoch. In diesem Fall sind die folgenden Schritte nützlich:

1. Absprungrate und Conversion Rate analysieren. Sind diese schlechter als der Websitedurchschnitt, sollte die Landingpage optimiert werden
2. Zielgruppen/Keywords optimieren
3. Gebotsstrategie optimieren

Sie sehen also, bei der Optimierung von Digitalkampagnen gibt es einige Dinge zu berücksichtigen. Gleichzeitig gibt es auch hier wie bei der Webseitenoptimie-rung einige Best Practices in den verschiedenen Marketingkanälen, die sich ideal zur Orientierung eignen. Mit deren Hilfe lässt sich das Optimierungspotenzial heben und der Erfolg der eigenen Online-Marketingkampagnen verbessern.

4.2   Best Practices der Kampagnen-Optimierung

„Es ist wahrscheinlicher, dass du den Mount Everest besteigst, als dass du eine Bannerwerbung anklickst." (Jonathan Perelman)

Täglich werden wir mit Hunderten bis Tausenden Werbebotschaften konfrontiert (Drescher, 2018). Entsprechend schwierig ist es für Werbetreibende potenzielle Interessent:innen zu erreichen. In der Konsequenz steigen damit die Anforderungen an Online-Kampagnen und es wird zunehmend wichtiger qualitatives Online-Marketing zu betreiben.

Auch in der Optimierung von Online-Marketingkampagnen gibt es allgemeine und kanalspezifische Best-Practice-Empfehlungen, die sich ohne die Durchführung von A/B-Tests gut umsetzen lassen. Wirkungsvolle A/B-Tests schauen wir uns dann in Abschn. 4.4 an. Die einzelnen Marketingkanäle sind sehr dynamisch und die Algorithmen ändern sich oft. Sie werden daher in diesem Buch keine Aussagen zu Posting-Häufigkeiten auf Instagram, der besten Uhrzeit für LinkedIn-Posts oder der besten Anzahl an Hashtags finden.

Übertreiben Sie es nicht

Bevor wir uns hier jedoch in die Details stürzen, möchte ich vorweg mit einer allgemeingültigen Empfehlung bei der Aussteuerung von Digitalkampagnen, die häufig vergessen wird, beginnen: Die Eingrenzung der Kampagne. Denken Sie immer daran, wie Sie selbst als Nutzer:in eine Kampagne wahrnehmen würden. Niemand möchte eine Kampagne zu oft sehen. Es kann sich schnell der gewünschte Effekt ins Gegenteil umkehren: Die Zielgruppe ist im schlimmsten Fall von den häufigen Kontakten ermüdet, die Neigung wendet sich ins Gegenteil. Ich selbst habe in den letzten sieben Tagen mehr als drei Dutzend Mal Werbung für das neue Google-Smartphone gesehen. Nach anfänglicher Neugier ist mein Interesse, sich mehr mit dem Telefon zu beschäftigen, stark gesunken. Vielleicht kennen Sie diesen Effekt aus eigener Erfahrung? Die Lösung ist wie so oft nicht weit entfernt, denn: Die meisten Digital-Kanäle bieten eine Funktion an, um das sogenannte *Frequency Capping* einzustellen. Hierbei kann man die maximale Anzahl der Werbekontakte definieren. Natürlich hängt es von dem jeweiligen Produkt ab, z. B. ob es sich um ein eher erklärungsbedürftiges oder hochpreisiges Produkt handelt. Im Normalfall lohnen sich jedoch nicht mehr als zehn Werbekontakte, was bedeutet, dass es sich nicht lohnt, denselben Nutzer:innen mehr als zehnmal dasselbe Banner anzuzeigen. Je nach Produkt kann diese Zahl natürlich variieren.

Wägen Sie stets Aufwand und Ergebnis von Content-Formaten gegeneinander ab

Betrachten wir im nächsten Schritt Social Media als Marketingkanal. Hier empfiehlt es sich bei den eigenen Postings sowohl Zeiträume als auch Formate und Themen zu testen. Grundsätzlich ist bekannt, dass Bewegtbild ein aufmerksamkeitsstarkes Format ist und besser performt. Setzen Sie dabei allerdings zunächst Aufwand und

Ergebnis in Relation. Wenn Sie ein aufwendiges und kostspieliges Video erstellen, das letztlich nicht zu einer erhöhten Reichweite führt, ist es den Aufwand eventuell nicht noch einmal wert. Hier kann es ein guter Kompromiss sein, mit Online-Tools zu arbeiten, die bereits Animationsvorlagen bieten, wie beispielsweise Canva. Das Tool ermöglicht ein schnelles und einfacheres Erstellen von ansprechenden Grafiken mit verhältnismäßig geringem Aufwand. Neben dem Testen von Formaten und der unterschiedlichen Aufbereitung von Postings kommen zusätzlich Faktoren pro Kanal ins Spiel, die den Rahmen dieses Buches jedoch sprengen würden. Dazu gehören verschiedene, schnelllebige Algorithmen sowie Grundsätze guter Marketingtexte. In beide Themen lohnt es sich etwas Zeit zu investieren.

Mehr Bewegtbild: GIFs im Online-Marketing nutzen
Laut einer ComScore-Studie (Pieper, 2021) können Videoinhalte in E-Mails die Klickraten um bis zu 90 % steigern. Da Videos in E-Mails häufig geblockt werden und ohnehin erst nach einem Klick starten, empfehlen sich hier insbesondere animierte GIFs. In diesen Bilddateien lassen sich animierte Inhalte von Sekunden transportieren. Die Einsatzmöglichkeiten sind vielfältig: Ob hier nun aufmerksamkeitsstarke Memes oder Mini-Produktanimationen genutzt werden, hängt von der Kommunikationsstrategie ab.

Die gleiche Tendenz gilt auch für Social Media-Postings und Ads in allen Digitalkanälen. Animierte Grafiken und Werbemittel haben bessere Klickraten – es lohnt sich also, etwas Zeit in Bewegtbild zu investieren.

Praktische Tools, um animierte Grafiken zu erstellen

Für die Erstellung animierter GIFs gibt es immer mehr einfach zu handhabende Tools und Smartphone-Apps. Selbst Microsoft PowerPoint hat inzwischen eine Funktion für die Bildschirmaufnahme, die dafür mitunter genutzt werden kann. Online-Tools wie z. B. Canva helfen mit zahlreichen Vorlagen dabei, animierte Grafiken zu erstellen. Mit dem Facebook Creative Hub lassen sich animierte Anzeigen für Facebook und Instagram erstellen.◄

Schaffen Sie gute Anreize für Newsletter-Registrierungen
Die meisten Nutzer:innen sind bereits bei zahlreichen Newslettern registriert. Daher ist es umso wichtiger, es den Interessent:innen mit Anreizen schmackhaft zu machen. Verbreitet sind Rabatte für die erste Bestellung. Diese sollten dabei immer in Relation zum Produkt stehen. Ein 3 % Rabattcode ist selten ein attraktiver Anreiz, ebenso wenig ein 5 €-Rabatt bei einem hochpreisigen Möbel-Shop.

Spannend sind auch Verlosungen als Anreiz. Denkbar sind hier Produkte oder Gutscheine im B2C- und z. B. Lizenzen oder Bücher im B2B-Bereich. Damit der Anreiz nicht diffus ist, sollte mit einem konkreten Zeithorizont wie einer monatlichen Auslosung gearbeitet werden. Eine besonders interessante Idee, die ich einmal gesehen habe, war eine Spende für jede Newsletter-Anmeldung.

Experimentieren Sie mit dem E-Mail-Absender
Es kann sich lohnen, verschiedene angezeigte Absendernamen in den E-Mails zu nutzen und dies zu testen. Anstatt dort immer Ihren Unternehmensnamen zu nutzen, kann sich eine kleine Ergänzung bereits lohnen. Zum Beispiel „Firmenname | News" kann für ein gesteigertes Interesse und damit mehr Öffnungen sorgen. Andere Beispiele sind „Firmenname | Kundeninformation" oder „Firmenname | Angebot", denkbar sind aber natürlich auch zahlreiche andere Konstellationen. Es gibt Projekte, in denen so die Öffnungsraten um 30 % gesteigert werden konnten.

Heben Sie besondere Postings mithilfe bezahlter Werbung einfach und schnell hervor
Wenn wir uns mit Social Ads – bezahlter Werbung in sozialen Medien – beschäftigen, sind auch hier auffällige Grafiken eine gute Lösung. Ob als Bewegtbild oder als statisch auffällige Idee, ist ganz Ihnen überlassen und beides möglich. Bedenken Sie nur eins: Die Konkurrenz, die um die Aufmerksamkeit der Nutzer:innen buhlt, ist enorm. Aus der Masse herauszustechen lohnt sich. Social Ads, die potenziellen Neukund:innen ausgespielt werden, sollten dabei stets die Produktvorteile klar kommunizieren und kurz und knapp sagen worum es geht. Was ist Ihr Angebot und was sind die Hauptvorteile? Da nicht viel Text zur Verfügung steht, möglicherweise aber noch ein Preis oder ein befristetes Angebot kommuniziert werden möchte, fällt die Abwägung meist schwer und klare Aussagen fallen hinten herunter. Die Erfahrung zeigt, dass Anzeigen, die nicht klar sagen, was angeboten wird, einen großen Streuverlust haben. Zusätzlich ist es eine gute Idee, darüber nachzudenken, die eigenen Postings auf dem eigenen Kanal mit Werbebudget zu hinterlegen. Hier ist es stark davon abhängig, um welchen Kanal es sich handelt, wenn es um die Fragen geht, wie häufig und wie viel Budget man in gesponserte Posts stecken sollte. Bei Facebook ist es kaum noch möglich, organische Reichweite zu erzielen, weshalb sehr viel und regelmäßig Werbebudget bei den Posts hinterlegt werden muss. Anders ist es aktuell zum Beispiel bei LinkedIn oder TikTok. Aber auch hier sollte bei besonderen Postings in Erwägung gezogen werden, ob auf ein definiertes Werbebudget zurückgegriffen werden kann.

YouTube-Videos nicht ohne Werbebudget
Zuallererst sollten sich Unternehmen fragen, ob die Videos wirklich für YouTube geeignet sind. Obwohl das Video-Portal eine der weltweit größten Suchmaschinen ist, wird dort nicht unbedingt eine Nischen-Zielgruppe nach Imagefilmen oder Testimonial-Videos von Maschinenbau-Unternehmen suchen.

Immer wieder begegnen mir aufwändig von Unternehmen produzierte Videos, die auf YouTube nur eine Handvoll Aufrufe haben. Da die Aufrufe jedoch ein wichtiges Ranking-Kriterium sind, sollte man aktiv dafür sorgen, dass das Video auch angesehen und idealerweise geliked wird. Dafür bietet es sich an, jedes Video zumindest mit einem kleinen Werbebudget auszustatten.

Neben anderen Kriterien spielen auch der Titel und die Video-Beschreibung für die Auffindbarkeit innerhalb YouTubes eine Rolle. Es lohnt sich also, auch hier ein wenig Aufwand zu investieren.

Nutzen Sie für Facebook und Instagram Ads den Facebook Business Manager
Zwar lassen sich Posts in Instagram und Facebook schnell und unkompliziert mit Werbebudget ausstatten, jedoch sind die Möglichkeiten zur Zielgruppendefinition hier vergleichsweise eingeschränkt. Das kostenlose Tool Facebook Business Manager bietet jedoch weit mehr Targeting-Optionen für beide Kanäle an. Hiermit können Sie die weitläufigen Möglichkeiten voll ausschöpfen und diese auch für Ads komplett nutzen. Auch die Möglichkeiten der Auswertung sind hier deutlich umfangreicher.

Der Nachteil ist die geringe Benutzerfreundlichkeit des Tools; leider ist es umständlich zu bedienen und der Teufel steckt hier häufig im Detail. Daher kann man darüber nachdenken für kleine Budgets weiterhin die einfache „Beitrag bewerben"-Funktion zu nutzen und für budgetstärkere Kampagnen den Facebook Business Manager.

Definiert man selbst Zielgruppen, sollte man darauf achten, dass diese mindestens 5.000 Personen umfasst, da sonst die Reichweite zu gering ist.

Die E-Mail-Signatur als Werbung für weitere Kommunikationskanäle
Auch im E-Mail-Marketing gibt es einige Optimierungstipps, die sehr hilfreich sein können. Zunächst kann bereits das Experimentieren innerhalb der Betreffzeile die Öffnungsrate der E-Mail erhöhen. Haben Sie schon mal probiert mit Emojis zu arbeiten? Wie immer gilt auch hier: in Maßen, nicht in Massen. Auch aktivierende, ungewöhnliche Formulierungen oder Fragestellungen können die Aufmerksamkeit der Zielgruppe gewinnen. Nachdem die E-Mail geöffnet wurde, empfiehlt es sich im Footer – Fußzeile am Ende der E-Mail – mit Trust-Siegeln zu arbeiten, um Vertrauen

zu schaffen oder zu stärken. Dieselbe Empfehlung gilt für Webseiten. Berücksichtigen Sie auch hier die Vorteile oder das Alleinstellungsmerkmal Ihres Produktes in textlicher Form aufzugreifen und klar zu kommunizieren. Das konsequente Erinnern im Footer hilft dabei, dass die Informationen, die transportiert werden sollen, bei den Benutzer:innen ankommen. Falls Sie Social-Media-Kanäle wie Instagram, Twitter oder YouTube haben, sollten Sie diese in der E-Mail zusätzlich verlinken. Vor allem aktivierendes Platzieren ist dabei wichtig, da die Erfahrung deutlich gezeigt hat, dass reine Social-Media-Symbole nur sehr schlechte Klickraten haben.

Remarketing: Gewinnen Sie Kunden durch das Testen von Bannern zurück
Im Retargeting (auch Remarketing) geht es darum, Benutzer:innen, die bereits auf der Webseite waren, Werbung auf anderen Kanälen anzuzeigen, um sie wieder auf die Webseite zurückzuholen. Es empfiehlt sich solche Kampagnen aufzusetzen, damit die Benutzer:innen – häufig durch einen Banner – noch einmal auf das Angebot aufmerksam gemacht werden.

Remarketing-Kampagnen können dabei in verschiedenen Formen und Kanälen geschaltet werden: in Social Media, Suchanzeigen oder auch als klassische Banner-Ads auf anderen Webseiten. Das ist ein effizientes Instrument im Marketing-Mix, bei dem Daten die Grundlage für die User-Erkennung bilden. Es lohnt sich jedoch sich Gedanken über die genaue Definition der Remarketing-Listen zu machen:

Gute Remarketing-Listen anlegen

Das große Potential im Remarketing liegt darin, dass man die Liste selbst definieren kann. Dabei steht Ihnen die ganze Bandbreite der Analytics-Daten zur Verfügung. Oftmals werden Listen wie „Alle User der letzten 60 Tage" angelegt. Dabei werden jedoch drei wichtige Aspekte außer Acht gelassen, die die Schlagkraft der Liste merklich verbessern können:

- **Nur kaufbereite Nutzer:innen:** Schließen Sie nur produktinteressierte Personen in den Test ein. Sicher möchten Sie mit einer Sales-Kampagne nicht Ihre Bewerber:innen oder User:innen, die nur kurz Ihre Startseite gesehen haben, erreichen.
- **Spezifisches Remarketing:** Haben Sie viel Traffic, können Sie Ihre Listen noch weiter qualifizieren, z. B. nur Kunden ansprechen, die etwas in den Warenkorb gelegt und nicht gekauft haben. Oder Sie legen einzelne Remarketing-Listen für die Top-Seller bzw. Ihre verkaufsstärksten Kategorien an.

- **Negatives Remarketing:** Schließen Sie im Remarketing unbedingt Ihre bisherigen Käufer aus. Schließlich möchten Sie in den seltensten Fällen Ihre Bestandskunden mit teurer Werbung erreichen.◄

Passende Anzeigenerweiterungen können Ihre Conversion Rate steigern
Der Kanal Paid Search – vor allem Google Ads (früher: Google AdWords) – bietet ebenfalls einige allgemeingültige, wertvolle Empfehlungen, die unabhängig von der Entwicklung des Tools funktionieren. Dazu gehören verschiedene Anzeigenerweiterungen, die, sofern zutreffend, genutzt werden können: Von der Anzeige von Preisen, über Telefonnummern und Rabatte bishin zur Sitelink-Erwetierung. Sitelinks sind zusätzlich angezeigte Links zu weiteren Unterseiten, die nicht der Landingpage der Kampagne entsprechen, z. B. einer „Über Uns"- oder „Jetzt anfragen"-Unterseite. Damit können verschiedenen Zielgruppen verschiedene Einstiegspunkte geboten werden. Es gibt zahlreiche Beispiele dafür, dass Sitelinks einen sehr guten Effekt auf die Interaktion haben. Google (N. V.) selbst gibt an, dass die Klickraten durchschnittlich um 10-15% durch die Implementierung einer neuen Anzeigenerweiterung gesteigert werden können.

Sitelinks sollten thematisch immer zur jeweiligen Kampagne bzw. Anzeigengruppe passen und keine vollständig anderen Artikel zeigen. Wer privat eine Fotobox mieten möchte, interessiert sich durchaus vielleicht für eine hochwertigere Spiegel-Fotobox, aber ziemlich sicher nicht für Messe-Aufbauten mit 360-Grad-Videoaufzeichnung.

▶   Wenn Ihnen nicht viele Unterseiten zur Verfügung stehen, die sich für eine Google Ads-Kampagne eignen, können Sie mit Ankern arbeiten. Anker sind sogenannte Sprungmarken, die innerhalb der Unterseite benutzt werden, um von dem unteren Ende der Seite wieder nach oben oder über einen CTA auf ein Anmeldeformular zu springen. Anker lassen sich auch als Sitelinks nutzen. In vielen Webseiten-Systemen können sie schnell und nur in einem gewissen Bereich der Webseite angelegt werden. Somit können sie schnell umgesetzt und innerhalb von Google Ads-Kampagnen unmittelbar genutzt werden.

Zusatzinformationen in der Anzeigenerweiterung zur Platzierung Ihres USPs
Eine weitere Anzeigenerweiterung bei Google Ads ist die Zusatzinformationen-Erweiterung (*callout extension*). Diese Erweiterung ermöglicht es, Kurztexte anzulegen, die mit der Anzeige angezeigt werden können. Hier lassen sich hervorragend die Alleinstellungsmerkmale platzieren. Auch Drittmeinungen, Fakten

über die Anzahl der Kund:innen, Jahre am Markt, bisherige Erfahrung, Anzahl der Standorte oder Ähnliches eignen sich hier perfekt.

Presse-Aktivitäten auch in Kampagnen nutzen

Auch in der Suchmaschinenoptimierung oder in Google Ads lassen sich Artikel und Interviews in der Presse gut nutzen. Für die Listung innerhalb der organischen Suchergebnisse (SEO) bietet es sich an, die sog. Meta Description zu nutzen. Damit ist der kurze Text gemeint, der in der Ergebnisliste bei Google oder Bing angezeigt wird. Hier lässt sich ideal mit Symbol-Icons wie Häkchen arbeiten wie etwa „✓Bekannt aus dem WDR" oder „✓t3n-Autor".

▶ Falls Sie WordPress als Webseitensystem nutzen, empfiehlt sich das kostenlose Plugin „Yoast" für die Suchmaschinenoptimierung. Dieses hilft nicht nur bei der Keyword-Optimierung der Webseite, sondern zeigt auch eine Vorschau wie ein Google-Ergebnis mit Titel und Meta Description aussieht. Das Plugin deckt zwar nicht alles ab, was ein SEO-Experte berücksichtigen würde, ist aber eine sehr gute Ausgangsbasis für eine Optimierung.

Bei Google-Ads-Anzeigen lassen sich sowohl die Anzeigentexte als auch die Anzeigenerweiterung „Zusatzinformationen" nutzen. Dort stehen weder viel Platz noch Symbol-Icons zur Verfügung, aber auch hier kann ein Text wie „Bekannt aus dem FOCUS" sehr gut genutzt werden (Abb. 4.1).

Abb. 4.1 Google Ads-Anzeige des Italienreisen-Spezialisten amavido mit textlicher Einbindung von Presse-Artikeln

Anzeige · www.amavido.de/kombireisen/italien

Deine Italien Kombireise | Unvergesslicher Luxusurlaub | Erlebe das wahre Italien.

Entdecke versteckte Orte in Italien und erlebe Deinen Traumurlaub. 100% individuell. Die Rundreise mit unvergesslichen Erlebnissen. Jetzt Deine Reise online entwerfen!

Bekannt aus dem FOCUS

Kulinarisches Sizilien

Gibt es auf der Webseite einen Abschnitt mit Presselogos oder eine Presse-Unterseite lassen sich auch diese ideal in Google Ads Kampagnen nutzen. In der Sitelink-Anzeigenerweiterung lassen sich weitere zu einer Anzeigegruppe passende Links anlegen (s. o.). Hier lässt sich ideal ein kurzer Link wie „Bekannt aus der Presse" oder „Pressespiegel" hinterlegen.

Legen Sie Zielgruppen fest und beobachten Sie diese zunächst nur
Google Ads bietet Ihnen eine weitere, wertvolle Funktion: Das Festlegen von Zielgruppen. Diese können zwar auch als eingrenzende Maßnahme bei der Ausspielung einer Kampagne genutzt werden, sollten jedoch im ersten Schritt nur beobachtend mitlaufen. Dafür müssen sie zunächst definiert werden. Fragen Sie sich in diesem Zuge: Zu welchen Zielgruppen möchte ich Daten generieren und Erkenntnisse gewinnen? Daraus lassen sich hervorragend weitere Optimierungsideen für die Kampagne ableiten und somit optimal weiterentwickeln. Es lohnt sich also, mit den Zielgruppen ein wenig Zeit zu verbringen und sich hier auf die Suche zu begeben.

Optimieren Sie Titel und Meta-Beschreibung für höhere Klickraten
Auch im Bereich der Suchmaschinenoptimierung gibt es zahlreiche Tipps. Ich möchte mich hier auf die wichtigsten Empfehlungen konzentrieren. Der erste Tipp, den ich Ihnen an die Hand geben möchte, bezieht sich dabei auf die Texte in der Google-Suche-Ergebnisliste selbst. Ebendiese Kurztexte ergeben sich aus einem Titel und der Meta-Beschreibung. Es lohnt sich, diese individuell zu vergeben und zu optimieren, damit Nutzer:innen sich angesprochen fühlen und aktiviert werden können. Die Klickrate kann dadurch signifikant gesteigert werden und stellt somit einen optimalen Hebel für den Traffic der Webseite dar. Besonders, wenn bereits organische Google-Rankings oder andere Suchmaschinen-Rankings vorhanden sind.

Eine gute Meta-Beschreibung hat dabei folgende Eigenschaften:

Empfehlungen zur Optimierung der Meta- Beschreibung

- Individuell für jede Unterseite geschrieben
- Keyword möglichst am Anfang platziert
- Keyword in Titel und Beschreibung platziert
- Aktivierende Formulierungen
- Produktvorteile und USPs sind enthalten
- Symbol-Icons und Emojis in Titel und Beschreibung◄

https://www.vegan-pizza-box.de › products › tiramisu-a... ▾

Tiramisu Amaretto - VEGAN PIZZA BOX ✓

Veganes **Tiramisu**: Zarte Dessertcreme verfeinert mit Amaretto auf Vanillekuchen
getränkt mit Espresso. ✔ Ganz nach dem italienischen Vorbild!
★ ★ ★ ★ ★ Bewertung: 5 · 5 Rezensionen · 2,99 €

Abb. 4.2 Beispiel für eine gute Meta-Beschreibung in der Google-Suche (vegan-pizza-box.de)

Daran anknüpfend finden Sie hier ein Beispiel für eine gut optimierte Meta-Informationen wie Titel und Beschreibung und wie sie in der Suchmaschine angezeigt wird (Abb. 4.2):

Man sieht sehr gut, dass die gewählten Texte nicht nur prägnant sind, sondern sich auch innerhalb der aktuellen Zeichenlimits bewegen.[1] Das verwendete Häkchen-Emoji lenkt die Aufmerksamkeit zusätzlich auf das Angebot und trägt zur Marketingwirkung bei.

Die angezeigten Bewertungssterne und Preis-Informationen basieren hier auf Produktbewertungen (Abschn. 2.6) und haben ebenfalls einen sehr positiven verkaufsfördernden Effekt. Damit diese von Google richtig ausgelesen werden können, setzt die Suchmaschine ein gewisses Datenformat voraus. Manche Shops und Webseiten machen das bereits automatisch, in anderen Fällen müssen diese „strukturierte Daten" (*rich snippets*) erst noch eingerichtet werden.

Zwei goldene Stellschrauben der SEO-Optimierung: 1. Stellschraube – die Textmenge
Wenn man in der Suchmaschinenoptimierung feststellt, dass trotz Optimierungsmaßnahmen bei den Keywords die Rankings stagnieren, gibt es in der Regel zwei Stellschrauben, an denen es zu drehen lohnt. Einerseits besteht häufig der Fall, dass eine erhöhte Content-Menge bereits einen positiven Effekt auf das Ranking hat. Hierzu lohnt es sich vor allem die Suchergebnisse, die vor der eigenen Webseite zu dem spezifischen Keyword platziert sind, zu betrachten und die Menge des Textes mit der Textmenge auf der eigenen Webseite zu vergleichen. Stellt man hier fest, dass die besser abschneidende Konkurrenz über eine größere Textmenge verfügt, ist es empfehlenswert, auf der eigenen Webseite Inhalte hinzuzufügen. Stellt man

---

[1] Aktuell empfiehlt es sich aufgrund der verkürzten mobilen Darstellung bei Beschreibungstexten für Google mit 140 Zeichen zu arbeiten. Da sich die Algorithmen der Suchmaschinen regelmäßig ändern, prüfen Sie dies am besten regelmäßig nach.

dabei fest, dass man eine konkurrenzfähige Textmenge auf der betreffenden Unterseite hat, ist die Chance groß, dass mit Verlinkungen, der zweiten Stellschraube,
gute Effekte erzielt werden können. Dabei geht es in erster Linie um Verlinkungen
bei anderen Webseiten, die auf die spezifische Unterseite führen.

▶   Suchmaschinenoptimierung bringt nur etwas, wenn gezielt Keywords
     analysiert, ausgewählt und bearbeitet werden. Dazu ist es ein ideales
     Vorgehen, jedem Keyword eine Unterseite zuzuordnen und auf dieser
     die Keyword-Nutzung zu optimieren.

**Stellschraube Nummer 2: Backlinks strategisch nutzen, um Top-Rankings zu
erzielen**

Verlinkungen werden dabei von externen Webseiten auf die eigene Webseite, und
vor allem auf die Unterseite, gesetzt. Hier lohnt es sich, im ersten Schritt die bisherigen Suchergebnisse anzuschauen. Sie werden schnell erste Link-Ideen finden,
wo Sie Ihre Webseite verlinken können. Ein paar Beispiele für solche Link-Ideen:
Frage-Antwort-Portale, Blogs, bei denen ein Kommentar zur jeweiligen Unterseite
gesetzt werden könnte, oder in Einzelfällen auch Foren. Grundsätzlich sollten Sie
kontinuierlich darüber nachdenken, wie Sie an weitere Links kommen können, die
zu der SEO-relevanten Landingpage führen. Schauen Sie zum Beispiel auch bei
den eigenen Partnerunternehmen nach. Kooperationspartner sind häufiger gewillt,
einen Backlink anzulegen als fremde Webseitenbetreiber. Auch die eigenen Online-
Kanäle könnten weitere Möglichkeiten bieten: Gibt es einen unternehmenseigenen
Blog, auf dem ein Link gesetzt werden kann? Oder besteht die Möglichkeit, bei
bereits bestehenden Unternehmensprofilen einen weiteren Link anzulegen? Die
Möglichkeiten sind hier sehr vielfältig. Geben Sie jeder Idee eine Chance und
verfolgen Sie diese regelmäßig.

Natürlich sollten Sie beachten, dass Sie Backlinks einerseits systematisch aufbauen, und andererseits den wirklich ranking-relevanten Unterseiten zugutekommen
lassen. Schnell können Sie sonst in einen Strudel der Über-Optimierungen geraten.
Davor sollten Sie sich hüten, da Suchmaschinen-Algorithmen so etwas nicht positiv bewerten. Eine Über-Optimierung könnte zum Beispiel eine sehr plötzliche und
große Menge an Backlinks sein. Ein weiteres Negativbeispiel ist das konstante
Verwenden des Keywords, zu dem die Unterseite im Top Ranking platziert ist.
Eine Faustregel besagt: 50 % der Verlinkungen sollten das Keyword enthalten, die
anderen 50 % nicht, damit diese als organisch von den Algorithmen bewertet werden.

4.3 Mit Kampagnen-Tracking kanalübergreifend optimieren

„... the task is absolutely required because it tracks areas where you are spending money; you want to handle those areas wisely." (Kaushik, 2010, S. 310)

Um Kampagnen optimieren zu können, ist es unerlässlich eine Kosten-Nutzen-Rechnung anstellen zu können. Damit dies gelingt, ist es lohnend zusätzliche Informationen über Kampagnen im Analytics-Tool zu speichern. Es geht darum, weitere Informationen über eine Kampagne an Ihr Analytics-Tool zu übergeben, wie z. B. den Kampagnennamen, den Kanal, die Zielgruppen, die verwendeten Grafiken oder Links. Damit werden wichtige Detailinformationen zur Verfügung gestellt, die sonst nicht im Analytics-Tool auswertbar wären.[2]

Ein weiterer großer Nutzen ist es, dass dadurch auch Multi-Channel-Kampagnen über mehrere Kanäle hinweg analysieren zu können. Wenn Sie eine Kampagne sowohl über Google Ads, als auch E-Mail-Marketing sowie Social Media schalten und bewerben wollen, ist die übergreifende Auswertung mit Kampagnen-Tracking möglich. Durch Kampagnen-Tracking lässt sich zum Beispiel ableiten, welches Werbemittel am erfolgreichsten war, welcher Marketingkanal innerhalb der Kampagne die beste Konversionsrate hatte, oder welche Zielgruppe sich am intensivsten mit unserer Webseite beschäftigt hat.

Dazu ist es nötig spezielle Tracking-Links zu verwenden. Letzten Endes werden die gerade angeführten Detailinformationen einfach an die Ziel-URL der Kampagne angehängt. Damit Analytics-Tools diese interpretieren können, ist es wichtig eine gewisse Struktur einzuhalten.

Ohne Kampagnen-Tracking-Links wüsste man zwar, welche Zugriffe über Facebook erfolgt sind, allerdings nicht, ob diese durch einen organischen Post oder bezahlte Ads zustande gekommen sind. Im Falle eines organischen Posts fehlt zusätzlich die Information, ob es sich um einen unternehmenseigenen Post oder einen Post einer anderen Seite handelt.

In Abb. 4.3 erkennt man sehr gut den Ziel-Link, der hinter einer Werbeanzeige liegt und über den Nutzer:innen auf die Kampagnen-Landingpage gelangen. In unserem Beispiel handelt es sich um eine Facebook-Anzeige, die eine Fotobox mit einem Rabatt zu einer Hochzeitsmesse zeigt. In der Grafik ist zu sehen,

---

[2] Es ist auch möglich, über eigene Marketing-Pixel die Conversions zu erfassen. Beispielsweise bei Facebook-Kampagnen über den Facebook-Pixel zu messen, der auf der Webseite installiert werden muss. Grundsätzlich liefern Analytics-Tools hier noch mehr Daten und mehr Möglichkeiten. Der größte Vorteil ist jedoch, die Kampagnen auch kanalübergreifend analysieren zu können.

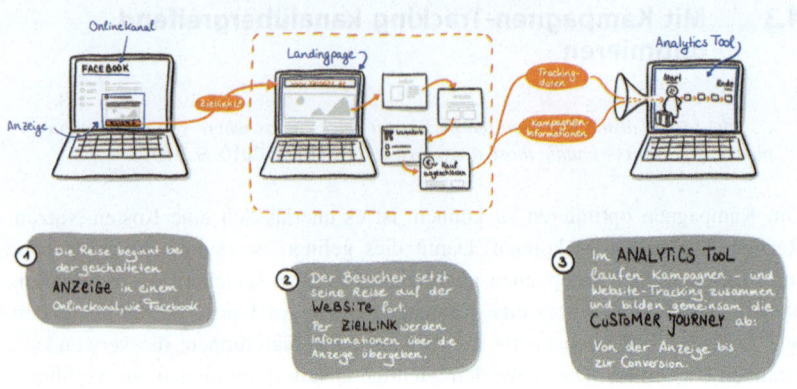

Abb. 4.3   Wie Kampagnen-Tracking funktioniert (Illustration: Lena Brandt, lenabrandt.net)

dass an dem Ziel-Links selbst – in diesem Fall www.gadplan.com – weitere Informationen angehängt sind. Bei Google Analytics sorgen diese sogenannte UTM-Parameter dafür, dass Detailinformationen über die Kampagne im Analytics Tool gespeichert werden (Kaushik, 2010, S. 309 f.). In anderen Analytics-Tools können diese anders heißen und anders aussehen. Die grundsätzliche Logik bleibt jedoch bestehen. Auch wenn es auf den ersten Blick ein wenig kompliziert und technisch aussieht, kann ich Ihnen versichern: Das Anlegen solcher Links ist grundsätzlich einfach und schnell gemacht.

▶   Es empfiehlt sich, vorgefertigte Formulare zu nutzen, um Kampagnen-Tracking Links zu erstellen. Sowohl Google als auch Facebook bieten eigene Formulare an, um Tracking-Links zu erstellen. Beide sind im Grunde simpel, aber gerade zu Beginn nicht intuitiv zu bedienen. Abb. 4.4 zeigt ein benutzerfreundlicheres individualisiertes Formular als Web-Tool, welches meine Agentur für einen Kunden entwickelt hat. Es ist alternativ auch möglich, sich eine Excel-Vorlage mit vordefinierten Werten zu erstellen und dort bspw. die Kampagnennamen zentral vorzugeben.

Stimmen Sie mit allen Beteiligten einheitliche Kampagnennamen ab
Eine Herausforderung im Kampagnen-Tracking besteht darin, immer dieselben Begriffe zu verwenden und einheitlich zu bleiben (Hassler, 2016, S. 137). So können

Sie Daten vergleichbar machen und Brüche innerhalb der Daten vermeiden. Achten Sie hier auf konsistente Begriffe, denn für das System ist es bereits ein Unterschied, ob „Facebook" oder „Facebook.com" geschrieben wird. In den meisten Webanalyse-Tools können die Einstellungen zwar entsprechend angepasst werden, allerdings werden sie erst nach der Anpassung wirksam und verändern somit bereits gespeicherte Kampagnendaten nicht mehr.

Gerade dann, wenn Sie eine Kampagne auf mehreren Kanälen ausspielen, ist ein einheitlicher Kampagnenname sehr wichtig. Stimmen Sie den Namen daher am besten mit Kolleg:innen und Agenturen, die an der Kampagne arbeiten, ab. Das kann je nach Fall sehr pragmatisch gelöst werden. Ich habe bereits gesehen, dass Kampagnennamen zentral auf ein Whiteboard im Büro geschrieben wurden, sodass mit einem einzigen Blick die richtige Schreibweise geprüft werden konnte. So kann es nicht passieren, dass eine Teammitglied die Schreibweise „Sommer Kampagne 2022" und ein anderes „Sommerkampagne 22" benutzt – denn auch das wäre ein Bruch in den Daten.

Wählen Sie mindestens drei aus fünf Parametern
Grundsätzlich stehen Ihnen fünf UTM-Parameter – von denen nicht alle genutzt werden müssen – zur Verfügung (Abb. 4.4). Empfehlenswert ist es, mindestens mit *source* für den Kanal, *medium* für die Beschreibung der Werbungsart, und *campaign* für den Kampagnennamen zu arbeiten. Wenn Sie weitere Ideen oder komplexere Anforderungen haben, können Sie diese hiermit umsetzen und sogar mehr als fünf Informationen in den Parametern unterbringen. Wenn es beispielsweise für die Abrechnung mit Affiliate-Partner:innen wichtig ist, auch deren ID zu übermitteln, kann dies in einem bestehenden Parameter mit einem Unterstrich, oder aber auch in einem weiteren Parameter passieren. Wenn Sie mit Kampagnen-Tracking arbeiten, ist es vor allem wichtig, dass Sie es in allen Marketingkanälen verankern.

In der neuen Version Google Analytics 4 gibt es sogar drei zusätzliche optionale Parameter, die genutzt werden können.

Es lohnt sich, zu Beginn einmal ein kurzes Konzept zu entwickeln
Die Herausforderung besteht nun darin, die Kampagnen-Tracking-Links konsistent auf allen Kanälen einzubinden und zu berücksichtigen. Wenn Sie viele Online-Kanäle bespielen, lohnt es sich einmal zu überlegen welche Kampagneninformationen aus welchem Marketingkanal gespeichert werden sollen.

Für einen reibungslosen Ablauf sollte sich zu Beginn idealerweise das komplette beteiligte Team zusammenfinden und erarbeiten, welche Daten erfasst werden

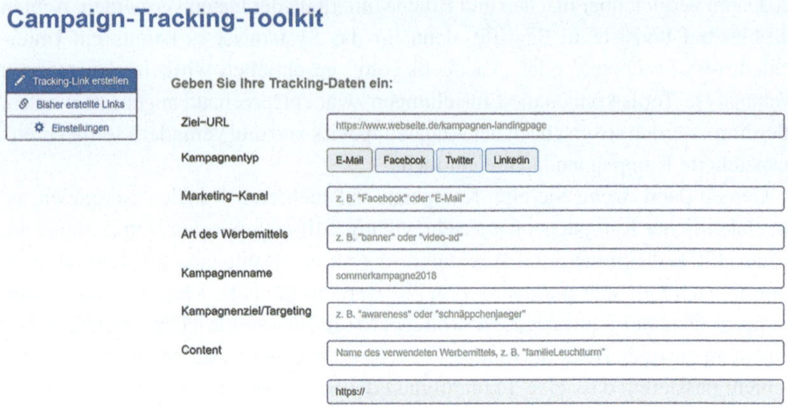

Campaign-Tracking-Toolkit

Abb. 4.4 Formular zur Erstellung von Kampagnen-Tracking-Links (eigenes Web-Tool)

sollen, um im nächsten Schritt zu überlegen, wie diese auf die vordefinierten UTM-Parameter verteilt werden können.

Haben Sie besonders detaillierte Anforderungen und Ideen, können Sie in den optionalen Parametern noch weitere Zusatzinformationen unterbringen. Beispiele für zusätzliche Detailinformationen sind weitere Zielgruppeninformationen oder die genauen Abmessungen von Display-Bannern. Bei kleineren Teams, wenigen Kanälen oder weniger umfangreichen Anforderungen ist jedoch schon viel gewonnen, wenn Sie überhaupt Kampagnentracking in Ihre Prozesse implementieren.

Nutzen Sie Trackinglinks auch in E-Mails
Tun Sie das nicht, wertet Ihr Analytics-Tool die Zugriffe als „Direkte Zugriffe", wirft sie also in einen Topf mit Nutzer:innen, die Ihre URL direkt eingetippt oder auf ein Lesezeichen geklickt haben. Dieses Vorgehen empfiehlt sich unbedingt für Newsletter, E-Mail-Signaturen und Systemmails wie Bestellbestätigungen. In vielen E-Mail-Marketing-Tools werden automatisch Tracking-Links erzeugt, sobald man diese Funktion einmal aktiviert hat.

4.4   A/B-Testing von Online-Marketing-Kampagnen

„The greatest gift the Web gives you is the ability to fail faster and at low cost."
(Kaushik, 2010, S. 425)

Nicht viele Unternehmen haben herausgefunden, wie sie im Marketing datengetrieben arbeiten (Kotler et al., 2021, S. 135). Neben anderen Maßnahmen, wie zum Beispiel dem Kampagnen-Tracking (siehe Abschn. 4.3), ist auch das A/B-Testing eine ausgezeichnete Methode, um Digitalkampagnen datengetrieben zu verbessern.

Bei Digitalkampagnen unterscheiden sich die Anlässe und die Möglichkeiten für das A/B-Testing je nach Marketingkanal. Einige Tools bieten von Haus aus A/B-Test-Funktionen an, andere Marketingkanäle wiederum erfordern selbstständiges konzeptionelles Anlegen von A/B-Testings. Nehmen wir das Beispiel E-Mail-Marketing. Dort steht in erster Linie das Testen von Betreffzeilen im Fokus wie in Abb. 4.5 zu sehen (Dodson 2016). Das liegt daran, dass dort der größte Hebel und gleichzeitig die größte Herausforderung des Kanals begründet liegt. Sprich: Die Öffnungsrate ist die wichtigste und ebenso kritischste Kennzahl. Warum? Ganz einfach: Wenn die E-Mail gar nicht erst geöffnet wird, besteht keine Chance, einen Inhalt, eine Botschaft oder eine Kampagne an die Zielgruppe zu bringen. Aus diesem Grund wird im Bereich der E-Mail-Betreffzeilen am häufigsten getestet. Dabei bieten sich nicht nur verschiedene Formulierungen – was der erste Schritt in Ihrem A/B-Testing sein sollte – an, sondern auch das Testen verschiedener Emojis, die Frequenz der Verwendung von Emojis, sowie die personalisierte Ansprache. In allen Fällen sollten Sie die Abnutzung der jeweiligen Aufmerksamkeitseffekte vermeiden, indem sie sie nicht zu häufig verwenden.

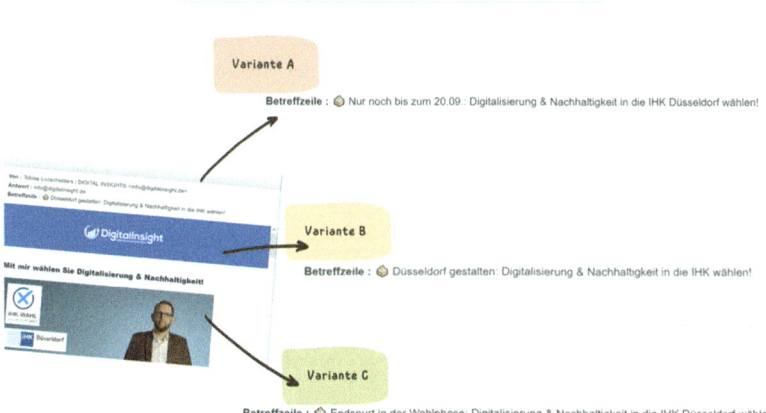

Abb. 4.5 A/B-Testing von E-Mail-Betreffzeilen im Zuge der IHK-Wahl 2021

Mit 31,7 % hatte die Betreffzeile „Nur noch bis zum 20.09.: Digitalisierung & Nachhaltigkeit in die IHK Düsseldorf wählen!" von den drei Varianten die höchste Öffnungsrate.[3] Bei über 20.000 Empfänger:innen lohnt es sich, die Betreffzeilen an einem Teil zuvor zu testen und anschließend die beste Variante an den Großteil der Liste zu verschicken. In unserem Projekt wurde jede der drei Varianten zunächst an 1.500 Nutzer:innen getestet. Der Unterschied von 4 % zur schlechtesten Variante führte zu einem Ergebnis von über 600 zusätzlichen Öffnungen.

Kampagnen-Landingpages gegeneinander testen
Die Zielseiten von Online-Kampagnen bieten großes Potential für das A/B-Testing. Hier lassen sich zum Beispiel verschiedene Landingpages innerhalb einer Kampagne testen. Auch andere Ansätze was den Aufbau der Seite angeht, sind möglich. Ein klassischer Test-Case ist es eine sehr schlanke, reduzierte Seite gegen eine ausführlichere Seite mit mehr Informationsgehalt zu testen.

Natürlich ist es auch möglich, zentrale Grafiken, Botschaften oder Reihenfolgen zu testen, wie auch im A/B-Testing von Webseiten (siehe Abschn. 3.3).

Ein Beispiel aus einem meiner Optimierungsprojekte ist eine Landingpage mit einem E-Book-Download. Das Ziel war hier, die E-Mail-Adressen interessierter User:innen zu gewinnen – ein klassischer Leadgenerierungs-Funnel also. Sollte die Landingpage im ersten Schritt zwar Newsletter-Anmeldungen generieren, war das langfristige Ziel, Beratungsprojekte über das automatisierte E-Mail-Marketing zu akquirieren.

Wir führten verschiedene A/B-Tests durch. Durch die bessere Anordnung von Testimonials ließ sich die Anmelderate um 9 % steigern. Die Hypothese war, dadurch den Trust zu erhöhen, da eines der Testimonials ein bekannter Bundesliga-Fußballverein war.

Durch die Optimierung von Headline und Grafik konnten wir die Anmelderate um weitere 7 % verbessern. Die Hypothese dahinter war, dass User:innen noch nicht schnell genug erkennen, dass es sich um ein E-Book handelt und dieses kostenfrei angeboten wird.

Social Media: Grafiken sind ausschlaggebender als Textelemente
Im Bereich Social-Media-Marketing (bezahlte Anzeigen in sozialen Netzwerken) bieten sich ebenfalls verschiedene Aspekte im A/B-Testing an. Im Gegensatz zum

---

[3] Öffnungsraten im E-Mail-Marketing können durchaus höher sein. In diesem Fall handelt es sich nicht um einen klassischen Newsletter, da im Falle der IHK-Wahlwerbung auch ohne eine explizite Zustimmung E-Mails an Unternehmen versendet werden dürfen. Vor diesem Hintergrund ist eine Öffnungsrate über 30 % bereits als positiv zu werten.

E-Mail-Marketing stehen hier die Anzeigen-Grafiken im Mittelpunkt, da die Anzeigen*texte* häufig eine eher weniger wichtige Rolle hinsichtlich der Interaktion mit der Kampagne spielen. Es geht somit darum zu entscheiden, welche Grafiken oder Videos verwendet werden und welche Textelemente als Kernaussage, auch Störer genannt, anschließend in den Werbebanner kommen. Eine weitere Möglichkeit ist es, verschiedene Arten von Rabatten gegeneinander zu testen. Um eine Aussage aus dem A/B-Test ableiten zu können, müssen *alle* anderen Bestandteile des A/B-Tests gleich bleiben. Wenn Sie beispielsweise bei einem Test verschiedene Banner und unterschiedliche Rabatte verwenden, verzerrt es den Test. Besonders spannend wird es bei Social-Media-Kampagnen, wenn Sie verschiedene Zielgruppen gegeneinander testen. Dieselbe Botschaft auf demselben Banner wird dabei verschiedenen Nutzergruppen ausgespielt. Sowohl bei Facebook als auch bei Instagram werden Ihnen zahlreiche Möglichkeiten geboten, Ihre Zielgruppen einzustellen. Im Vordergrund stehen dabei vor allem die Interessensgebiete der Nutzer:innen. Das können Interessen für bestimmte Marken, bestimmte Produkte oder auch spezielle Themen sein. Die Erfahrung zeigt, dass auch die Auswahl des gezeigten Produktes eine große Rolle spielen kann. Bei einer Kampagne für einen Kamerahersteller haben beispielsweise die Banner mit der roten Kamera mit einem deutlichen Abstand die meisten Klicks erzielt. *Gekauft* wurde das rote Modell dennoch verhältnismäßig selten – und die Kund:innen entschieden sich vorwiegend für klassischere gedeckte Farben. Am Ende sind es die Details, die die entscheidende Wendung herbeiführen.

In Abb. 4.6 ist eine Facebook-Kampagne für den T-Shirt-Shop Amazing Shirts zu sehen. Beworben wird das gleiche T-Shirt in der gleichen Farbe mit dem identischen Anzeigentext. Getestet wird hier die Grafik, die bei Social-Media-Werbung ein sehr zentrales Element darstellt. Grundsätzlich ist es interessant zu wissen, welches der beiden Bilder für mehr Verkäufe sorgt. Ebenfalls lassen sich darüber hinaus interessante Erkenntnisse im Verlauf der Kampagne gewinnen. Damals vor dem Start der Kampagne gab es verschiedene Hypothesen im Team meiner Agentur:

- Das Motiv mit dem weiblichen Modell funktioniert besser, weil es aufmerksamkeitsstärker ist.
- Das Motiv mit dem männlichen Modell funktioniert besser, weil es stärker auf das Produkt fokussiert ist und es keinen unruhigen Hintergrund gibt.
- Das männliche Modell wird bei Frauen besser funktionieren und umgedreht.

Sie sehen, wie vielfältig und unvorhersehbar A/B-Tests sind. Tatsächlich gab es in unserem Fall kein statistisch relevantes Ergebnis, da die Kennzahlen beider Varianten zu nah beisammen lagen. Nichtsdestotrotz kann ein solcher Test bei anderen

Abb. 4.6 A/B-Test einer Instagram-Anzeige: Werbebanner werden gegeneinander getestet

Zielgruppen, in anderen Zusammenhängen ganz anders ausfallen und es lohnt sich zu testen.

Es stehen neben klassischen demographischen Daten zur Einschränkung der Zielgruppe auch zahlreiche weitere spannende Möglichkeiten zur Verfügung. Dazu gehören beispielsweise Angaben dazu, wie lange einzelne Menschen bereits in einer Beziehung sind, wann ein Jahrestag bevorsteht, oder – wie es in den USA möglich ist – Daten zur politischen Präferenz. Es empfiehlt sich, solche Targeting-Kriterien in Kampagnen entsprechend zu berücksichtigen. Social-Media-Kampagnen sollten tendenziell generell nicht ohne ein A/B-Test live genommen werden. In aller Regel kann man gut zwei bis drei Zielgruppen gegeneinander testen. Einerseits werden sich die Leistungswerte unterscheiden, andererseits lassen sich damit spannende Aspekte über die Zielgruppe ermitteln, wodurch die Kampagne weiterentwickelt werden kann.

Google Ads: Keyword-Gruppen testen, um Ihre Zielgruppe zu definieren
Im Bereich der bezahlten Anzeigen in der Suchmaschine, wozu Google Ads (früher Google AdWords) oder Bing Ads gehören, gibt es ebenfalls attraktive Möglichkeiten, A/B-Tests zu nutzen. Bei Google Ads bietet es sich an, verschiedene Keyword-Gruppen zu definieren und diese gegeneinander zu testen. Das kommt grundsätzlich entweder einem in der Anzeigengruppe definierten Thema gleich, oder dient häufig der Definition einer Zielgruppe. Wenn Sie beispielsweise eine Anzeigengruppe anlegen, die Firmenkunden anspricht, schlägt sich dies meist in Ihren Keywords nieder (z. B. „Catering Weihnachtsfeier"). So besteht für Sie die Möglichkeit, in einer zweiten Anzeigengruppe vermehrt allgemeine Keywords oder eine private Zielgruppe zu definieren (z. B. „Catering Hochzeit") und auf Keyword-Basis verschiedene Zielgruppen anzusprechen und gegeneinander zu testen. Erste Untersuchungen deuten darauf hin, dass signifikante Anteile an Keywords einzelnen Nutzer- und Anspruchsgruppen zugeordnet werden können (Looschelders, 2015, S. 53 f.).

In manchen Fällen lohnt es sich zusätzlich, gewisse Altersgruppen aus der Kampagne auszuschließen. Zum Beispiel könnte es sich bei einem Produkt, was erfahrungsgemäß überwiegend von Berufserfahrenen gekauft wird, lohnen die Zielgruppe der 18–24-Jährigen auszuschließen oder die Gebotspreise nach unten anzupassen.

Die Strukturierung eines solchen Tests in Anzeigengruppen hat den zusätzlichen Vorteil, dass die Kampagne dadurch besser zu steuern und schneller sowie intuitiver auswertbar ist, wodurch sich das Kampagnenmanagement operativ erleichtert. Das liegt zu einem gewissen Teil bereits in der Natur des Kanals, da die Texte auf Basis der Anzeigengruppe definiert werden. Das führt dazu, dass die Suchanfragen selbst, die Keywords aus den Suchanfragen und die Ansprache in den Anzeigentexten bereits gut zusammenpassen.

Neben Inhalten auch Tonalität gegeneinander testen
Neben den Zielgruppen empfiehlt es sich ebenfalls, in Kampagnen verschiedene Anzeigentexte zu verwenden und gegeneinander laufen zu lassen. So lässt sich schnell erkennen, welche Texte am besten funktionieren und für die meisten Klicks sowie die besten Conversions sorgen. Bei den Anzeigentexten selbst empfiehlt es sich nicht nur verschiedene Inhalte zu testen, sondern auch verschiedene Arten

der Ansprache. Ein klassisches Beispiel dafür ist das Testen einer eher faktenbasierten Tonalität gegen eine eher aktivierende oder emotionale Tonalität. Neben
den Anzeigentexten ist es ebenfalls möglich, verschiedene Zielgruppen gegeneinander zu testen. Im Beispiel von Google Ads sind diese auf der Ebene der
Anzeigen*gruppen*, also auf Basis der Sub-Kampagnen, zu testen. Hier gibt es zwei
Möglichkeiten: Einerseits können Zielgruppen definiert werden und anschließend
analytisch mitlaufen, sodass sie lediglich auf der Auswertungsseite hinzufügt werden. Andererseits können Anzeigen auch nur an definierte Zielgruppen ausgespielt
werden. Es empfiehlt sich, bei solchen Kampagnen verschiedene Anzeigengruppen, also Sub-Kampagnen, aufzusetzen, um sowohl aus ihnen lernen als sie auch
gegeneinander testen zu können.

Abb. 4.7 zeigt die A/B-Testfunktion von Google Ads. Hier ist es unter anderem über eine einfache Suchen-und-Ersetzen-Funktion möglich, einzelne Elemente
einer Kampagne zu testen. Dieses ermöglicht es beispielsweise in einer Kampagne
den Begriff „Mallorca-Urlaub" gegen die Formulierung „Mallorca-Trip" zu ändern.
Beide Varianten laufen dann parallel und anhand der Daten lässt sich schnell die
Gewinner-Variante ermitteln.

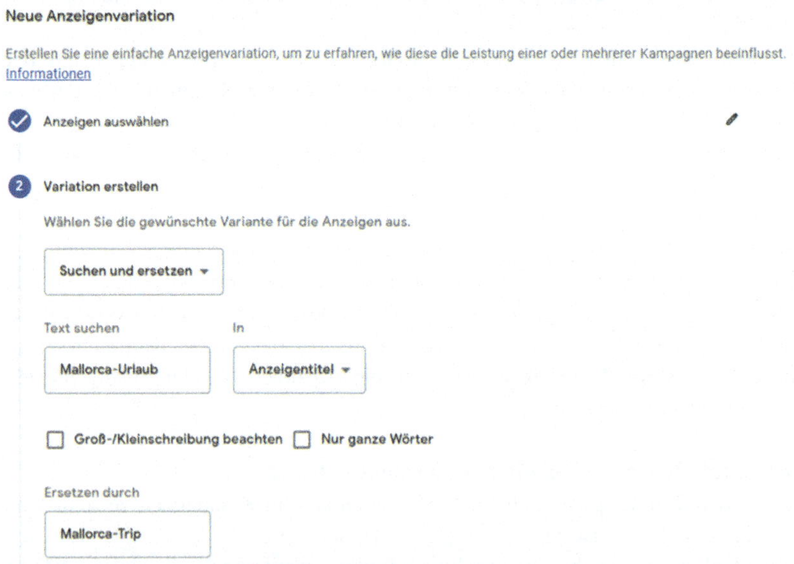

Neue Anzeigenvariation

Erstellen Sie eine einfache Anzeigenvariation, um zu erfahren, wie diese die Leistung einer oder mehrerer Kampagnen beeinflusst.
Informationen

✓ Anzeigen auswählen   ✏

② Variation erstellen

Wählen Sie die gewünschte Variante für die Anzeigen aus.

Suchen und ersetzen ▾

Text suchen   In

Mallorca-Urlaub   Anzeigentitel ▾

☐ Groß-/Kleinschreibung beachten ☐ Nur ganze Wörter

Ersetzen durch

Mallorca-Trip

Abb. 4.7   Die A/B-Test-Funktion von Google Ads (Tool-Screenshot)

Ebenso ist es unter anderem möglich, verschiedene Beschreibungstexte oder URLs gegeneinander zu testen. Auch inhaltlich ist sehr viel möglich, z. B. lassen sich verschiedene Produktvorteile oder die Ansprachen in den Texten (Direktansprache, Formulierung als Frage, etc.) als Varianten anlegen.

Prüfen Sie externe Einflüsse

Auch im A/B-Testing von Digitalkampagnen ist es von elementarer Bedeutung, sich über mögliche Einflussfaktoren Gedanken zu machen. Bietet man beispielsweise gerade im Shop besondere Rabatte an, hat das natürlich auch eine direkte Wirkung auf die Conversion Rate. Dies kann dazu führen, dass falsche Interpretationen vorgenommen werden. Auch andersherum ist dieses Phänomen zu erkennen. In diesem Szenario sind die Preise im eigenen Shop stabil, ein großer Konkurrent nimmt hingegen gerade eine zeitlich gebundene Preissenkung vor. Darüber sollte einerseits das eigene Unternehmen Kenntnis besitzen, viel wichtiger ist aber die Berücksichtigung der Preisanpassung im Wettbewerb in meinen eigenen A/B-Testing-Vorhaben. Natürlich ist es nicht praktikabel, immer sämtliche Preise aller großen Wettbewerber zu analysieren. Es empfiehlt sich jedoch gerade bei größeren, wichtigen A/B-Tests, dies noch einmal zu prüfen. Auch andere Faktoren sind bei der Interpretation von A/B-Testergebnissen zu beachten. Ist beispielsweise aus verschiedenen Gründen die Ladezeit des Online-Shops gerade unterdurchschnittlich, leidet darunter auch die Performance innerhalb meines Kampagnen-A/B-Tests.

4.5 Case Study: Googles Smart Shopping-Ads

Autor: Philipp Mantel, air up GmbH, philippmantel@web.de

Wer wir sind

air up® ist ein 2018 gegründetes Münchener Start Up. air up® ist eine wiederbefüllbare Trinkflasche, die Leitungswasser nur durch Duft Geschmack verleiht. Eine einfache Idee, die das Trinken neu definiert. Seit 2019 ist das Produkt auf dem Markt und bisher wurden bereits über 1 Mio Flaschen verkauft. Neben der Trinkflasche besteht das Produktsortiment aus Flavour Pods, die für den entsprechenden Geschmack sorgen. Aktuell umfasst das Sortiment 20 Sorten.

Für die Performance-Marketing-Maßnahmen, sind Shopping-Kampagnen ein wichtiger Bestandteil bei air up. Ein guter Grund, um sich tiefer mit den verschiedenen Shopping-Kampagnen-Formaten auseinander zu setzen.

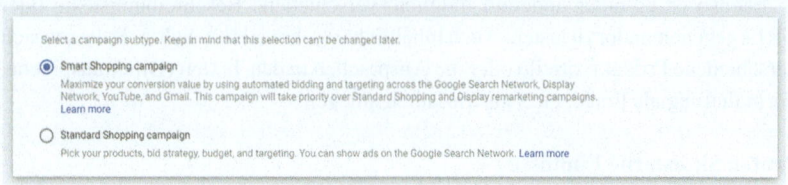

Abb. 4.8 Die Möglichkeiten von Shopping-Kampagnen in Google Ads

Was sind Googles Smart-Kampagnen?
Google hat bereits vor längerer Zeit begonnen Smart-Kampagnen einzuführen und Werbetreibenden so die Möglichkeit gegeben, mit möglichst wenig Aufwand Google Ads zu nutzen (siehe Abb. 4.8). So praktisch dieser Kampagnen-Typ für kleinere Unternehmen mit beschränkten Kapazitäten ist, wurde er von professioneller Seite doch sehr kritisch beäugt. Der Grund ist simpel: Google übernimmt die Kontrolle und die gewohnten Hebel und Einstellungen, um die Kampagne zu optimieren, gehen verloren.

Bis hierhin war die Verteilung klar:

- Smarte Kampagnen waren für kleine Unternehmen ohne dedizierte Online-Marketing-Abteilung
- Klassische Kampagnen blieben mit dem notwendigen Zeitaufwand und Know-How die bessere Wahl

Diese Aufteilung galt so lange, bis Smart-Shopping-Kampagnen die Bühne betraten. Bis zu diesem Zeitpunkt lagen die Vorteile der Smart-Kampagnen in geringerem Aufwand und geringerer Einarbeitungszeit. Für Shopping ist Google einen etwas anderen Weg gegangen und erweitert die smarte Version um einen wichtigen Faktor: Reichweite. Smart Shopping wird abgesehen von der Google-Suchergebnisseite (Abb. 4.9) und dem Shopping Tab in Google auch im Googles Display Netzwerk (GDN) ausgespielt. Das Netzwerk besteht aus einer riesigen Menge an Websites – große Publisher, wie Spiegel.de oder Welt.de, kleinere Seiten, Blogs, Apps – auf denen verschiedene Anzeigenformate ausgespielt werden können. In der Regel sind dies (Text-)Bild-Formate, aber auch Video und eben Shopping-Ads können hier ausgespielt werden. Das GDN besitzt ein vielfach größeres Potenzial, die Anzeigen auszuspielen. Darüber hinaus ist es nicht gebunden an Nachfragen. Was bedeutet das? Wenn Produkte auf der Google-Suchergebnisseite erscheinen sollen, muss für diese Produkte auch ein entsprechendes Suchvolumen vorhanden sein. Zwar werden

Shopping-Kampagnen – smart und Standard – nicht über Keywords ausgesteuert, wenn meine Produkte aber niemand kennt, kann auch niemand danach suchen und folglich wird die dazugehörige Standard Shopping-Kampagne keine Impressionen generieren. Smart Shopping kann in diesem Fall User im Display Netzwerk auf die Produkte aufmerksam machen. Aus diesem Grund ist für Smart Shopping auch ein funktionierendes Retargeting Pixel notwendig.

Google gibt und Google nimmt: Zwar erhalten die smarten Kampagnen mehr Reichweite von Google, auf der anderen Seite sind die Einstellungsmöglichkeiten stark eingeschränkt, sowie die Insights, die man mit diesen Kampagnen generieren kann, reduziert. Im Detail betrifft das die folgenden Punkte:

- Das Bid-Management kann nur auf Umsatzmaximierung gestellt werden, nach Bedarf mit einem ROAS-Ziel (=Umsatz/Kosten, im Detail siehe Abschn. 6.3), um das gewünschte Level an Effizienz zu erreichen. Grundsätzlich sollte Umsatz auch das Ziel einer Shopping-Kampagne sein. Die Möglichkeit Produkte manuell mit einem Gebot zu versehen ist aber nicht mehr verfügbar.
- Suchanfragen sind nicht mehr einsehbar (Standard Shopping-Kampagnen bieten einen Report mit dem man einen Teil der tatsächlich eingegebenen Suchen auswerten kann).

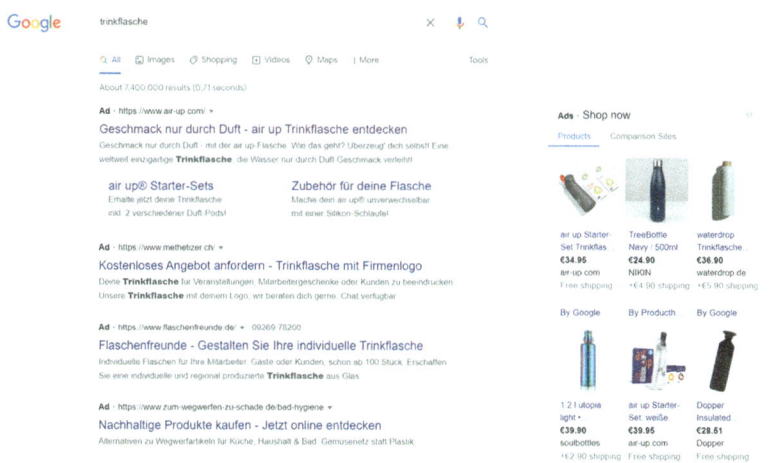

Abb. 4.9 Google-Suchergebnisse zum Keyword „Trinkflasche" mit klassischen Google Ads-Anzeigen und Google Shopping-Anzeigen (rechts)

- Keine Negative Keywords. Google hat die volle Kontrolle darüber, welche Suchanfragen eine Anzeigenausspielung auslösen. Übliche solcher Ausschluss-Keywords, die für viele Online-Händler relevant sind, sind z. B. der eigene Markenname oder eine generische Suche („Flasche") in Kombination mit Begriffen wie „gebraucht", „kundenservice", etc.

Smart Shopping: Pro & Contra
Stellt man die bisherigen Erkenntnisse gegenüber, ergibt sich in Tab. 4.1 folgender Überblick für Standard und Smart-Shopping-Kampagnen:

Das Test-Setup
Google bietet keine Möglichkeit, einen klassischen A/B-Test mit beiden Formaten aufzusetzen. Die Kampagnen können auch nicht einfach parallel laufen, da Smart Shopping immer Priorität vor Standard-Shopping-Kampagnen hat. Wenn also die gleichen Produkte in den Kampagnen sind, wird automatisch die smarte Version bevorzugt. Händler mit einer größeren Produktpalette könnten den Test spezifizieren. Wer nicht direkt das gesamte Budget für einen Test einsetzen will, kann die Kampagnen nach Kategorien, einzelnen Produkten oder individuell angelegten Clustern aufteilen. Diese Trennung ist auch bei Smart Shopping weiterhin möglich. Darüber ist es wichtig, dass die ausgewählten Produkte möglichst konstant im Sortiment sind.

Tab. 4.1 Vergleich zwischen Google Smart Shopping und Google Standard Shopping (Philipp Mantel)

	Smart Shopping	Standard Shopping
Aufwand für Setup und Optimierung	Gering	Mittel bis hoch (je nach Produktportfolio)
Verfügbare Gebotsstrategien	Nur Max. Umsatz (ROAS)	Manuell Max. Clicks Max. Umsatz (ROAS)
Negative Keywords	Nicht verfügbar	Verfügbar
Suchanfragen	Nicht verfügbar	Verfügbar
Reichweite	Groß durch das inkludierte Displaynetzwerk	Auf Google Suche inkl. Shopping Tab und YouTube beschränkt
Retargeting-Listen	Notwendig	Nicht notwendig, aber sinnvoll für Optimierungen

Deswegen setzt unser Testszenario auf einen Zeitraumvergleich. Betrachtet werden jeweils 30 Tage in denen ausschließlich Standard Shopping-Kampagnen liefen und 30 Tage in denen ausschließlich Smart-Shopping-Kampagnen liefen. In solch einem Setup können externe Faktoren, wie saisonale Schwankungen schwierig ausgeschlossen werden. Bei der Auswahl der Zeiträume ist deshalb auf eine konstante Performance geachtet worden. Das Portfolio beinhaltet etwa 30 Produkte. Mit Unterstützung von Google konnten wir zusätzliche Insights gewinnen, was die Verteilung von generischen und gebrandeten Suchanfragen betrifft.

Die Ergebnisse: Impressionen verdreifacht, Klicks verdoppelt
Betrachtet man die reinen Zahlen der Ergebnisse, zeigt sich ein deutliches Bild: Die Reichweite konnte stark erhöht werden, was vor allem auf die generischen Suchanfragen zutrifft. Hier haben sich die Impressionen verdreifacht und die Klicks mehr als verdoppelt. Die Brand-Reichweite lag unter der von Standard-Shopping-Kampagnen. Dieses Ergebnis wurde bewusst herbeigeführt, da ein Wachstum eher im generischen Bereich gewünscht war.

Die Performance konnte ebenfalls deutlich verbessert werden. Insgesamt ist der ROAS um 35 % gestiegen. Die Kosten pro Bestellung (CPO) sind dabei um 32 % gesunken.

Das sind ausgesprochen starke Ergebnisse. Die Einschränkungen in den Kampagneneinstellungen sind auf dieser Grundlage nebensächlich. Solange die Kampagnen gute Ergebnisse erzielen und nicht manuell eingegriffen werden muss, vermisst man an dieser Stelle nichts. Always-On-Kampagnen oder länger angelegte Aktionen kann man somit problemlos per Smart Shopping aussteuern. Kurzfristige Aktionen, ein sehr schnell wechselndes Sortiment und weitere kurzfristige Faktoren können in der Aussteuerung schnell komplexer werden und sollten unbedingt in kleinem Rahmen getestet werden. Der einzige Wermutstropfen in einem Smart Shopping Setup, sind die fehlenden Suchanfragen, die in der Vergangenheit sehr gut genutzt werden konnten, um das Keyword Setup der Search-Kampagnen zu erweitern und zu optimieren. Eine Lösung dafür könnte ein geteiltes Setup sein, in dem man zum Beispiel einzelne Produkte in eine Standard-Shopping-Kampagne auslagert und diese für ein oder zwei Wochen pusht, um möglichst viele Suchanfragen zu bedienen. Dabei kann der Fokus auf Produkte gelegt werden, die sich über Search-Kampagnen kaum verkaufen oder dort weniger effizient sind.

Ihr Transfer in die Praxis

- Betrachten Sie Marketing-Kampagnen immer als Tests! Schließlich kann man – aller Prognosen zum Trotz – vorab nie wissen, ob eine Kampagne bei der definierten Zielgruppe wirklich funktioniert.
- Legen Sie Kampagnen immer so an, dass Sie möglichst viel über Ihre Zielgruppen lernen können. Wenn eine Kampagne einmal nicht erfolgreich war, haben Sie zumindest wichtige Insights bekommen und wissen, wie Sie Ihre Kampagnen optimieren können.
- Überlegen Sie, welche vertrauensstiftenden Fakten Sie noch in Ihren Kampagnen nutzen können. Nutzen Sie zum Beispiel Trust-Siegel in Banner-Kampagnen oder Ihre Presseaktivitäten in Google Ads.
- Nutzen Sie Kampagnen-Tracking, um Ihre Analytics-Daten auf die nächste Stufe zu bringen. Tracking-Links, z. B. mit UTM-Parametern, ermöglichen es, jeder Kampagne, jeder Anzeigengruppe und sogar jedem Banner einzeln die Conversion Rates zuordnen zu können.
- Nutzen Sie mehr Bewegtbild! Bereits mit kurzen animierten Grafiken lassen sich gute Effekte erzielen. Binden Sie zum Beispiel GIFs in Ihr E-Mail-Marketing ein, um Ihre Klickraten zu erhöhen.
- Prüfen Sie, ob Sie in Google Ads bereits alle wichtigen Anzeigener-weiterungen nutzen. Diese sind schnell angelegt und wirken sich positiv auf Ihre Kampagnen-Performance aus. Besonders die Anzeigenerweiterun-gen Sitelinks, Zusatzinformationen, Anruf und Snippet-Erweiterung sind empfehlenswert.
- Nutzen Sie Retargeting, um bereits einmal erreichte Interessent:innen zum Kauf zu bewegen. Wichtig dabei: Übertreiben Sie es nicht und definieren Sie eine maximale Anzahl an Kontakten. Sie möchten schließlich nicht riskieren negativ wahrgenommen zu werden.
- Eine gute Suchmaschinenoptimierung beginnt mit einer Keyword-Analyse. Identifizieren Sie effizient optimierbare SEO-Keywords für sich. Erstel-len Sie dann keywordoptimierte Texte für jedes Keyword. Idealerweise bekommt jedes Keyword eine eigene Unterseite. Bauen Sie dann gezielt Links auf diese Keyword-Unterseiten auf (investieren Sie mindestens eine Stunde im Monat pro Seite!) und Sie werden sehen, wie sich Ihre Rankings verbessern. ◄

Literatur

Dodson, I. (2016). *The Art of Digital Marketing: The Definitive Guide to Creating Strategic, Targeted, and Measurable Online Campaigns.* Wiley.

Drescher, F. (2018). Wirkt Werbung eigentlich noch? Die Vermessung der Aufmerksamkeit. Hg. v. Deutschlandfunk Kultur. https://www.deutschlandfunkkultur.de/wirkt-werbung-eigentlich-noch-die-vermessung-der-100.html, zuletzt aktualisiert am 19.06.2018, zugegriffen am 16.05.2022.

Google (N. V.). *Enhance your ads with extensions.* https://support.google.com/google-ads/answer/12073962?hl=en, o. J., zugegriffen am 19.06.2022.

Hassler, M. (2016). *Digital und Web Analytics. Metriken auswerten, Besucherverhalten verstehen, Website optimieren.* (4. Aufl.). MITP Verlag (mitp Business).

Kaushik, A. (2010). *Web analytics 2.0. The art of online accountability and science of customer centricity.* John Wiley & Sons.

Kotler, P., Kartajaya, H. & Setiawan, I. (2021). *Marketing 5.0. technology for humanity.* Wiley.

Looschelders, T. (2015). Digital strategy: Development of a concept how companies should implement stakeholder's perception and web research behaviour within their online communication. In Kaczmirek, L., Hellwig, O., Tabino, O., Thielsch, M. T. & Wachenfeld-Schell, A. (Hrsg.), *17th General Online Research Conference. Proceedings: Cologne* (S. 53–54). Deutsche Gesellschaft für Online-Forschung (DGOF) e.V.

Odden, L. (2012). *Optimize. How to attract and engage more customers by integrating SEO, social media, and content marketing.* Wiley.

Pieper, S. (2021). Aufmerksamkeit durch animierte GIFs im E-Mail-Marketing. Hg. v. Bundesverband Digitale Wirtschaft (BVDW) e.V. https://www.bvdw.org/mitgliedschaft/mitgliedernews/detail/artikel/aufmerksamkeit-durch-animierte-gifs-im-e-mail-marketing/. zuletzt aktualisiert am 19.05.2021, zugegriffen am 21.04.2022.

Personalisierung: Individualisierte Webseiten und Kampagnen $\quad$ 5

Was Sie aus diesem Kapitel mitnehmen werden

- Warum statische Web-Inhalte heute nicht mehr zeitgemäß sind und wie Sie durch Personalisierung Ihren Online-Erfolg verbessern.
- Wie Webseiten durch intelligente Produktempfehlungen, automatisierte Rabattaktionen und individualisierte Inhalte drastisch aufgewertet werden können.
- Welche Daten sich für die Personalisierung eignen.
- Wie sich Digitalkampagnen durch Standorte, aufgerufene Unterseiten, Bestellhistorie und Vorhersagemodelle personalisieren und auf eine neue Stufe heben lassen.
- Ideen zur Personalisierung von Inhalten und Aktionen auf Ihren Webseiten.
- Impulse für die Nutzer:innen individualisierter Digitalkampagnen.

5.1 Was ein Cappuccino über Personalisierung verrät

„Personalisiertes Kundenerlebnis schafft Kundenzufriedenheit." (Pispers et al., 2018, S. 21).

Stellen Sie sich vor, Sie besitzen ein Café. Zeitgleich mit einem Ihrer Stammgäste betritt auch eine Neukundin Ihren Laden. Begrüßen Sie beide auf dieselbe Art und Weise? Erhalten beide dieselben Empfehlungen? Vermutlich nicht. Der

© Der/die Autor(en), exklusiv lizenziert an Springer Fachmedien Wiesbaden GmbH, ein Teil von Springer Nature 2022
T. Looschelders, *Conversion-Optimierung: Erfolgreiche Webseiten und Digitalkampagnen*, https://doi.org/10.1007/978-3-658-38509-5_5

Neukundin werden Sie, begleitet mit ausführlichen Hinweisen zu den Spezialitäten des Hauses, Ihre Karte übergeben, während Sie dem Stammgast gegenüber nur kurz die Tagesangebote erläutern und sich erkundigen, ob er seinen Cappuccino wie üblich mit Hafermilch bestellen möchte. Bereits hier sehen Sie: Nicht alle Kund:innen sind gleich und können pauschalisiert betrachten werden. Genau so geschieht es jedoch täglich unzählige Male im Internet. Webseiten werden nicht auf Nutzer:innen zugeschnitten, obwohl jede:r einzelne von ihnen unterschiedliche Erfahrungen mit dem Unternehmen oder eine andere Kaufabsicht mitbringt.

Die eine Webseite, die allen gerecht wird, funktioniert heute nicht mehr gut. Eine solche Webseite lässt eine optimale und erfolgreiche Konversion nicht mehr zu, da Nutzer:innen unnötige Informationen erhalten und zu lange den für sie relevanten Inhalten suchen müssen. Die Streuverluste von Botschaften, Call-to-Actions und Aktionen sind zu groß. Wenn Sie in Köln leben, wird Sie eine neue lokale Biermarke aus Hamburg genauso wenig interessieren wie die meisten Hamburger eine Newsletter-Werbung vom 1. FC Köln.

Personalisierung gehört im Internet an vielen Stellen bereits heute zur Tagesordnung, vor allem, wenn wir an Suchergebnisse und Social Media Feeds denken (Helbing, 2020). Um verschiedene Kunden- und Zielgruppen optimal anzusprechen, sollten jedoch sowohl bei Webseiten als auch bei Digitalkampagnen wann immer möglich Personalisierungen vorgenommen werden.

„I do not believe you can do todays job with yesterdays methods and be in business tomorrow." Was Nelson Jackson bereits vor Jahrzehnten sagte, ist noch heute anwendbar: Es gibt zahlreiche, sich täglich optimierende Methoden, mit denen auf Benutzer:innen zugeschnittene Webseiten sowie zielgruppenspezifische Digitalkampagnen möglich sind. Immer geht es dabei darum, Informationen zu nutzen, um Inhalte dynamisch anzuzeigen und auf Nutzer:innen-Profile zuzuschneiden (Kotler et al., 2021, S. 164 ff.).

In Zeiten von Werbewirkungen von oft unter 1 % (Kreutzer, 2018, S. 12) ist es bedeutsamer denn je, relevante Werbebotschaften zu platzieren. Mit den möglichen Methoden wollen wir uns in diesem Kapitel nun ausführlich beschäftigen.

5.2   Kundenprofile und Daten als Fundament der Personalisierung

90 % der führenden Marketer geben an, dass die Personalisierung wesentlich zur Profitabilität von Unternehmen beiträgt (Econsultancy & Google, 2017).

Die Personalisierung hat die Aufgabe, Webseiten und Online-Marketing-Kampagnen individueller zu machen. Für die Nutzer:innen hat dies den Vorteil relevanterer Werbung. Für Werbetreibende werden die Streuverluste geringer. Stellen wir uns die Webseite einer großen Bank vor: Zehntausende Personen greifen täglich darauf zu. Alle sehen auf der Startseite jedoch die gleichen Inhalte. In einem Beispiel war es so, dass ganz oben auf der Startseite großflächig das Girokonto der Bank beworben wurde. Viele der Nutzer:innen sind aber bereits Kunden der Bank und somit versandet die Werbung täglich für Tausende Kund:innen. Das große Banner auf der Bühne (auch: *Hero-Banner*) wurde dann individualisiert. Bestandskund:innen bekamen ergänzende Produkte wie Kreditkarten oder Finanzierungen angeboten. Durch diese einfache Personalisierung konnte die Profitabilität der Startseite drastisch gesteigert werden (Pispers et al., 2018, S. 189).

Besonders interessant ist auch, dass sich diese Optimierungsmaßnahme an die häufig im Onsite-Marketing vernachlässigten Bestandkunden richtet. Dabei ist seit Jahrzehnten bekannt, dass es sieben bis neunmal teurer ist Neukunden zu akquirieren als Interessenten zu aktivieren oder Bestandskunden mehr zu verkaufen (Kreutzer, 2018, S. 156).

In Abb. 5.1 ist ein anderes Beispiel für ein individualisiertes Hero-Banner zu sehen. Auf Basis von Interessen wird hier der Content einer Rezepte-Webseite angepasst. Weiß man aufgrund von Seitenaufrufen oder in der Merkliste gespeicherten Rezepten, ob User:innen eher süße oder herzhafte Speisen bevorzugen, kann diese Information auch auf der Startseite sehr gut genutzt werden. Dieser Personalisierungs-Case ließe sich auch hervorragend je nach Tageszeit anpassen: morgens werden Frühstücksrezepte gezeigt, mittags eher schnelle und abends klassische Rezepte. Ob diese Idee wirklich funktioniert, muss dann ein Test zeigen.

Eine gute Alternative kann es auch sein, nur eine kleinere Fläche für personalisierte Angebote neben dem großen Hero-Banner anzuzeigen.

Die Herausforderung: Der richtige Content zur richtigen Zeit
Den richtigen Inhalt zum richtigen Zeitpunkt an die richtige Zielgruppe auf dem richtigen Kanal auszuspielen gehört zu den größten Herausforderungen der heutigen Web-Ära (Wuttke, 2020 – Abb. 5.2). Dabei stellt genau diese Kombination mitunter das wichtigste Fundament der Personalisierung dar. Aber warum? Der Grund dafür ist naheliegend: Zum einen hat jede:r Nutzer:in einen unterschiedlichen Lebensrhythmus, bevorzugt andere Dinge und surft zu den unterschiedlichsten Tageszeiten durch das Internet. Daher ist der passende Zeitpunkt für die Ausspielung von spezifischen Inhalten hier wichtig. Genauso hat jede Person unterschiedliche

Abb. 5.1   Individualisierte Angebote im Bereich der Bühne einer Webseite

Abb. 5.2 Die
Herausforderung der
Personalisierung (in
Anlehnung an Wuttke,
2020)

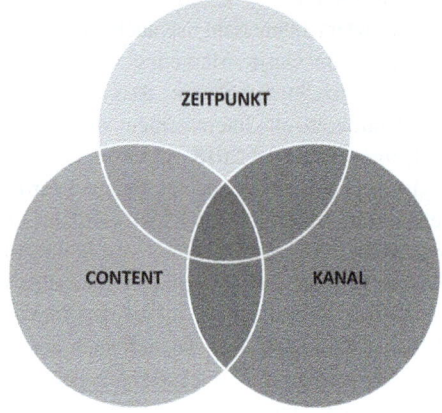

Bedürfnisse, die durch Erfahrungen, den Charakter oder auch Ziele geprägt sind.
Der passende Inhalt (Content) ist somit für Nutzer:innen ausschlaggebend, um sich
mit dem Angezeigten identifizieren zu können und für den Anbieter wichtig, um
eine höhere Chance der Conversion zu erlangen.

   Halten Sie sich auf exakt denselben Kanälen wie Ihre Kolleg:innen oder Eltern
auf? Oder könnte es sein, dass, während Sie morgens als erstes mit dem Handy
die Tagesschau-App klicken, Ihre Kollegin auf dem Laptop die Deutschlandfunk-
Webseite aufmacht, und Ihr Vater den Fernseher einschaltet, um das SAT.1
Frühstücksfernsehen anzuschauen? Vielleicht trifft aber auch keines dieser Beispiele zu und jede der genannten Person hält sich morgens auf einem ganz anderen
Kanal auf. Deutlich wird: Jede Person hat einen anderen bevorzugten Kanal, auf dem

sich zu bestimmten Zeitpunkten oder den gesamten Tag lang aufgehalten wird, und wo immer wieder die Chance besteht, auf Ihre Webseite zu stoßen. Nutzer:innen auf dem richtigen Kanal anzutreffen und anzusprechen ist daher genauso ausschlaggebend wie der richtige Zeitpunkt (morgens, mittags, abends?) oder der richtige Inhalt (detailliert, kurz und knapp, als Infografik oder in Stichpunkten?).

Zusammen ergeben diese drei Aspekte eine digitale Symbiose: sie alle beeinflussen sich gegenseitig und sind durchaus voneinander abhängig. Denn wenn Content, der absolut interessant und passend für einen Nutzer ist, zu einem Zeitpunkt ausgespielt wird, zu dem sich der Nutzer nicht im Internet aufhält – wie wird er dann jemals von ihm erfahren?

Der Schlüssel, um diese drei Aspekte zu vereinen, liegt im Sammeln und Auswerten von Daten.

Kundenprofile sind der Schlüssel zum Erfolg
80 % der befragten Marketingspezialisten sagen, dass das Kundenerlebnis das wichtigste Unterscheidungsmerkmal zum Wettbewerb ist (Salesforce Research, 2021, S. 10). Personalisierung ist hierzu ein ideales Mittel und für diese sind Kundenprofile der wichtigste Erfolgsfaktor (Pispers et al., 2018, S. 188).

Anhand der Merkmale lassen sich so schnell verschiedene Nutzergruppen identifizieren und Profile bilden, wie zum Beispiel (Brandt, 2015, S. 126 ff.; Patel, 2020):

- Besuchertypen: Erstbesucher/Wiederkehrer/Bestandskunden
- Persönliche Merkmale: bspw. soziodemografische Daten wie Alter, Geschlecht oder Familienstand
- Bestellverhalten: Warenkorbabbrecher oder Kund:innen, die überdurchschnittlich häufig Artikel zurück schicken
- Stärke der Kundenbeziehung: Zeit seit dem letzten Kauf, Häufigkeit des Einkaufs und Customer Lifetime Value
- Kampagnenbasiert: z. B. geringeres Interesse bei Bannerklicks, höheres Interesse bei Klick nach selbst eingegebener Suchanfrage

Der Segmentierungsprozess von Kund:innen und Interessent:innen wird in Abb. 5.3 veranschaulicht. Durch das Tracking von Kundendaten, wie z. B. um welche Uhrzeit sie sich häufig auf der Webseite aufhält, bei welchen Inhalten längere Verweildauern höheres Interesse vermuten lassen, oder über welchen Kanal Nutzer:innen auf die Webseite gestoßen ist (über Instagram, Facebook, Google-Suche, etc.) wird eine Daten-Grundlage zur Profilbildung geschaffen. Reichert man diese um Daten aus

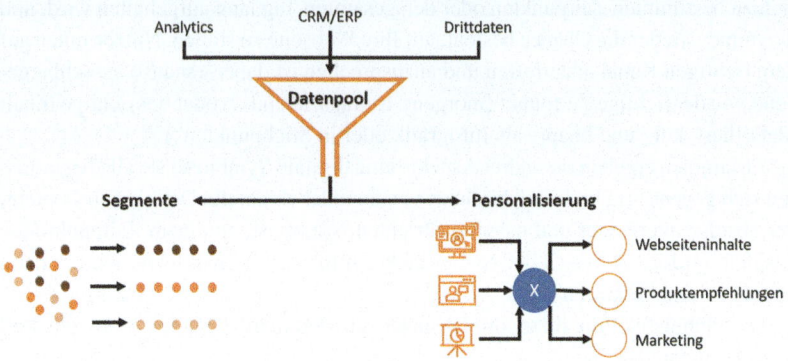

Abb. 5.3 Datenbasierte Segmentierung von Usern (in Anlehnung an Volz & Griep, 2020, S. 143)

dem CRM-Tool[1] an, lassen sich die Daten u. a. um demografische Daten, die Bestellhistorie und Auftragsdetails ergänzen. Sogar Daten aus der Kommunikation mit dem Kundenservice oder Chatbots sowie weitere Drittdaten lassen sich so ergänzen.

Der so entstandene Datenpool dient dann der Bildung verschiedener Kundensegmente (Volz & Griep, 2020, S. 143 ff.). Betrachten wir diese am Beispiel eines Reiseanbieters: Hier werden die Kund:innen in Zielgruppen wie Familienreisende oder junge Aktivurlauber eingeteilt. Zusätzlich können weitere interessens-abhängige Zielgruppen gebildet werden, z. B. nach Reisezielen oder Zielgruppen wie Bergwanderer oder Strandurlauber. Es entstehen also facettenreiche Möglichkeiten eine umfangreiche Einteilung in marketingrelevante Gruppen vorzunehmen.

Auf dieser Basis findet dann die Ausspielung der personalisierten Inhalte auf verschiedenen Kanälen statt: von Webseiten-Content über Produktempfehlungen bis hin zu den verschiedenen Onsite-Marketing-Kanälen.

Grundsätzlich wird für die Personalisierung ein Tool benötigt, welches die Individualisierung dann vornimmt, ganz wie im A/B-Testing auch. Manche Webseiten- und Shopsysteme bieten inzwischen auch Personalisierungsfunktionen an. Es lohnt sich, dies einmal bei den eigenen Tools nachzuprüfen. Für den Start in die Personalisierung ist – ähnlich wie auch im A/B-Testing – das kostenlose Google Optimize ein niedrigschwelliges Tool.

---

[1] Beispiele für gängige Tools für das Customer Relationship Management sind HubSpot, Salesforce und Pipedrive, es gibt aber auch Lösungen von SAP oder von Microsoft.

Personalisierung heißt nicht alles umzukrempeln – einiges können Sie bereits heute

Wie so viele Begriffe in der Webseitenoptimierung, gehört auch der Begriff der Personalisierung zu einem Buzzword, das nicht immer auf Freude bei Unternehmen trifft. Der erste Gedanke: Alles muss vollautomatisiert sein und über eine künstliche Intelligenz ablaufen. Ich kann Sie direkt beruhigen: dem ist so nicht. Personalisierung geht tatsächlich einfach und effizient, wenn Sie es Schritt für Schritt angehen, Erfolge direkt einsehen können und somit in Sekundenschnelle intrinsisch motiviert sein werden, den nächsten Schritt zu machen.

Das Vier-Phasen-Modell der Personalisierung zeichnet und guten und praktischen Weg vor, wie man das Thema initiiert und es dann schrittweise weiterentwickelt (Engelmann, 2022):

- Phase 1: Quick Wins
  - Ansatz: Mit dem beginnen, was bereits da ist.
  - Basiert auf: Analytics-Daten
- Phase 2: Regelbasiert
  - Ansatz: Weiterhin schrittweise, jetzt aber mit mehr Tests.
  - Basiert auf: Analytics- und CRM-Daten
- Phase 3: Modellbasiert
  - Ansatz: Datengetriebene Definition der Segmente und Nutzung von Vorhersagen.
  - Basiert auf: Multi-Channel-Daten
- Phase 4: Selbstlernend
  - Ansatz: Automatisierte Segmentierung und Ausspielung – das ultimative Ziel der Personalisierung auf allen Kanälen.
  - Basiert auf: Unternehmensübergreifende Daten

Wie so oft heißt der Schlüssel zum Erfolg: Geduld. Von vornherein mit einer vollautomatisierten Personalisierung mithilfe von Data Science und teurer CRM-Tools arbeiten zu wollen, kann schnell ernüchternd sein und wird in der Praxis nur selten gelingen. Beginnen Sie am besten mit wenig Aufwand und entwickeln Sie sich und Ihre Systeme Schritt für Schritt weiter.

5.3   Personalisierte Webseiten: Inhalte, die Ihre Nutzer:innen tatsächlich ansprechen

Für vier von fünf Kunden ist die Customer Experience so wichtig wie das Produkt selbst (Salesforce Research, 2020, S. 8). Das gilt sogar im B2B-Geschäft (Engler & Sokolowski, 2022, S. 168). Personalisierung ist dabei ein wichtiger Schlüsselfaktor, der die Kundenerfahrung verbessern kann.

Obwohl es viele gute Beispiele gibt, wie Webseiten auf Nutzer:innen zugeschnitten und personalisiert werden, sieht es in der Praxis meist anders aus. Im Idealfall sollten Nutzer:innen mit dem richtigen Content versorgt werden, noch bevor sie selbst wissen, dass er sie interessiert (Davenport & Harris, 2007, S. 98).

Ein klassisches Beispiel ist die Anzeige „Zuletzt angesehene Artikel" in einem Shop. Häufig findet man diese in einem eigenen Modul nebeneinander dargestellt – basierend auf den beim letzten Besuch angeklickten Produkten. Die nächste Ausbaustufe ist das Speichern dieser angesehenen Produkte, sodass sie auch bei einem Besuch wenige Tage später noch angezeigt werden.

Die Weiterentwicklung von „Andere Kunden kauften auch"
Wir alle kennen diese Funktion von Amazon, die diese bereits sehr früh erfolgreich einsetzte. Solche Produktempfehlungen funktionieren zwar auch auf Basis zusammen gekaufter Produkte gut. Den größtmöglichen Effekt haben solche Empfehlungsdienste *(Recommendation Engines)* jedoch, wenn sie auf die Nutzer:innen personalisiert werden.

Im Kern gibt es dabei zwei Arten von Recommendation Engines (Wagener, 2019, S. 131 f.):

1. Inhaltliche und kontextuelle Empfehlungen: Basieren auf Nutzungsverhalten und leiten sich aus dem Interesse von Nutzer:innen ab. Dabei können sowohl die Interaktion mit der aktuell aufgerufenen Webseite als auch in der Vergangenheit aufgerufene Webinhalte wie z. B. gelesene Artikel in Online-Zeitungen herangezogen werden.
2. Kollaborative Empfehlungen: Basieren auf vergleichbaren Mustern und Kundenprofilen. Äußert sich z. B. in „Andere Kunden kauften auch"-Angeboten.

Besonders spannend wird es dann, solche Produktempfehlungen nicht nur automatisiert auszuspielen, sondern verschiedene User-Segmente und Empfehlungsregeln gegeneinander zu a/b-testen wie es beispielsweise auf dem Marktplatz www.otto.de gemacht wird (Lattner & Kuka, 2021).

Ebenso weit verbreitet: Die standortbasierte und zeitlich basierte Personalisierung

Ein klassisches Beispiel hierfür ist das Modul „Ihre nächste Filiale", wie es z. B. bei Media Markt oder Supermärkten auf der Webseite eingebunden ist. So kann schneller die lokale Verfügbarkeit oder die Abholbarkeit von Produkten in der Filiale angezeigt werden.

Ein Beispiel für schlechte Standort-Personalisierung ist die Lieferando-App. Selbst wenn man seine Adresse im Kundenkonto einspeichert, wird der Standort über das Smartphone ermittelt und dadurch oft falsch ausgegeben. In meinem persönlichen Fall geht dabei regelmäßig wahlweise die Hausnummer oder gleich die komplette Adresse verloren.

Auch Ticket-Anbieter wie Eventim arbeiten mit einer Standort-Personalisierung. Hier werden beispielsweise „Konzerte in Ihrer Nähe" bevorzugt und vor allgemeinen Veranstaltungen angezeigt. Die exakte Aussteuerung solcher standortbasierten Kampagnen findet anhand von internen Analysen statt. Dabei konnte bei Eventim ein interessantes Ergebnis ermittelt werden: Der größte Buchungs-Prozentsatz von den Konzerten findet innerhalb von ca. 70 km statt – Konzertbesucher:innen von weiter weg kommen nur verhältnismäßig selten vor. Daraus haben sich dementsprechende Regeln für die Marketing-Automatisierung von Eventim ergeben (Türling, 2019).

Auch eine zeitlich basierte, inhaltliche Personalisierung kann und sollte (wenn passend) vorgenommen werden. Abb. 5.4 zeigt das Beispiel einer Rezepte-Webseite, die je nach Uhrzeit entsprechend passende Rezepte anzeigt. Am Morgen werden dementsprechend Rezepte zum Frühstück und am Nachmittag und Abend Rezepte zum Abendessen angezeigt. Ein einfacher und sinnvoller Ansatz, denn wie Sie sich vorstellen können, sucht sicherlich der höchste Prozentsatz der Nutzer:innen in dem Moment des Webseiten-Aufrufs ein Rezept für den spezifischen Moment.

Erleichtern Sie Ihren Webseiten-Besucher:innen die Suche durch Produktvorschläge

Eine wesentlich üblichere und einfacher umzusetzende Form von Personalisierung ist die Sortierung von Angeboten oder Produkten. Obwohl es regelmäßig passiert, handelt es sich um eine Form der Personalisierung, die gar nicht oder nur in den seltensten Fällen wahrgenommen wird. Achten Sie demnächst doch einmal auf Ihre Ergebnisse in der Google-Suchmaschine, Ihren Vorschlägen bei Netflix, oder die Angebote auf Marktplätzen wie Amazon. Hier werden sogenannte Empfehlungsalgorithmen angewendet. Dabei handelt es sich um Software, die aussteuert, *welches* Produkt Nutzer:innen *wie* wahrscheinlich kaufen. Diese Algorithmen können beliebig komplex sein. Die erste Ausbaustufe ist ein Modul, das auf gekauften Produkten

Abb. 5.4 Tageszeitenbasierte Personalisierung auf einer Rezepte-Webseite

basiert – das klassische „Andere Kund:innen kauften auch"-Element. Mit solchen Elementen werden in der Personalisierung regelmäßig gute Erfahrungen gemacht und die Zahlen belegen eindeutig die Wirksamkeit solcher Empfehlungsmodule. Üblicherweise bieten Personalisierungs-Tools diese Funktion auch von selbst an. Eine gute Vorgehensweise ist es auch hier verschiedene Verfahren und Algorithmen zu testen. Testen Sie unterschiedliche Kriterien, die in den Algorithmus des Empfehlungsmoduls aufgenommen werden sollen, gegeneinander aus, um die besten Ergebnisse und Konversionen zu erzielen.

Erstbesucher und wiederkehrende Besucher unterschiedlich behandeln
Bei erklärungsbedürftigeren Produkten kann man gut darüber nachdenken, auch die CTA-Buttons selbst zu personalisieren. Beim Erstbesuch könnte die Mehrzahl der CTAs noch auf Info-Content verweisen („Erfahren Sie mehr!"). Ab dem zweiten Besuch kann dann von erhöhtem Interesse bei besser informierten User:innen ausgegangen werden. Hier könnte es sogar nachteilig sein noch weiter informieren zu wollen. In diesem Fall bietet sich eine Personalisierung hin zu conversion-nahen CTA-Buttons vorzunehmen („Jetzt unverbindlich anfragen!").

In einem solchen Personalisierungsexperiment konnten wir die Interaktionen sowohl im ersten als auch im zweiten Besuch um 13 % bzw. 11 % steigern. Im Ergebnis war auch die Conversion Rate bei den Besucher:innen mit mindestens zwei Besuchen um 7 % besser.

Inhalte an die Kampagnenherkunft anpassen
Die Kampagnenherkunft gibt uns auch aufschlussreiche Hinweise darüber, in welchem Stadium des Kaufprozesses sich Nutzer:innen befinden könnten.

Traffic über Suchmaschinenanzeigen konvertiert gut, besonders wenn die Nutzer:innen bereits aktiv und gezielt nach Produkten suchen. Solche Personen verfügen über eine stärker ausgeprägte Kaufbereitschaft als andere, die zum Beispiel auf Google nach Blogbeiträgen suchen oder ein Display-Banner angeklickt haben. Kaufbereite Nutzer:innen sollten möglichst direkt zu Produktangeboten geleitet werden. Personen, die nach Blogbeiträgen suchen, recherchieren noch und sind auf der Suche nach Informationen (Patel, 2020).

Andere Nutzer:innen kommen womöglich über ein Preisvergleichsportal auf unsere Webseite. Hierbei handelt es sich um preisbewusste, in der Regel gut informierte User:innen. In diesem Fall ergibt es z. B. Sinn, die Sortierung der Produkte so anzupassen, dass günstige Artikel oder Produkte mit einem besonders guten Preis-Leistungs-Verhältnis zuerst angezeigt werden.

Gezielte Rabattaktionen auf Basis von User-Daten
Rabatte sind ein sehr wirkungsvolles Marketinginstrument. Man sollte diese jedoch geschickt einsetzen, um sie bestmöglich einzusetzen. Einerseits möchte man nicht unbedingt Kund:innen, die ohnehin gekauft hätten, Rabatte gewähren und andererseits möchte man vermeiden, dass sich die Effekte von Rabatten abnutzen. Wie Caroline Helbing (2020) es perfekt zusammenfasst: „Die Zukunft effizienter Rabatt-Aktionen ist also data-driven."

Rabatte sollen den letzten Ausschlag geben und Kaufabbrüche verhindern (Helbing, 2020). Der ideale Zeitpunkt ist also eine Ausspielung an diejenigen Kund:innen, die bereits interessiert, aber noch nicht kaufbereit sind. Hierbei helfen vor allem Daten aus den jüngsten letzten Webseitenbesuchen der entsprechenden Personen. Auf dieser Basis lassen sich verschiedene automatisierte und personalisierte Rabatt-Cases testen.

Relevanz durch individuelle Sortierreihenfolgen
Damit ist gemeint, die für Kund:innen irrelevanten Produktkategorien nach unten zu priorisieren. Diese umgekehrte Logik ist in der Praxis eher seltener zu sehen. Stellen Sie sich vor, Sie bestellen regelmäßig vegane oder vegetarische Produkte bei einem Lieferdienst. Wenn Sie auch nach der vierten oder fünften Bestellung noch Fleischprodukte prominent in der App oder auf der Webseite angeboten bekommen, ist es weder für Sie noch für den Anbieter zielführend. Durch die umgekehrte Logik kann somit eine weitere Hürde für Nutzer:innen – in diesem Fall an entsprechenden Kategorien vorbei navigieren zu müssen – abgebaut werden, und mit Kategorien, in denen Nutzer:innen bereits häufiger erfolgreich bestellt hat, erweitert werden. Ein gutes Beispiel sind auch hier Internethändler für Bekleidung. Zeigen Sie beispielsweise einmal oder mehrfach Interesse an der Kategorie „Bekleidung Herren",

lässt sich daraus recht valide ableiten, dass in diesem Bereich Ihr größtes Interesse besteht. Dementsprechend kann es aussichtsreich sein, eine solche Kategorie für diesen Kund:innen vorauszuwählen. Dabei geht es nicht darum, Damenbekleidung dieser Person fortan nicht mehr anzuzeigen oder komplett auszublenden, sondern ihr lediglich die Klickpfade zu erleichtern.

Dynamische Preisgestaltung als Conversion-Hebel

Die dynamische Preisgestaltung (*Dynamic Pricing*) ist ebenfalls eine weitverbreitete Art von Personalisierung, die häufig im Tourismus-Segment bei der Buchung einer Reise vorkommt. Ein bekanntes Phänomen bei Reiseanbietern ist dabei das Angebot verschiedener Preise auf verschiedenen Geräten zu unterschiedlichen Uhrzeiten. Aus Nutzersicht lohnt es sich daher bei einer Buchung vom Laptop zusätzlich zeitgleich auf dem Mobilgerät die Seite aufzurufen, und die Preise zwischen beiden Geräten zu vergleichen. Aus Anbietersicht hat es sich grundsätzlich als rechnerisch erfolgreich herausgestellt den Ansatz des Dynamic Pricings zu verfolgen, und beispielsweise unterschiedliche Preise auf Mobilgeräten zu buchungsstarken oder abschlussstarken Zeiten anzubieten.

Ebenfalls bekannt ist, dass iPhone-Besitzer:innen teurere Preise als Personen mit anderen Smartphones angeboten werden. Eine umstrittene Tatsache, die sich dennoch regelmäßig als Konversionshebel erweist. Die Hypothese, die dahintersteckt, ist, dass dadurch, dass die Geräte vergleichsweise teurer sind, eine höhere Kaufkraft besteht.

Conversion-Ziele personalisieren

Auch aus Sicht der Marketing- und Conversion-Optimierung sollte man sich fragen, welche Webseiten-Ziele in einer Personalisierung *nicht* mehr beworben werden sollten. Ist Ihnen bekannt, dass Besucher:innen auf meiner Webseite bereits den Newsletter abonniert haben, ist es nicht zielführend weiterhin auf eine Newsletter-Anmeldung hinzuweisen. Die Information, dass es sich um Abonnent:innen handelt, kann beispielsweise dadurch kommen, dass zuvor auf eine E-Mail-Marketingkampagne geklickt wurde oder dadurch, dass die Person im Kundenkonto eingeloggt ist. Tatsächlich erlebt man aber immer wieder, dass Besucher:innen für eine Conversion, die bereits erfolgreich erzielt wurde, mit einem prominenten CTA nochmals darauf hingewiesen wird. Auch wenn es sich hier um sehr loyale sowie interessierte Personen handelt, gibt es in manchen Fällen schlichtweg keine Möglichkeit dieses Webseiten-Ziel ein zweites Mal abzuschließen (wie das Anmelden zu einem Newsletter). Daher empfiehlt es sich an solchen Stellen mit CTAs auf andere Conversions, wie zum Beispiel Upselling, das auf „Freunde werben Freunde"-Programm oder Ihre Social-Media-Kanäle, hinzuweisen.

About You geht sogar noch weiter und individualisiert sein Logo
Je nach Marketingstrategie kann es ebenfalls interessant sein das Design oder Überschriften anzupassen, um für Aufmerksamkeit zu sorgen. Ein Beispiel hierfür ist der Internethändler für Bekleidung „About You". Sobald man über ein Kundenkonto verfügt, steht plötzlich der eigene Vorname im Logo!

Dabei handelt es sich um ein Paradebeispiel für gelungene Personalisierung, welches bereits seit einigen Jahren online stattfindet (Beck, 2016). Diese sehr weit gedachte Form der Personalisierung passt sicherlich zu wenigen Marken, zeigt jedoch sehr gut, wie Aufmerksamkeit und eine Verbindung zur Marke geschaffen werden können.

5.4 Maßgeschneiderte Kampagnen: Personalisierung im Online-Marketing

„Warum funktioniert Bannerwerbung nicht mehr? Weil sie irrelevant ist." (Patel, 2020).

Auch bei Digitalkampagnen kann durch Personalisierung viel erreicht werden. Auf Basis verschiedenster Daten, wie zum Beispiel der Webanalyse oder der Kaufhistorie, können Inhalte individuell auf Nutzer:innen zugeschnitten werden. Häufig geht es dabei um spezielle Aktionen. Es können aber auch komplette Kampagnen personalisiert konzipiert werden. Im Bereich des Onsite-Marketings ist es bspw. möglich, Aktionen auf Basis des Surfverhaltens personalisiert auszuspielen. Nehmen wir dazu beispielhaft Popup Banner (oft sogenannte *Modalfenster*): Diese könnten anstatt pauschal an alle Webseiten-Besucher, lediglich an Nutzer:innen mit einem überdurchschnittlichen Haushaltnettoeinkommen ausgespielt werden. Wenn Sie anhand der Datenlage wissen, welche Nutzerprofile sehr wahrscheinlich über ein hohes Einkommen verfügen, besteht die Möglichkeit, dieser Nutzergruppe entsprechend hochpreisige Angebote spezifisch auszuspielen.

Möglichkeiten standortbasierter Werbung
In Banner-Kampagnen, also Display Ads, sieht man immer häufiger, was bereits aus der Plakatwerbung bekannt ist: Lokale Bezüge. Ein gutes Beispiel ist eine Kampagne, die Jim Beam kürzlich geschaltet hat. Dort wurde durch GPS-Tracking der mobile Standort von Nutzer:innen ermittelt, wodurch regionaler Bezug auf dem Smartphone genommen werden konnte. Die Einleitung der Kampagne lautet daher in Köln so: „Egal ob am Aachener Weiher oder Fühlinger See…", beides Seen aus

der Region, die Kölner:innen kennen. Die Ansprache fungierte als Aufhänger der Kampagne, und konnte durch den ungewöhnlich spezifischen Standortbezug Aufmerksamkeit generieren. Im nächsten Schritt, nachdem die Aufmerksamkeit Jim Beam gehörte, konnte direkt auf das beworbene Produkt verwiesen werden. Es handelt sich hierbei um eine dynamische Ausspielung von Werbung. Das bedeutet, dass viele Standorte vorgesehen sind und bedient werden. Um dies umsetzen zu können, müssen allerdings entsprechend viele Werbemittel verfügbar sein. Es gibt weitere Beispiele mit speziell regional ausgespielten Kampagnen. Dazu gehören Unternehmen, die z. B. auf einer größeren Messe als Aussteller vor Ort sind, und parallel zur Messe im lokalen Umkreis von circa einem Kilometer um das Messegelände mit Anzeigen werben. Eine Anzeige könnte dann beispielsweise um den Hinweis „Sie finden uns in Halle 3" ergänzt werden.

In Abb. 5.5 ist eine Kampagne der Event-Marketingagentur gadplan zu sehen. Hier wurde sowohl auf der Hochzeitsmesse als auch im Umkreis des Messegeländes eine Spiegel-Fotobox beworben. Gerade bei so einem kleinen lokalen Umfeld ist die Reichweite zwar nicht groß, kann sich jedoch durch die Spezifität der Kampagne tatsächlich lohnen. Außerdem kann ein gefundenes Muster, das verfeinert, getestet und als sinnvoll empfunden wurde, auf spätere Kampagnen übertragen werden.

Der Einbezug des Standortes verbessert die User-Experience und bringt Werbetreibende näher an die Kund:innen (Drees, 2020).

Zielgruppenspezifische Aktionsbanner
Eine weitere trickreiche Möglichkeit sind z. B. geschlechterspezifische Aktions-Banner auf der eigenen Website. Stellen Sie es sich so vor: Sie haben eine fest

Abb. 5.5 Standortbasiertes Schalten von Werbeanzeigen: Beispiel einer Facebook-Kampagne der gadplan GmbH

definierte Banner-Fläche auf Ihrer Webseite und nur die Ausspielung unterscheidet sich je nach Nutzer:in. So können Sie neben einem allgemeinen Banner auch spezielle geschlechterspezifische Angebote anzeigen – vorausgesetzt, es besteht dazu eine Datengrundlage. Ein bekanntes Beispiel sind spezielle Angebote, die entweder Männer oder Frauen als Zielgruppe haben und vorrangig entsprechend ausgespielt werden.

Ein weiteres Beispiel sind Rabattaktionen, die nur einer gewissen Community zur Verfügung gestellt werden sollen. So kann es bspw. sein, dass Sie nur Ihrer Instagram-Community einen 10 % Rabatt anbieten wollen. Eine Möglichkeit, die im Zuge des Onsite-Marketings ausgespielt werden kann. Wie das funktioniert? Ganz einfach: Aus der Webanalyse und über den geklickten Link weiß das System, dass Nutzer:innen über Instagram auf Ihre Webseite gelangt sind. Nun kann nur *diesem* Nutzersegment in einem Banner oder einem anderen Call-out-Modul der entsprechende Rabatt, der vorher auf Instagram versprochen wurde, auf der Webseite angezeigt werden. Die User Journey wird hier noch einmal enger gefasst und das Rabatt-Angebot stark spezifiziert.

Ausspielung nach Zufriedenheit
Je nach Marketingstrategie kann es zweckdienlich sein, seine besten Kund:innen aus Rabattaktionen auszuschließen. Schließlich bestellen Ihre A-Kunden bereits regelmäßig und haben wahrscheinlich überdurchschnittlich hohe Warenkörbe. Andersherum kann es auch sinnig sein, Ihren A-Kunden dafür andere, ganz spezielle Angebote zu machen oder sie um eine Online-Bewertung zu bitten.

Hat man diese Daten nicht ohnehin schon vorliegen oder möchte seine Daten noch weiter anreichern, können hierzu auch kurze Befragungen auf der Webseite selbst hilfreich sein. Bei solchen *Onsite-Surveys* empfiehlt es sich besonders, sie schlank zu halten und nur ein bis zwei schnelle Fragen zu stellen. Lange Fragebögen werden auf diese Weise kaum beantwortet.

Betrachten wir zwei beispielhafte Szenarien, wenn Sie Ihre Kunden fragen, ob diese Sie weiterempfehlen würden:

- Weiterempfehlungsscore gering: Kund:innen werden besonders attraktive Angebote gemacht, um die Zufriedenheit zu erhöhen
- Weiterempfehlungsscore hoch: Kund:innen werden auf „Freunde werben Freunde"-Programm aufmerksam gemacht

Individualisierte Betreffzeilen und Inhalte im E-Mail-Marketing: Weniger ist mehr

Jeder von uns kennt den Klassiker im E-Mail-Marketing: Die Ansprache mit dem eigenen Namen in der Betreffzeile. Hierbei wird anstelle einer allgemeinen Betreffzeile noch der Vor- oder Nachname von Empfänger:innen ergänzt. Erfahrungsgemäß steigert solch eine Personalisierung bereits die Öffnungsraten deutlich. In einem Projekt für einen Einkaufstrainer konnten wir durch die persönliche Ansprache mit Namen in der Betreffzeile die Öffnungsrate um + 41 % verbessern.

Beachten Sie jedoch, dass sich dieser Effekt abnutzen kann. Personalisieren Sie bspw. jede E-Mail, besteht die Gefahr, dass es als aufdringlich wahrgenommen wird. Das könnte den positiven Effekt auf die Öffnungsrate abschwächen oder sogar ins Gegenteil ausschlagen lassen. In besagtem Optimierungsprojekt haben wir die persönliche Ansprache in den E-Mails mit den geringsten Öffnungsraten genutzt. Es sollte nicht mehr als jede fünfte E-Mail mit einer namentlichen Ansprache versehen werden.

Ein weiterer Klassiker der Personalisierung im E-Mail-Marketing sind Erinnerungs-Mails, wie „Wir vermissen Sie" oder „Zeit für eine Bestellung". Diese basieren auf der Bestell-Historie und sind somit regelbasiert. Regelbasiert bedeutet, dass Shop-Verantwortliche Regeln definieren, die den automatischen Versand von Erinnerungs-Mails triggern. Beispielsweise könnten man auswählen, dass wenn in den letzten drei Monaten keine Bestellung von Kund:innen eingegangen ist, eine automatisierte Erinnerung verschickt wird. Erfahrungsgemäß sind auch hier die messbaren Effekte sehr positiv.

Automatisieren Sie Ihr E-Mail-Marketing

Die Möglichkeiten der Automatisierung sind im E-Mail-Marketing heute bereits sehr groß. Anhand zahlreicher Kriterien können hier Versandregeln eingestellt werden. Einige gute E-Mail-Automatisierungen sind:

- Verschicken Sie Erinnerungsmails an Nicht-Öffner besonders wichtiger Mails. Gute Beispiele hierfür sind der Versand eines Gratis E-Books oder Webinar-Logindaten, für dass sich User:innen registriert haben.
- „Wir vermissen Sie": Richten Sie Erinnerungsmails an Kund:innen ein, die eine Weile nicht bestellt haben.
- Schicken Sie Bewertungsaufforderungen an Ihren Verteiler.
- Besondere Aktionen an Kund:innen, die ihre letzten zehn E-Mails nicht geöffnet haben oder die Ihre Webseite drei Mal besucht haben, ohne zu bestellen.

Wichtig ist es dabei die E-Mails subtil zu formulieren, da viele User:innen auf zu offensichtliche Personalisierung eher skeptisch reagieren.

Die Möglichkeiten der Automatisierung gehen hier sogar noch weiter. Moderne E-Mail-Marketing-Tools berechnen Affinitätsscores aus der Interaktion der Kund:innen. Auf dieser Basis können dann beispielsweise besonders interessierte Personen automatisch auf eigene Verteilerlisten kopiert werden, die mit besonderen Angeboten oder Inhalten bespielt werden können.

Wie Sie schlechten Öffnungsraten im E-Mail-Marketing vorbeugen können
Im E-Mail-Marketing besteht generell die konstante Herausforderung eine möglichst niedrige Abmelderate zu erzielen. Das bedeutet, dass sich möglichst wenige Kund:innen aus eigenen Stücken vom Newsletter abmelden. Das gilt sowohl für Newsletter als auch für automatisierte System-E-Mails (*transaction mails*). Natürlich können E-Mail-Kampagnen *noch* weiter personalisiert werden. Wenn Sie bspw. wissen, dass eine bestimmte Kundengruppe gewisse Produktgruppen kauft, es innerhalb dieser Produktgruppen Angebote oder neue Produkte gibt, kann es hilfreich sein, verstärkt eine solche Zielgruppe zu bewerben. Da in der Regel E-Mail-Öffnungsraten pro Nutzer:in getrackt werden, sind Erinnerungs-Mails bei Gutschein-Aktionen oder PDF-Downloads je nach Nutzer:in eine möglicherweise förderliche Aktion.

Schließt man hier noch Analytics- und CRM-Daten an sein E-Mail-Marketing an, werden die Möglichkeiten noch vielfältiger. Der Ticketing-Dienstleister Eventim arbeitet hier sogar mit einer besonders cleveren Mixtur von Kriterien. Im Kern steht die präferierte Veranstaltungsart bzw. Musikrichtung, besonders interessant ist aber auch die Entfernung zwischen Wohnort und Veranstaltungsort. Eventim hat hierzu verschiedene Kundensegmente und -typen identifizieren können, welche in der Ansprache genutzt werden (Türling, 2019). All diese Daten lassen sich aus der Bestellhistorie der Kund:innen ableiten. Da all das datenbasierte Kriterien sind, lässt sich das E-Mail-Marketing weitläufig automatisieren.

Personalisierte Display Ads: Individualisierte Bannerwerbung
Auch wenn Display Ads bei performancegetriebenen Unternehmen häufig nicht zu den empfehlenswerten Marketingkanälen gehören, empfiehlt es sich, im Remarketing dennoch mit Bannern zu arbeiten, da sie einen sehr positiven Konversions-Effekt haben. Außerdem sind Display Ads gleichzeitig ein klassisches Mittel im E-Commerce um Warenkorbabbrecher:innen als Zielgruppe anzusprechen. Was sind Warenkorbabbrecher:innen? Dazu gehören Kund:innen, die bereits konkret ihr Produktinteresse geäußert haben, indem sie die Produkte ausgewählt und in den Warenkorb gelegt haben, diese jedoch nicht bestellt haben. Bei dieser Kundengruppe

ist in der Regel die Kaufneigung durch einen Retargeting-Banner deutlich höher. Dieselbe Logik, die bei Warenkorbabbrecher:innen angewandt wird, lässt sich ebenfalls auf andere Webseiten und Bereiche übertragen. In der Automobilbranche wird Retargeting bspw. genutzt, wenn Fahrzeug-Konfigurationen begonnen, aber nicht abgeschlossen wurden. Generell gilt es, hier nicht nur die Kampagnen zu personalisieren, sondern idealerweise auch die Werbemittel zu personalisieren. Dieser Part gehört zur nächsten Ausbaustufe und steigert den Effekt noch um einiges weiter. So bekommen Kund:innen nicht nur ein allgemeines Banner zu dem Shop zu sehen, sondern genau *das* Produkt, welches sie selbst in den Warenkorb haben. Auch hier sind die Zahlen sehr positiv.

LinkedIn bietet zahlreiche Daten zur Personalisierung
Bei der Werbung im Business-Netzwerk LinkedIn stehen weitere spannende Kriterien zur Zielgruppendefinition und damit auch zur Personalisierung zur Verfügung. So ist es hier möglich auch die Ansprache in den Kampagnen z. B. nach Jobtitel, Qualifikationen, Branche oder Gruppenzugehörigkeit zu gestalten.

Für einen Kunden meiner Agentur haben wir beispielsweise in einer Kampagne mit Berufseinsteigern und Führungskräften zwei verschiedene Zielgruppen definiert. In der LinkedIn-Mailkampagne gab es verschiedene Anzeigen für die Zielgruppen – ganz im Sinne eines A/B-Testings. Da sich die Vorteile für die Zielgruppen unterschieden, haben wir auch die Ansprache entsprechend angepasst und unterschiedliche Betreffzeilen und Eröffnungen im Mailtext gewählt.

Programmatic Advertising: Maximal datenbasierte Zielgruppenansprache
Eine weitere Ausbaustufe bei Display-Bannern und Personalisierung ist das sogenannte Programmatic Advertising. Hierbei handelt es sich um eine etwas andere Werbeform, denn: Hinter Programmatic Advertising steckt ein Gebotsverfahren, bei dem die Anbieter:innen pro Nutzerprofil Gebote abgeben (Wagener, 2019, S. 106 ff.). Diese Werbeform gehört somit zu einem sehr datenbasierten Kanal und ist daher besonders spannend für die Konversion. Hier wissen Sie sehr genau, welche Nutzer gerade in Ihre Zielgruppe passen und welche nicht. In aller Regel findet hier eine Kombination aus soziodemographischen Zielgruppen-Kenngrößen (zum Beispiel Alter, Geschlecht, Einkommen) und interessenbasierten Kriterien (zum Beispiel: Interessiert sich für Sport, liest Auto-Magazine, ist gerade auf Urlaubssuche) statt. Auch auf technologischer Ebene stellt Programmatic Advertising eine höhere Stufe dar, da gewisse Aufwände im Setup betrieben werden müssen, die sich von den meisten anderen Marketingkanälen unterscheiden. Diese Werbeform ist daher tatsächlich erst empfehlenswert, wenn bereits eine gewisse Größe im Marketing hinsichtlich des Budgets und genereller Ressourcen erreicht wurde.

> **Zielgruppen erweitern mit statistischen Zwillingen und Nachbarn**
>
> Viele Online-Marketing-Tools stellen eine Funktion zur Verfügung, um die einmal definierten Zielgruppen zu vergrößern. Dabei wird der Software überlassen, selbstständig User:innen mit ähnlichen Merkmale hinzuzufügen. Solche *Lookalike Audiences* können sehr ergiebig sein und stellen somit interessante Tests dar. Aus analytischer Sicht empfiehlt es sich vor der Nutzung zu überlegen, wie diese ausgewertet werden können.◄

5.5 Case Study: Die Konversionsrate einer Webseite über smarte Banner hebeln

Autor: Benjamin Uhlmann, marketing@b-uhlmann.de

Sie kennen es: Eigentlich wollen Sie nur einen Text lesen, eine App nutzen oder sich über ein Produkt informieren. Stattdessen sind Sie damit beschäftigt, nach dem „x" zu suchen, um das grelle Banner, das die Inhalte überdeckt, zu schließen. Nervig! Kein:e Nutzer:in wird sich davon beeinflussen lassen und aufgrund des Banners etwas kaufen – oder doch?

Wer ich bin
Ich bin Benni von Reishunger und verantwortlich für unseren E-Commerce. 2021 hatten wir 25 Mio. Seitenansichten – seit Jahren investieren wir in SEO. Daher steht schon lange die Frage im Raum: Wie können wir mit diesen Ansichten mehr Geld verdienen? Und wie schaffen wir es, die unterschiedlichen Nutzer:innen zu erreichen? Smartphone vs. Desktop, informative vs. transaktionale Aufrufe, Neukund:innen vs. Bestandskund:innen – sollen wir allen die gleichen Banner zeigen? In diesem Beitrag werde ich Ihnen zeigen, wie wir Onpage-Banner erfolgreich in unser digitales Geschäftsmodell integriert haben. Und wie auch Sie das schaffen. Zudem zeige ich Ihnen, welche Fallstricke auf dem Weg zur Steigerung der Konversionsraten auf Sie lauern.

Was ist ein Banner?
Ein Banner ist ein Webseiten-Element, das Ihre eigentliche Webseite (teilweise) überdeckt. Inhaltlich dreht sich alles um einen Call-to-Action, der häufig zur Aktivierung eines Rabatts oder der Eingabe einer E-Mail-Adresse genutzt wird.

Achtung: Verwechseln Sie moderne Banner nicht mit Pop-ups. Diese werden seit Jahren von diversen Browsern unterdrückt und zählen schon lange zum Spam. Heute nutzen wir häufig ein sogenanntes Modal.

Banner unterscheiden sich in den folgenden Eigenschaften, die alle getestet werden können:

- Zielgruppe: Sie entscheiden, bei wem der Banner erscheinen soll. Hierfür können unterschiedliche Zielseiten oder Webseiten-Verzeichnisse gewählt werden. Es kann auch nach Ländern, Uhrzeiten oder Geräten segmentiert werden. So können Sie z. B. sagen, dass nur iPhone-Nutzer:innen aus der Schweiz Ihren Banner sehen sollen.
- Auslöser (Trigger): Wann wird der Banner ausgelöst? Hier gibt es fünf zentrale Trigger. Zum einen können Sie einen Banner nach einer bestimmten Zeit, z. B. nach 12 s, auf der Seite auslösen. Zum anderen können Sie Ihren Banner auch über die Scroll-Tiefe triggern. Weiterhin kann es eine Voraussetzung sein, dass Nutzer:innen eine bestimmte Anzahl an Seiten aufgerufen haben müssen. Außerdem ist der Mauszeiger ein wichtiger Trigger. Verlässt dieser die Website, erscheint ein Exit-Intent-Banner (Achtung: Funktioniert nicht bei Smartphones). Zuletzt ist der Warenkorbwert ein entscheidender Auslöser. Natürlich können Sie alle Optionen miteinander kombinieren.
- Call-to-Action: Jedes Banner braucht einen klar zu erkennenden CTA mit einem eindeutigen Ziel. Bekannte Varianten sind der Opt-in für einen Rabatt oder die Eingabe der eigenen E-Mail-Adresse, um sich z. B. für ein Gewinnspiel anzumelden. Auch kurze Umfragen werden gerne genutzt.
- Aufbau & Kreativaspekte: Unterschiedliche Texte, Bilder und Layouts können Ihre Konversionsrate signifikant hebeln. Orientieren Sie sich am AIDA-Prinzip (Abschn. 1.5): Attention, Interest, Desire, Action (CTA).

Der in Abb. 5.6 zu sehende Exit-Intent-Banner erscheint, wenn der Warenkorbwert zwischen 49,- und 99,- € liegt.

A/B Tests mit Bannern

Im Alltag begegnen uns viele Fragen: Ist dieser oder jener Anreiz besser? Ist ein anderes Foto nicht doch stärker? Erscheint unser Banner zu spät? Hier hilft nur eines: Testen. Berücksichtigen Sie bei Ihren Tests die folgenden drei Punkte:

1. Sie benötigen eine ausreichende Menge Nutzer:innen auf Ihrer Website. Konzentrieren Sie sich am Anfang auf wenige Hypothesen und Banner. Testen Sie immer nur eine Eigenschaft, z. B. ein neues Bild oder ein anderer Auslöser. Ein

Abb. 5.6 Exit-Intent-Banner auf reishunger.de

häufiger Grund für das Scheitern ist eine zu granulare Aussteuerung. Weniger ist mehr!

2. Kleine Anpassungen führen oft nur zu kleinen Verbesserungen bzw. einer Überoptimierung. Nur durch große Anpassungen werden Sie signifikante Sprünge in Ihren Daten sehen. Priorisiere Sie Ihre Ideen von Anfang an.

3. Seien Sie sich sicher, dass Sie richtig messen. Nichts ist ärgerlicher, als einen Test nach zwei Wochen abbrechen zu müssen, weil das Tracking fehlerhaft gewesen ist. Messen Sie neben den offensichtlichen Kennzahlen, wie Umsatz oder Anfragen, auch sekundäre Ziele. Dazu könnten die Klickrate, Absprungrate oder der durchschnittliche Warenkorbwert gehören.

Anwendungsfall 1: Der scheinbar wertlose SEO-Traffic

Bei Reishunger haben wir im Jahr 8 Mio. Nutzer auf Info- & Rezeptseiten, die häufig mit dem Smartphone in der Küche stehen und nach einer schnellen Antwort suchen. Die Konversionsrate dieser Nutzer:innen liegt nur bei 0,09 %. Möchten diese Nutzer:innen etwas kaufen, während es überall köchelt und brutzelt? Vermutlich nicht. Daher macht es auch wenig Sinn, zu diesem Zeitpunkt einen Banner mit einem Angebot wie „Jetzt 5 € Gutschein einlösen" anzubieten.

Wir haben daraufhin ein attraktives Gewinnspiel integriert. Der Banner löst bereits bei einer geringen Scroll-Tiefe aus, sodass wir der hektischen Situation (wir befinden uns immer noch in der Küche) gerecht werden. Die Nutzer:innen müssen lediglich ihre E-Mail-Adresse eingeben.

Das Ergebnis: Monatlich 5000 neue Kontakte, die wir für weniger als 0,01 € einkaufen. Die Konversionsrate dieser Kontakte lag in den Folgemonaten bei 18 %. Das ist somit eine Steigerung der Konversionsrate um 150 % auf 0,23 %. Durch weitere Optimierungen am Banner steigern wir dieses Ergebnis von Monat zu Monat.

Was wir daraus mitnehmen: Nicht jede:r Besucher:in kann direkt zum Kauf motiviert werden. Hinterfragen Sie das Ziel Ihres Banners und seien Sie mutig auch Umwege zu gehen – so wie bei uns über den Newsletter.

Anwendungsfall 2: Das fast richtige Bild
Im vorherigen Beispiel haben Sie bereits gesehen, dass sich nicht jede:r Besucher:in mit jeder Botschaft in eine:n Kund:in umwandeln lässt. Schauen wir uns in diesem Abschnitt daher an, was wir getan haben, um die Konversionsrate von Nutzer:innen auf Produkt- und Kategorieseiten zu steigern (Abb. 5.7).

Ist ein:e Kund:in bereits im Sales-Funnel, ergibt es Sinn, ein Angebot zu wählen, das mit dem Kauf zusammenhängt. Hier gibt es drei Möglichkeiten:

1. Prozente („Jetzt 15 % sparen")

Abb. 5.7   Zwei Exit-Intent-Banner im A/B-Test

2. Feste Geldbeträge („Spare 5 €")
3. Kostenlose Produkte („Gratis xyz ab 20 € Warenkorbwert").

Nach unseren Analysen funktionieren kostenlose Produkte in den meisten Bei-spielen am besten. Sie weisen die höchste Konversionsrate auf, kosten uns als Händler:innen am wenigsten und Kund:innen haben ein weiteres Produkt zuhause, was sich insgesamt positiv auf unsere Marke auswirkt.

Es stellt sich nun aber die Frage, wie dieses Produkt präsentiert wird. Wir haben folgende Bilder an deutschen Kund:innen getestet, die Produkte im Wert von mehr als 99 € und keinen aktiven Gutschein-Code im Warenkorb hatten:

Während 38,56 % der Nutzer:innen die linken Banner aktiviert haben, erreichte die rechte Version einen Wert von 42,64 % – eine Steigerung von 10,6 %. Aller-dings war der durchschnittliche Bestellwert des linken Banners um 5,9 % höher. Schlussendlich haben wir uns, auch aus ästhetischen Gründen, für die rechte Vari-ante entschieden. Wenn die Zahlen nicht eindeutig sind, darf auch mal der Bauch entscheiden!

Anwendungsfall 3: Geld verdienen
Exit-Intent-Banner haben die Konversionsrate unserer organischen Webseiten-Besucher:innen massiv gesteigert – und das nicht nur auf Info- & Rezeptseiten. Wir haben es geschafft, durch effiziente Tests die Konversionsrate von 0,35 % auf 0,63 % zu steigern – ein sattes Plus von 79,7 % (Abb. 5.8). Betroffen ist hier insbe-sondere die Besucherzahl auf Produkt- und Kategorieseiten. Mit diesen drei Hebeln haben wir es geschafft:

Abb. 5.8 Screenshot der finalen SEO-Traffic-Auswertung: Entwicklung der Conversion Rate in Google Analytics

1. Wahl des richtigen Produktangebotes, das sich an der Höhe des Warenkorbwerts orientiert. Je höher dieser ist, desto besser das Angebot. Insgesamt haben wir acht unterschiedliche Produkte getestet.
2. Eine Herausforderung ist es, den richtigen Auslöser zu wählen. Wann ein Exit-Intent-Banner erscheint, sollte genau beobachtet werden. Hier besteht die Gefahr, bei einer zu frühen Aktivierung Besucher:innen zu vergraulen und bei einer zu späten Aktivierung Besucher:innen zu verlieren. Achten Sie daher auf die Balance!
3. Messbarkeit: Wir messen permanent über Google Analytics, wie gut die Banner laufen. Diese Daten führen wir in einem Google Data Studio-Report zusammen. Dadurch sind wir zu jeder Zeit in der Lage, die Performance der unterschiedlichen Banner zu bewerten.

Kann es sich überhaupt lohnen, tausende Produkte über Banner zu verschenken? Für uns schon. Je nach Angebot messen wir auf Basis der Produktkosten eine Kosten-Umsatz-Relation von 16–31 bzw. einem ROAS (Return On Ad Spent) von 1.600 bis 3.100 %. Wir schaffen es also, mit einer Investition von 1 € ein Ergebnis von 16–31 € zu erzielen. Für uns war also schnell klar: Exit-Intent-Banner sind insbesondere für unseren SEO-Traffic extrem effizient!

Fazit: Testen lohnt sich!

Das Testen von Bannern, insbesondere Exit-Intent-Bannern, kann sich schnell aus-zahlen. Wichtig ist aber: Fangen Sie erst einmal an. Es gibt viele Software-Lösungen, mit denen Sie nach einer kurzen Einarbeitung direkt loslegen können. Übernehmen Sie sich dabei anfangs nicht, und merken Sie sich: Wenige gute Tests sind besser als viele schlechte.

Je besser Sie Ihre Zielgruppen kennen und wissen, wo sie sich in ihrer Customer Journey befinden, desto erfolgreicher werden Ihre Tests sein. Ich wünsche Ihnen viel Erfolg!

Ihr Transfer in die Praxis

- Überlegen Sie sich drei bis vier Ideen zur Personalisierung auf Ihrer Webseite. Wo wäre es besonders sinnvoll Inhalte zu personalisieren? Wo entstehen gerade noch Brüche in der User Journey durch fehlende Individualisierung?
- Prüfen Sie, ob Ihr Webseiten- bzw. Shopsystem möglicherweise bereits über eine Personalisierungsfunktion verfügt.

- Machen Sie sich Gedanken darüber, wo Ihre Online-Kampagnen noch auf die Nutzer:innen individualisiert werden könnten.
- Denken Sie darüber nach, über welche Marketing- und Kundendaten Sie in welchen Tools verfügen. Notieren Sie sich diese und ergänzen dann, zwischen welchen Ihrer Tools es bereits Schnittstellen gibt. Glückwunsch, damit haben Sie die Grundlage Ihrer Marketing-Datenstrategie skizziert.
- Planen Sie ein möglichst einfaches Pilotprojekt für die Personalisierung. Am besten ist Ihr Pilotprojekt schnell erklärbar und technisch einfach aufzusetzen. Machen Sie es sich für den Start nicht unnötig kompliziert.◄

Literatur

Beck, G. (2016). 17 Best Practices für Personalisierung im Web. https://www.konversionsk raft.de/personalisierung/best-practices-fuer-personalisierung-im-web.html, zuletzt aktualisiert am 19.09.2016, zugegriffen am 17.03.2022.

Brandt, O. (2015). Mit Webanalyse zu einer gezielteren Besucheransprache. In Braun, G. und Schwarz, T. (Hrsg.), *Leitfaden Data Driven Marketing* (S. 121–130). Marketing Börse.

Davenport, T. H. (2007). *Competing on analytics. The new science of winning.* Harvard Business School Press.

Drees, J. (2020). Nah am Kunden: Wie der Standort die User-Experience verbessern kann. t3n Magazin. https://t3n.de/news/nah-kunden-standort-verbessern-1285758/, zuletzt aktualisiert am 11.06.2020, zugegriffen am 11.06.2022.

Econsultancy & Google. (2017). Marketing personalization statistics – Think with Google. https://www.thinkwithgoogle.com/future-of-marketing/creativity/marketing-personali zation-statistics/, zuletzt aktualisiert am 28.11.2018, zugegriffen am 17.03.2022.

Engelmann, J. (2022). Die Entmystifizierung der Personalisierung mit dem 4-Stufen-Modell. Hg. v. konversionsKRAFT. https://www.konversionskraft.de/personalisierung/e-book-die-entmystifizierung-der-personalisierung-mit-dem-4-stufen-modell.html, zuletzt aktualisiert am 09.02.2022, zugegriffen am 12.02.2022.

Engler, N., & Sokolowski, T. (2022). Fluid-User-Experience. Wie Scrum für UX-Design. In *T3n Magazin 2. Quartal, 2022*(67), 166–169.

Helbing, C. (2020). 5 Beispiele: Automatisierte Personalisierung im E-Commerce schon heute Realität. https://onlinemarketing.de/e-commerce/personalisierung-e-commerce-5-beispiele, zuletzt aktualisiert am 14.10.2020, zugegriffen am 12.06.2022.

Kotler, P., Kartajaya, H., & Setiawan, I. (2021). *Marketing 5.0. Technology for humanity.* Wiley.

Kreutzer, R. T. (2018). *Praxisorientiertes Online-Marketing. Konzepte – Instrumente – Checklisten* (3. Aufl.). Springer Gabler (Lehrbuch).

Lattner, A., & Kuka, J. (2021). Personalizing product rankings for online retailers. https://medium.com/otto-group-data-works/personalizing-product-rankings-for-online-retail ers-eb72f0624905, zuletzt aktualisiert am 04.02.2021, zugegriffen am 06.06.2022.

Patel, N. (2020). 10 Hacks zur Personalisierung Deiner Webseite, die Deine Conversion-Rate förmlich explodieren lassen. https://neilpatel.com/de/blog/10-hacks-zur-personali sierung-deiner/, zuletzt aktualisiert am 23.07.2020, zugegriffen am 06.06.2022.

Pispers, R., Rode, J. & Fischer, B. (2018). *Neuromarketing im Internet. Gehirngerechtes Kundenerlebnis in der digitalen Welt* (3. Aufl.). Haufe Gruppe.

Salesforce Research (2020). State of the Connected Customer. Insights from 15,000+ global consumers and business buyers on a new era of customer engagement. https://www.sal esforce.com/content/dam/web/en_us/www/documents/research/salesforce-state-of-the-connected-customer-4th-ed.pdf, zugegriffen am 02.03.2022.

Salesforce Research (2021). *7th State of Marketing Report. Insights and trends from over 8,200 global marketers engaging customers from anywhere.* Zuletzt aktualisiert am 12.08.2021.

Türling, F. (2019). *Event Recommendation in der Customer Journey zum Live Entertainment. Vortrag auf den Data Leader Days* Berlin. Connected Industry e.V., 13.11.2019.

Volz, P., & Griep, A. (2020). Personalisierung im digitalen Content Marketing. In Wesselmann, M. (Hrsg.), *Content gekonnt* (S. 143–158). Springer Fachmedien.

Wagener, A. (2019). *Künstliche Intelligenz im Marketing – ein Crashkurs.* Haufe Gruppe.

Wuttke, L. (2020). Personalisierung im Marketing: Definition, Vorteile und Beispiele. https://datasolut.com/personalisierung/, zuletzt aktualisiert am 11.08.2020, zugegriffen am 17.03.2022.

Geheimnisse erfolgreicher Conversion-Optimierung

6

> **Was Sie aus diesem Kapitel mitnehmen werden**
>
> - Wie Sie Prozesse für langfristig erfolgreiche Conversion-Optimierungen aufsetzen.
> - Was Sie besonders bei den ersten Tests und Experimenten beachten sollten.
> - Wie sich Analytics, A/B-Testing und Personalisierung wechselseitig beflügeln können.
> - Wie Sie sicherstellen, dass Optimierungsmaßnahmen technisch funktionieren und Sie Experimente erfolgreich kommunizieren.
> - Wie man mit Heatmap-Analysen weitere qualitative Informationen über die Nutzer:innen gewinnt.
> - Welche Kennzahlen für die Optimierung von Online-Marketing-Kampagnen essenziell sind und wie Sie den Kundenlebenszyklus hier sinnvoll einbeziehen können.

6.1 Prozesse schaffen und einhalten

„If you want to increase your success rate, double your failure rate." (Thomas J. Watson).

Dass systematische Optimierung wichtig ist, haben wir in den vorigen Kapiteln ausführlich herausgearbeitet. Durch die datenbasierte Optimierung von Conversions von Webseiten und Digitalkampagnen lässt sich bares Geld verdienen. Nicht

© Der/die Autor(en), exklusiv lizenziert an Springer Fachmedien Wiesbaden GmbH, ein Teil von Springer Nature 2022
T. Looschelders, *Conversion-Optimierung: Erfolgreiche Webseiten und Digitalkampagnen*, https://doi.org/10.1007/978-3-658-38509-5_6

nur durch die effizientere Budgetnutzung, sondern auch durch den Verbesserungs-prozess und die Erkenntnisse, was für Ihre Zielgruppen funktioniert.

Aus langjähriger Erfahrung lässt sich klar sagen, welche Vorteile systemati-sierte Prozesse haben. Im hektischen Tagesgeschäft ist die Versuchung oft sehr groß, einmal aufgesetzte Optimierungsprozesse für eine kurzfristige Zeitersparnis schleifen zu lassen. Es ist daher Gold wert, sich immer wieder auf festgelegte Ansätze und Abläufe zu besinnen. Sicher kostet das manchmal Kraft und Über-windung, ist aber langfristig der erfolgversprechendere Weg. Im Wesentlichen sollte man sich hier zwei Dinge vor Augen führen:

1. Einerseits sollten Prinzipien definiert werden. Das passiert oft bereits unter-schwellig und unausgesprochen. Es lohnt sich aber, kurz innezuhalten und die wichtigsten Leitfragen zu definieren und sich drauf mit den beteiligten Kolleg:innen zu einigen.
   – Bei der Conversion-Optimierung können das Fragen sein wie: Wie wol-len wir arbeiten? Wie stellen wir sicher, dass wir selbst aus erfolglosen Kampagnen lernen können? Wie stellen wir sicher, dass unsere Webseite so weiterentwickelt wird, dass sie unseren Nutzern besser gefällt?
2. Zum anderen sollten Prozesse entwickelt werden. Letztlich geht es darum, die Leitfragen in konkret und nachvollziehbar in den Arbeitsalltag zu integrieren. Wir alle kennen im Elfenbeinturm formulierte Unternehmensphilosophien, die nichts mit der Realität zu haben. Es ist sehr wichtig, es nicht mit Prozessen zu übertreiben. Einfache Beispiele für die Praxis können dabei sein:
   – In der Conversion-Optimierung sollte sich zu jedem neuen Webseitenfea-ture vorab überlegt werden, wie sich überprüfen lässt, ob es sein Ziel erfüllt.
   – Bei Kampagnen sollte immer überlegt werden, wie diese bereits so kon-zipiert werden können, um möglichst viel über die Zielgruppen zu lernen (Abschn. 4.1).

Sicher ist es unrealistisch, sich immer an alle Details zu halten. Manchmal ist einfach zu viel gleichzeitig zu tun, ein Team ist unterbesetzt oder andere Themen sind akuter. Daher ist im datengetriebenen Marketing oft auch ein pragmatisches Vorgehen gefragt (Kotler et al. 2021, S. 136). Aber Prinzipien und Prozesse stel-len ideale nachvollziehbare Leitlinien dar und oft ist allein die Ausformulierung bereits ein großer Schritt, der bei der Umsetzung hilft.

Mit einfachen Tests beginnen

Häufig kommen schnell verschiedene Ideen für A/B-Tests und Personalisierungs-experimente zusammen. Sicher werden darunter auch sehr spannende Ideen sein und Sie wüssten lieber heute als morgen die Ergebnisse der Tests.

Da aber die Prozesse und Tools für viele oder alle Beteiligten neu sind, ist es ratsam, mit einfachen Ideen zu beginnen (Kaushik, 2010, S. 209). Für die interne Kommunikation ist es vorteilhaft, wenn die ersten Gehversuche wenig erklärungs-bedürftig sind. Vor allem aber sollten die Experimente technisch und konzeptionell leicht anzulegen sein. Gerade zu Beginn werden erfahrungsgemäß häufig noch Details vergessen oder falsch konfiguriert. Das ist nicht tragisch, sondern ein üblicher Lernprozess – sollte aber am besten direkt berücksichtigt werden.

Drehen Sie in Ihrem ersten A/B-Test nicht Ihr Geschäftsmodell auf links, begin-nen Sie besser mit der Veränderung von Button-Texten, Header-Grafiken, tauschen Sie die Reihenfolge von Content-Modulen oder ergänzen Sie CTA-Buttons.

Ganz wichtig: geben Sie nicht nach dem ersten Test auf, wenn dieser nicht im gewünschten Ergebnis resultierte (Bland & Osterwalder, 2020, S. 271).

Testen Sie Ihre Tests

Es ist sehr wichtig sicherzustellen, dass durch Testing und Personalisierung nichts auf der Webseite kaputt geht. Im schlimmsten Fall gibt es Probleme mit der Zielerreichung, die Conversions brechen ein und Umsätze gehen verloren.

Es ist also sinnvoll, die Ausspielung des Tests zu kontrollieren, um Implemen-tierungsfehler schnell zu bemerken. Dazu haben sich folgende drei Maßnahmen als zweckmäßig erwiesen:

- Testen Sie die Varianten vorab: Bevor Sie A/B-Tests live stellen, stellen Ihnen die Tools in aller Regel Preview-Links zur Verfügung. Damit sollten Sie unbedingt auf verschiedenen gängigen Browser getestet werden, und zwar auf Desktop-Geräten, Smartphones und Tablets. Sicher kann man nicht immer alle Geräte und Auflösungen berücksichtigen.
- Testen Sie erneut direkt nach Liveschaltung: Idealerweise prüfen Sie all das auch nochmal auf verschiedenen Geräten und Browsern, sobald Sie ein Experiment aktiviert haben. Webseiten sind komplexe Systeme, die live anders reagieren können als im Vorschau-Modus.
- Prüfen Sie die Kennzahlen im Tool: Anhand der Daten werden Sie schnell feststellen, ob es zu Tracking- oder bisher noch unbemerkten Implementie-rungsfehlern kommt. Achten Sie auch hier auf Daten wie die Conversions über Mobilgeräte oder einzelne Browser. Am engmaschigsten sollten Sie die Daten in den ersten Tagen prüfen.

Berücksichtigen Sie bei negativen Tendenzen aber unbedingt die nötigen Testlaufzeiten, die Experimente benötigen, um auch statistisch wirklich aussagekräftig zu sein (Abschn. 3.2). Wenn Ihnen jedoch nach einigen Tagen Laufzeit konstant 80 % der Conversions einbrechen, sollten Sie das Business in jedem Fall über die Statistik stellen und das Experiment abbrechen.

Fördern Sie die Test- & Learn-Kultur in Ihrem Unternehmen
Das Etablieren einer Fehlerkultur und einem Mindset für datenbasiertes Arbeiten ist ein wichtiger Erfolgsfaktor für das Gelingen von Optimierungsmaßnahmen (Thomke, 2020, S. 42 f.). Studien legen nahe, dass die mit A/B-Testing einhergehende Datenkultur positive Effekte auf den Erfolg von Startups hat (Koning et al., 2019).

Bezogen auf das A/B-Testing bedeutet es ergebnisoffen an die Tests heranzugehen. Betrachtet man diese als Experiment, nimmt man als Ergebnis in Kauf, dass sich häufig auch die unveränderte Variante als die bessere herausstellt. Aber auch das schafft Fakten, ist eine gute Erkenntnis und hilft bei der Weiterentwicklung von Webseiten und Kampagnen.

In der Praxis hat es sich sogar als positiv erwiesen eine Kultur des schnellen Testens und ggf. schnellen Scheiterns zu schaffen. „Fail fast and learn" ist dabei der Ansatz. Die Idee dabei: wer schnell zu einem Ergebnis kommt, kann schneller weitere Tests umsetzen und weitere Erkenntnisse gewinnen (Siroker & Koomen, 2015, S. 71 ff.).

Die Schaffung einer solchen Test- & Learn-Kultur bedeutet aber immer auch Veränderungsmanagement. Sichtweisen, Prozesse und Arbeitsweisen müssen angepasst und verändert werden, damit sich eine datenbasierte Unternehmenskultur entwickeln kann (Morys, 2018, S. 122 ff.). Häufig stehen dieser sogar eher kulturelle Barrieren entgegen als technologische Barrieren (Thomke, 2020, S. 41).

Dass das immer auch mit Bedenken und Widerständen verbunden ist, ist nicht überraschend. Aber wie immer im Veränderungsmanagement gilt es, Betroffene zu Beteiligten zu machen und die Teams in ein solches Projekt miteinzubeziehen. Damit dies aber gelingt, braucht ein solcher Wandel nicht nur Rückhalt, sondern auch Initiative aus dem Management (Oltmanns & Nemeyer, 2010).

Etablieren Sie Regelmeetings
Regelmäßige Meetings helfen dabei, das Thema Conversion-Optimierung zu systematisieren und auch die dafür nötigen Ressourcen zu schaffen. Diese Meetings sollten dazu genutzt werden, um neue Testideen zu besprechen und sich zu aktuell geplanten Tests auszutauschen. Nutzt man ein Priorisierungs-Framework, sind die Meetings auch ein idealer Ort zum gemeinsamen Einschätzen der Prioritätskriterien.

Vor allem können diese auch dazu genutzt werden, um gemeinsam gelaufene Tests zu interpretieren. Man sollte versuchen zu interpretieren, warum der Test erfolgreich war oder weshalb nicht. Auch aus nicht erfolgreichen Tests lässt sich viel lernen.

6.2   Erfolgreiche Conversion-Optimierung mit dem BRAIN-Prinzip

Als Leitfaden für Optimierungsprojekte bietet sich das BRAIN-Prinzip an. Es soll dabei helfen, den Überblick zu behalten und nicht die Zielrichtung zu verlieren. Gerade, wenn man mit der systematischen Optimierung beginnt, kann die Vielzahl von Konzepten und Dingen, an die man denken muss, schnell einmal zu viel werden.

Das BRAIN-Prinzip der erfolgreichen Conversion-Optimierung bündelt die nachfolgenden fünf Leitsätze.

Business: Impact-Messung businessnaher Kennzahlen
Fakt ist: Unabhängig davon, dass Kennzahlen wie die Klickrate für A/B-Tests sowie die Auswertung von Optimierungsmaßnahmen sehr wichtig sind, ist es am Ende des Tages natürlich auch wichtig, ob ein Test eine Auswirkung auf das Geschäft hat oder nicht. Daher ist es sinnvoll, konversionsnahe Metriken und Kennzahlen zu betrachten und sich auf diese zu fokussieren. Stellen Sie sich bei jeder Maßnahme die Frage, ob es Sinn macht, eine Business-Kennzahl zu betrachten und diese für den Test als wichtige Kennzahl zu definieren (Abschn. 3.2). Je nach Test kann oder sollte diese Business-Kennzahl durchaus anders ausgestaltet sein. Auch wenn die Conversion Rate oft eine sinnvolle Kennzahl darstellt, ist es klug, in anderen Fällen andere Kennzahl-KPIs zu verwenden.

Ich habe einmal einen A/B-Test gesehen, der innerhalb einer Aktions-Kampagne durchgeführt wurde. Der Test stellte sich als äußerst aufwendig heraus, da zusätzliche Systeme angeschlossen werden mussten (in diesem Fall das Product Information Management System). Letztlich wurden hierfür mehrere Personentage aufgewendet, was einem vergleichsweise hohen Aufwand entspricht. Zwar hat der Test unter dem Strich zu einem Umsatzplus geführt, doch rechnet man die Personalkosten gegen, war das Ergebnis faktisch negativ. Eine solche Betrachtung ist zwar weit gedacht, da wir uns hier schon im Bereich der Kostenrechnung bewegen. Grundsätzlich ist eine Return-on-Investment-Analyse jedoch sehr sinnvoll, um das Investment des A/B-Tests zu bewerten. Der ROI ist grundsätzlich eine sehr gute Metrik, da dieser

misst, ob ein Investment tatsächlich rentabel war. Den ROI sollte man gesamtheit-
lich, auch unabhängig von A/B-Tests und Optimierungsmaßnahmen, immer als
wichtige Kennzahl betrachten und definieren (siehe im Detail dazu Abschn. 6.3).
Das gilt sowohl für die Webseiten-Optimierung als auch für das digitale Marketing.

Rating: Datenbasierte Priorisierung
Nachdem erste Optimierungsprozesse angestoßen wurden oder bei Optimierungsprojekten viele Ideen zusammengekommen sind, ist es umso wichtiger, diese in
eine sinnvolle Reihenfolge zu bringen. Tatsächlich ist es in der Praxis häufig der
Fall, dass die Priorisierung dem Bauchgefühl folgt oder von einzelnen Personen –
häufig aus dem Topmanagement – getroffen werden. Sinnvoller und zielführender
ist es, die Priorisierung anhand von Zahlen, Daten und Fakten vorzunehmen. Eine
Methode, die wir dafür kennengelernt haben, ist die Priorisierung von A/B-Tests mit
dem SCORE-Framework (siehe Abschn. 3.5). Das SCORE-Framework hat genau
das zum Ziel: Eine sachliche Priorisierung. Daher werden Kennzahlen wie zum
Beispiel die Messgrößen, der erwartete Effekt einer Maßnahme, aber auch der kal-
kulierte Aufwand mit einbezogen. Zudem ist es das Ziel, die Einschätzung des
Impacts von mehreren Personen gemeinsam treffen zu lassen.

Agile: In agilen Prozessen arbeiten
Natürlich gibt es Unternehmen, die nicht mit agilem Prozessmanagement, wie
bspw. der Scrum-Methode, arbeiten. Dennoch ist es sinnvoll, im A/B-Testing
und in der Optimierung möglichst flexibel und dynamisch zu arbeiten. Arbeitet
man mit agilen Methoden, sollten A/B-Testings und Optimierungen direkt in die
Prozesse mit aufgenommen und integriert werden.[1] Dieser berücksichtigt die zah-
lenbasierte Priorisierung mit dem SCORE-Framework. Natürlich ist es auch ohne
solche Methoden möglich. Aber auch dann ist es zielführend, möglichst flexibel
und iterativ zu arbeiten. Definieren Sie die einzelnen Schritte daher lieber kleinschrittig und erarbeiten Sie diese von Test zu Test, von Optimierungsmaßnahme zu
Optimierungsmaßnahme.

Insights: Differenzierte Analysen verschiedener Nutzergruppen
Auch wenn ein A/B-Test bereits ein klares Ergebnis gezeigt hat und deutlich wurde,
welche optimierende Maßnahme einen positiven oder negativen Effekt hatte, ist es

---

[1] Einen Ideal-Prozess habe ich in meinem Beitrag „A/B-Testing in der agilen Organisation implementieren und priorisieren" im Sammelband des Bundesverbands Bitkom näher
beschrieben. Der Sammelband „Digital Analytics & Optimization" kann kostenlos auf der
Webseite www.bitkom.org heruntergeladen werden.

in aller Regel sinnvoll, hier noch einmal näher in die Analyse zu gehen, um zusätzliche Erkenntnisse zu gewinnen (Bojinov et al., 2020, S. 49 f.). Vielleicht stellen Sie fest, dass zwar auf die Gesamtheit der Nutzer:innen betrachtet ein Test positiv ausgefallen ist, in der genauen Betrachtung jedoch Feinheiten erkennbar sind: Es könnte bspw. in der Analyse zu sehen sein, dass die Besucher:innen, die ein Tablet benutzen, auffällig negative Werte aufweisen. Oder vielleicht war die Conversion Rate zwar im Durchschnitt schlecht, es wurden aber einige besonders kaufkräftige Kund:innen erreicht. Gute Anlässe, um noch einmal konkreter in die Analyse zu gehen und sich mit den Analytics-Daten zu beschäftigen. Sie könnten feststellen, dass es einen technischen Fehler auf der Seite gibt, der nur die Tablet-Darstellung betrifft. Oder Sie stellen ein konkretes Optimierungspotenzial für diese spezifische Darstellung fest. Womöglich führt das wiederum zu weiteren Testideen und Hypothesen. Genauso kann es hilfreich sein, Onsite-Nutzergruppen zu betrachten: Dabei vergleichen Sie bspw. neue Nutzer:innen, die zum ersten Mal auf die Seite gelangen mit Kund:innen, die das System bereits kennen. Es ist auch möglich, den Vergleich bspw. mit Bestandskund:innen durchzuführen. Dadurch können weitere spannende Erkenntnisse zutage treten.

Ein einfaches Beispiel dazu, wie unterschiedlich sich Nutzergruppen verhalten können: Nehmen wir an, wir hätten die Farben der primären Call-To-Actions in verschiedenen Varianten getestet. Rot ist in unserem Beispiel bereits im Corporate Design eine präsente Farbe. Insgesamt gesehen zeigte keine der Varianten einen signifikanten Uplift. Bei der Analyse der Nutzergruppen stellte sich dann heraus, dass Rot bei den Bestandskunden besser funktionierte, da sie die Farbe gewohnt waren. Bei Neukunden funktionierte das – in diesem Fall auffälligere – Gelb merklich besser.

Natürlich können die Maßnahmen der Conversion-Optimierung ideal ineinandergreifen: Erkenntnisse aus der Webanalyse führen zu A/B-Testideen, in der Analyse von A/B-Tests werden Erkenntnisse über Nutzergruppen gewonnen, welche dann in der Personalisierung genutzt werden können (Brandt, 2015, S. 125).

Normalize: Die Arbeit mit Daten und Experimenten normalisieren
Machen wir uns nichts vor: alle Themen, die mit Daten zu tun haben, sind abstrakt. Daher ist es umso wichtiger, die Optimierungsfälle und A/B-Tests konkret und anfassbar zu machen. Generell sollten diese Themen nicht den Status von Sonderprojekten haben, sondern normalisiert werden. Der Aspekt der Normalisierung hat dabei zwei Aspekte: die Einbindung der Kolleg:innen und die Kommunikation der Maßnahmen und – ganz wichtig – der Ergebnisse.

Binden Sie Kolleg:innen in die Optimierungen und in die Kommunikation mit ein. Einerseits gewinnt man so die Chance auf frühes Feedback und weitere Perspektiven hinzu. Andererseits werden Sie häufiger Unterstützung erfahren, wenn man im Team versteht, *warum* Sie tun, was Sie tun. Zudem verbessert dies auch Ihre Chancen darauf, Ressourcen z. B. für die Umsetzung von Optimierungsmaßnahmen zu bekommen.

Genau wie im Veränderungsmanagement ist es auch im A/B-Testing von Vorteil, Betroffene zu Beteiligten zu machen. Bereits im frühen Stadium, als auch in der Prozessveränderung, sollten viele verschiedene Kolleg:innen abteilungsübergreifend in das Vorhaben eingebunden werden. Ebenso sollten in der Kommunikation Kolleg:innen mit integriert und frühzeitig über Vorteile und auch die Änderungen durch das Einführen von A/B-Testing informiert werden. Genau aus diesem Grund empfiehlt es sich, mit einfach verständlichen A/B-Tests zu beginnen und die Ergebnisse im ganzen Unternehmen zu kommunizieren.

▶   **Tipp – schließen Sie Wetten ab:** Laden Sie Ihre Kolleg:innen ein, Wetten zu jedem A/B-Test oder Personalisierungs-Case abzuschließen. Der Vorteil: mehr Kolleg:innen beschäftigen sich spielerisch mit den Experimenten und machen sich Gedanken darüber. Ein kleiner Wetteinsatz kann das Interesse an den Ergebnissen noch weiter steigern.

Nicht jeder Test wird ein erfolgreiches Ergebnis mit sich bringen, sodass im Nachgang eine Optimierung stattfindet. Es ist außerdem regelmäßig zu erkennen, dass die A-Variante die bessere Variante ist. Wenn jedoch Optimierungspotential festgestellt wird, die B-Variante sich dabei als die bessere Variante herausstellt und auf der Webseite implementiert wird, ist es besonders wichtig, dass diese Ergebnisse mit Begründung durch messbare Ergebnisse, kommuniziert werden. Die Optimierung findet allein auf Grundlage von Daten statt.

Machen Sie sich die Mühe, Ihre Ergebnisse gut zu kommunizieren: Egal ob Sie nach einer Optimierungsmaßnahme eine Rundmail schreiben, sie in einem internen Wiki dokumentieren, kurze Bildschirmaufnahmen in den Firmenchat posten oder Ausdrucke von Testvarianten in die Kaffeeküche hängen. In jedem Fall gilt aber, dass Screenshots und visuelle Aufarbeitungen eine große Erleichterung für viele Kolleg:innen darstellen (Siroker & Koomen, 2015, S. 106).

Dabei ist es auch eine gute Idee die Ergebnisse einem etwas größeren Kreis als nur den Kolleg:innen aus dem Marketing zugänglich zu machen.

Nehmen Sie sich die Zeit, Daten ansprechend zu visualisieren

Ich habe schon häufig erlebt, dass aufwändig erstellte Analysen oder Testergebnisse schlecht visualisiert waren. Kein Diagramm dieser Welt sollte mit den Standardfarben von Microsoft Excel gestaltet werden. Denn auch Analyseergebnisse müssen so aufbereitet (vermarktet) werden, dass sie vom Empfängerkreis leicht verstanden werden können. Zudem wirken schnell erstellte Diagramme oft so, als wäre auch die Analyse selbst nur oberflächig erstellt worden.

Oft dauern das Aufräumen und Verschönern von Diagrammen nur wenige Minuten. Diese sind immer gut investiert. Wer sich eingehender mit dem Thema Datenvisualisierung beschäftigen möchte, findet im Buch *Storytelling with data* von Cole Nussbaumer Knaflic zahlreiche praktische Tipps.◄

6.3   Kennzahlen für die Online-Marketing-Optimierung

Der „wirkungsvollste Wachstumstreiber [ist] die Fähigkeit eines Unternehmens Entscheidungen datengestützt zu treffen." (DVJ Insights, 2021).

Mehr als die Hälfte der Marketingverantwortlichen sind von ihren Analyseergebnissen enttäuscht (Gartner, 2020). Daran sieht man sehr gut, wie wichtig die Auswahl und das Etablieren der richtigen Kennzahlen für das eigene Online-Geschäft sind. Die wichtigsten Kennzahlen werden daher in diesem Kapitel erläutert und näher beleuchtet.

Es wird Sie wenig überraschen, dass die Conversion Rate für die Online-Marketing-Optimierung essenziell ist. Das gilt sowohl für Webseiten als auch für Online-Marketingkampagnen. Es ist also das wichtige Fundament, dass wir die Conversions unserer Webseiten kennen und diese auch korrekt in den verschiedenen Marketing-Tools definiert haben. Unabhängig davon, um welche Art der Conversion es sich handelt, ist es wichtig, dass diese einheitlich definiert und eingerichtet sind. In aller Regel sollten diese im Analytics-Tool eingerichtet sein. Je nachdem, welche anderen Tools und welches andere Tracking noch verwendet wird, ist es auch nötig bzw. sinnvoll, diese in anderen Softwarelösungen bereitzustellen. Beispiele dafür sind das Google Ads Conversion Tracking oder das Tracking-Pixel von LinkedIn oder Meta (für Facebook und Instagram).[2]

---

[2] Begriffe wie „Marketing-Pixel" oder „Marketing-Tag" werden ebenfalls als Synonyme zu „Tracking-Pixel" verwendet.

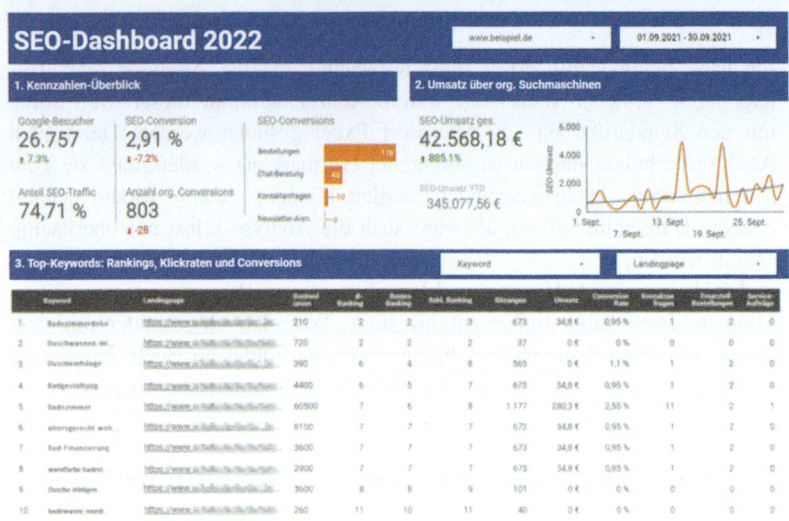

Abb. 6.1 SEO-Dashboard mit Kennzahlen-Überblick

Im Falle eines Onlineshops ist neben der reinen Bestellung als Conversion vor allem der erzielte Umsatz relevant, welcher auch unbedingt korrekt im Tracking-Tool gespeichert werden sollte. Es ist damit möglich, diesen Umsatz einzelnen Kampagnen oder einzelnen Marketingkanälen zuzurechnen. Das ist nicht nur für die Marketingeffizienz wichtig zu wissen, sondern bietet auch die Möglichkeit weitere Erkenntnisse zu gewinnen. Die Grundlage dafür ist Kampagnen-Tracking (siehe Abschn. 4.3). So wird es sogar einfach möglich, eigene Kennzahlen, zum Beispiel für den durch organische Suchmaschinen erzielten Umsatz zu definieren. Ein solcher SEO-Umsatz lässt sich dann hervorragend in monatlichen Reportings nutzen oder zum Beispiel auch auf einem individuellen Dashboard (Abb. 6.1), welches die wichtigsten Webseiten und Kampagnendaten aggregiert darstellt.[3]

Dashboards sind generell eine gute Idee, um Daten anschaulich zu visualisieren. Durch die vereinfachte und gebündelte Visualisierung der Kennzahlen können so häufig Ableitungen schneller erfasst werden als in den Marketing-Tools direkt. Dashboards zeigen üblicherweise vordefinierte Daten an und bieten

---

[3] Eine gute SEO-Agentur sollte ihre Arbeit so transparent messen lassen. Was letztlich zählt sind keine Sichtbarkeits-Indice oder die Anzahl rankender Unterseiten, sondern der faktisch erzielte Umsatz.

diverse Interaktionsmöglichkeiten wie Filter oder Auswahlfelder an. Dies bietet sich bereits bei für Gelegenheitsbenutzer wenig intuitiven Tools wie Google Analytics an. Besonders bei der Zusammenführung mehrerer Datenquellen lohnt sich die Nutzung von Dashboards umso mehr. Dadurch dass die Daten von den einzelnen Marketing-Tools losgelöst werden, werden diese einem breiteren Empfängerkreis zugänglich gemacht (Müller & Lenz, 2013, S. 251).

▶   Das kostenfreie Online-Tool Google Data Studio ist ein guter Startpunkt in das Thema Dashboards. Besonders, wenn man ohnehin mit Google-Tools für Analytics, Google Ads oder YouTube Analytics arbeitet, bietet sich Data Studio an. Der große Vorteil ist, dass es für diese und noch viele andere Tools bereits vorgefertigte Schnittstellen gibt. Die Anbindung von Daten ist also häufig leicht machbar und die Benutzeroberfläche ist auch für Anfänger gut verständlich.

So unterschiedlich die Ziele von Online-Marketing-Kampagnen sind, so unterschiedlich sind auch die Ziele und damit die sinnvollen und nötigen Kennzahlen. Handelt es sich zum Beispiel um eine Brand-Kampagne, sind die Ziele der Kampagne oft weniger umsatznah als bspw. eine Conversion. Häufig handelt es sich dabei eher um Awareness-Kennzahlen, wie bspw. die Webseitenaufrufe, die Verweildauer oder zum Beispiel die View Through Rate bei Videos (eine Kennzahl, die angibt, wie oft und wie lange ein für die Kampagne wichtiges Video gesehen wurde). Natürlich spielen auch hier die Marketingkanäle eine große Rolle. Logischerweise sind im E-Mail-Marketing andere Kennzahlen wichtig als in einer YouTube-Kampagne. Da dies hier den Rahmen sprengen würde, betrachten wir doch vorwiegend allgemeingültige und wichtige Kennzahlen, die für mehrere Online-Marketingkanäle anwendbar sind.

Kennzahlen, um Interaktion mit Anzeigen zu messen

„Die Engagement-Rate ist sicher nicht uninteressant, in der Website-Optimierung zählt aber die Conversion-Rate als härtere Währung." (Looschelders, 2020).

Ganz typisch, um Digitalkampagnen zu bewerten, ist die *Klickrate*. Damit ist das Verhältnis zwischen Impressionen, also rein angesehenen Werbemitteln oder Text-Anzeigen und wirklichen Interaktionen (in diesem Fall Klicks) gemeint. Hiermit lässt sich im ersten Schritt sehr gut bewerten, wie gut die Kampagne, aber auch das Werbemittel, also die verwendete Grafik bei der Zielgruppe angekommen sind. Die Klickraten unterscheiden sich je nach Marketingkanal sehr deutlich. Es muss also immer ein kanalspezifischer Vergleich stattfinden und idealerweise auch ein Vergleich innerhalb der eigenen Kampagnen, um hier sinnvolle Vergleiche anstellen zu können. Auch die Klickpreise spielen eine bedeutsame Rolle, da diese wiedergeben, wie teuer eine Interaktion mit der Zielgruppe ist. Aus Gründen der Budgetaussteuerung also eine sehr wichtige Kennzahl.

Ebenfalls allgemeingültig und sehr wichtig ist der *Impression Share,* also der Anteil der Impressionen im Marketingkanal eines eigenen Unternehmens. Ist mein Ziel zum Beispiel eine gewisse Marktführerschaft in der Zielgruppe herzustellen, ist dies eine besonders wichtige Kennzahl. Jedoch liegt diese nicht in jedem Marketingkanal vor. Aber beispielsweise bei Google Ads ist diese eine spannende Kennzahl, die auch leicht einsehbar ist. Entsprechend gibt es auch in anderen Marketingkanälen andere essenzielle Kennzahlen, um den Kampagnenerfolg bewerten zu können.

Handelt es sich um Brand-Kampagnen, kann auch ein Videotracking sehr sinnvoll sein, um messen zu können, wie viele Nutzer:innen das Kampagnen-Video bis zu welcher Stelle angesehen haben (Hassler, 2016, S. 276 ff.).

Kennzahlen zu Kosten und Profitabilität
Kommen wir im nächsten Schritt zum Thema Profitabilität. Mit der Profitabilität soll der Marketingerfolg gemessen werden. Wir stellen dazu die Kosten ins Verhältnis zum erzielten Umsatz oder Gewinn. Erfahrungsgemäß werden diese Kennzahlen noch zu selten erhoben und damit auch zu selten als wichtige Auswertungskriterien von Kampagnen genutzt.

Im ersten Schritt ist es sinnvoll, den *Cost per Visit* ausrechnen. Das sind die Kosten, die ein Besuch eines Nutzers verursacht, den man über eine Kampagne erreicht hat. Das klingt auf den ersten Blick genau wie der Klickpreis, die Erfahrung zeigt jedoch, wie groß die Differenzen teilweise sein können. Nur weil ein Nutzer geklickt hat, heißt das nicht, dass er auch die Website gesehen hat. Häufig wird diese schon in wenigen Sekunden weggeklickt. Dazu spielen auch noch Themen rund um Cookie-Banner eine Rolle. Stimmt ein Nutzer dem Tracking nicht zu, werden seine anonymisierten Daten auch nicht gespeichert. Mit dem Cost per Visit entsteht eine konkrete, interessante Kennzahl für die Kampagnen-Analyse.

Im nächsten Schritt sollte man die *Cost per Acquisition (CPA)*[4] berücksichtigen, also die Kosten für eine Conversion. Die zentrale Frage ist dabei immer: was darf eine Conversion kosten? Diese Kennzahl stellt eine wichtige Säule bei der Berechnung dar, ob eine Werbekampagne erfolgreich war oder nicht. Sie ist somit ein wichtiges Instrument in der Optimierung von Kampagnen. Gleichzeitig lässt sich

---

[4] Auch die Bezeichnungen „Cost per Conversion" oder „Cost per Lead" sind branchenüblich und hier weitgehend vergleichbar.

diese Kennzahl auch gut für die Automatisierung des Kampagnenmanagements nutzen: In Google Ads gibt es die Option, den Gebots-Algorithmus auf einen Ziel-CPA einzustellen. Man gibt dem Tool also die Zielvorgabe mit und es arbeitet ab dann datengetrieben selbst an der Budgetoptimierung.

Im zweiten Schritt sollte der *Conversion-Wert* betrachtet und ausrechnet werden. Je nach individuell definierter Konversion kann dieser sehr unterschiedlich ausfallen. Gerade im E-Commerce ist das natürlich leicht mit Zahlen zu belegen und gegenzurechnen. In anderen Fällen kann dies schwieriger sein. Es lohnt sich, hier einen gewissen Aufwand zu investieren. Arbeitet man mit Anfragen, häufig auch als *Leads* bezeichnet, liegt dies noch sehr nahe. Dabei handelt es sich um konkrete qualifizierte Anfragen z. B. nach einem Hochzeitsfotografen, einem Catering oder Sonderanfertigungen von Möbeln.

Wichtig dabei ist, die Quote von Leads zu ermitteln, die tatsächlich zu einem Geschäftsabschluss führen (Tab. 6.1). Meist ist dies vor allem ein rechnerischer Aufwand, da Auftragslisten oder Vertriebs-Tools ausgewertet werden müssen. Ist das Ziel meiner Webseite zum Beispiel, Anfragen als Fotograf zu generieren, dann sollte man hier mindestens mit Durchschnittswerten arbeiten. Man muss also wissen, wie viel man im Durchschnitt mit einer solchen Anfrage verdient.

Handelt es sich nicht um Dienstleistungen, sondern um physische Produkte, sollte auch die Gewinnspanne mit in die Berechnung aufgenommen werden. Wie in Tab. 6.2 am Beispiel der Sonderanfertigung eines Kleiderschrankes zu sehen, wird die Gewinnspanne in Prozenten zusätzlich in die Berechnung mitaufgenommen.

Tab. 6.1 Ermittlung des Conversion-Wertes für einen Hochzeitsfotografen

Durchschnittlicher Umsatz pro Auftrag: Hochzeitsfotograf	1000 €
Anteil an Leads, die zu Verkäufen führen	40 %
Berechnung des Conversion-Wertes	1000 € * 0,4
Conversion-Wert	400 €

Tab. 6.2 Ermittlung des Conversion-Wertes für einen Kleiderschrank im Sondermaß

Durchschnittlicher Umsatz pro Auftrag: Schrank im Sondermaß	1000 €
Gewinnspanne	50 %
Anteil an Leads, die zu Verkäufen führen	30 %
Berechnung des Conversion-Wertes	1000 € * 0,5 * 0,3
Conversion-Wert	150 €

Natürlich wäre es ideal, die finalen richtigen Werte zu benutzen. Das kann durchaus eine nächste Ausbaustufe sein, da dies mit gewissem Aufwand verbunden ist. Denn der Wert einer Anfrage nach einem Sondermaß unterscheidet sich von einem faktischen Bestellwert natürlich auch dadurch, dass nicht jede Anfrage zu einem Verkauf führt. Zudem kann es bei so individuellen Angeboten zu größeren Schwankungen kommen – es lohnt sich also den Conversionwert regelmäßig auf den Prüfstand zu stellen.

Auch anderen Conversions wie Newsletter-Registrierungen oder PDF-Downloads sollten idealerweise ein Conversionwert zugewiesen werden. Dieser wird kalkuliert, indem zum Beispiel berechnet wird, welcher Anteil der Newsletter-Abonnent:innen tatsächlich einmal zu Kund:innen werden.

Möglich ist es in diese Daten, verschiedenen Marketingkanälen zu nutzen, indem die Daten zurückgespielt werden: beispielsweise welche Anfragen zu einem Verkauf geführt haben und wie hoch dann der Vertragswert war. Wenn ein solches Modell für mein Geschäft relevant ist, ist es sehr zu empfehlen, sich um solche Tracking-Systeme Gedanken zu machen. Denn erst dann wird es überhaupt in der Lage sein, wirklich konkrete faktische Möglichkeiten zu Kampagnenbewertungen zu haben und den Erfolg meiner Website bemessen zu können. Der zusätzliche Aufwand bspw. die Daten aus dem Vertriebstool an Google Ads zurückzuspielen, wird die Datenqualität deutlich erhöhen, auf der die Kampagnenoptimierung stattfindet.

Das gleiche Prinzip gilt auch im E-Commerce: Hier sollten Sie idealerweise auch die Retouren in der Betrachtung der Marketingeffizienz berücksichtigen (Lammenett, 2019, S. 493). Umso höher die Retourenquote ist, umso relevanter ist es, diese auch in Ihren Marketing-Tools zu berücksichtigen. Denken wir nur an Beispiele wie Zalando, die lange über 50 % ihrer Bestellungen zurückgeschickt bekamen (Kontio et al. 2013).

Wenn man einen Schritt weiter geht, beschäftigt man sich sehr schnell mit dem *Return on Investment (ROI)*, welcher aussagt, wie profitabel oder wie rentabel das Investment (in diesem Fall die Kosten der Kampagne) am Ende des Tages ist, wenn ich die durch die Kampagne erzielten Erfolge gegenrechne. Im Marketingbereich spricht man auch von dem *ROAS, dem Return on Advertisement Spend*. Man rechnet also immer die Kosten und die Umsätze gegeneinander und erhält eine konkrete Kennzahl, die die Profitabilität wiedergibt (Lammenett, 2019, S. 493).

Rentabilität von Kampagnen berechnen mit dem Return on Advertising Spend (ROAS)

- Der ROAS misst die Profitabilität von Marketing-Kampagnen. Dabei wird die Werbung wie ein Investment betrachtet. Es gilt herauszufinden, wie viel Gewinn das Investment generiert hat.
- Der ROAS berechnet sich nach einer einfachen Formel: ROAS = Durch Werbung erzielter Umsatz/Werbekosten◄

Der ROI oder der ROAS geht also noch einen Schritt weiter als ein Conversion-Wert. Voraussetzung ist aber, dass man einzelne Conversions exakt den Marketingkanälen zuordnen kann (häufig kommt dabei Kampagnen-Tracking ins Spiel, Abschn. 4.3).

Nehmen wir im folgenden Beispiel einmal an, die Kosten und Conversions für zwei Google Ads-Anzeigen sind gleich, aber die erzielten Umsätze unterscheiden sich:

Man sieht am Beispiel in Tab. 6.3 sehr gut, dass der ROAS für beide Google Ads-Anzeigen sehr unterschiedlich ausfällt. Ein ROAS größer als 1 wird als profitabel betrachtet. Ein ROAS unter 1 bedeutet dabei, dass sich das Investment nicht gelohnt hat. Man hat investiert und weniger Geld zurückbekommen, umgangssprachlich formuliert hat man demnach „draufgezahlt". Im Beispiel von Anzeige 2 kann man hingegen salopp sagen: „Für jeden investierten Marketing-Euro, habe ich zwei Euro zurückbekommen."

Sie sehen also, wie hilfreich eine solche ROAS-Berechnung sein kann, da diese auf den Punkt bringt, wie erfolgreich Werbemaßnahmen im ersten Schritt sind.

Tab. 6.3 Return on Advertising Spend (ROAS) am Beispiel einer Google Ads-Kampagne mit zwei Anzeigen

	Anzeige 1	Anzeige 2
Werbeausgaben	1000 €	1000 €
Conversions	10	10
Erzielter Umsatz	500 €	2000 €
Berechnung	ROAS = 500/1000	ROAS = 2000/1000
ROAS	0,5	2,0

Noch einen Schritt weiter: Kundenlebenszyklus und Kundenwert
Der ROAS ist ein mächtiges Werkzeug und bereits eine hohe Evolutionsstufe in der Kampagnenanalyse. Je nach eigenem Geschäftsmodell ist es eine sehr sinnvolle Option, den Kundenlebenszyklus (*Customer Lifetime Value*) und damit den Wert der eigenen Kunden langfristiger zu betrachten (Kotler et al., 2007, S. 552 f.). Der Return on Advertising Spend bewertet immer nur bis zur ersten Conversion und berücksichtigt nicht, ob Kund:innen einige Wochen oder Monate später erneut Bestellungen tätigen. Die Betrachtung des Kundenlebenszyklus ist grundsätzlich empfehlenswert, je nach Branche kann diese aber sogar essenziell sein. Die Berechnung des Kundenwertes stellt die höchste Ausbaustufe bezogen auf Marketing-Kennzahlen dar (Kaushik, 2013).

Von einer bekannten Hotelbuchungsplattform weiß ich, dass diese sogar fast immer einen negativen ROAS im Marketing in Kauf nimmt. Kurzfristig gesehen übersteigen die Kosten also immer den Umsatz. Mittelfristig ist die Investition jedoch trotzdem profitabel, da der Großteil der Nutzer:innen nach einmaliger Registrierung häufiger Hotelzimmer über die Plattform bucht. In einem solchen Fall wäre eine reine ROAS-Betrachtung zu kurz gegriffen. Man sieht deutlich, wie die Berücksichtigung des Kundenlebenszyklus für bessere analytische Erkenntnisse sorgen kann. Besonders interessant wird die Betrachtungsweise auch vor dem Hintergrund, dass die Akquise von Neukunden immer kostspieliger ist als Marketingmaßnahmen gegenüber Bestandskund:innen.

Die Einführung einer solchen Kennzahl bedeutet auf der Datenseite, dass man Daten in einer zentralen Marketingdatenbank benötigt (Abschn. 1.6), aber noch einen ergänzenden Schritt hinzunehmen muss. In aller Regel wird ein CRM-Tool, wie z. B. Salesforce oder HubSpot, oder ein ERP-Tool wie z. B. SAP über solche Daten verfügen. In anderen Fällen kann es sich auch um ein Bestelltool oder Bestelllisten handeln – in allen Fällen gibt es zielführende Wege, auch diese Daten in einer Datenbank verfügbar zu machen. Hat man diese dann mit den Bestellhistorien der Nutzer:innen verknüpft, ist es möglich, den Kundenwert zu berechnen. In aller Regel passiert das direkt im Tool oder der Datenbank, die man verwendet. Das ist nicht nur aus analytischer Sicht sehr sinnvoll, sondern auch mit Blick auf die Automatisierung. Denn auch mit dem Kundenwert können wir unsere Marketing-Tools füttern und diese damit arbeiten lassen. Zum Beispiel im E-Mail-Marketing sind sehr viele Möglichkeiten der Automatisierung gegeben. Hierbei finden vor allem Vorhersagen statt, sog. Lifetime Value Predictions, die neuere Marketing Analytics-Tools immer häufiger bereitstellen (von Focht, 2022, S. 84).

Es ist möglich, dass man sieht, bei welchen Marketingaktionen welcher Kunde schon viele Marketinggelder gekostet hat und vielleicht trotzdem selten bestellt hat.

Oder andersherum, bei welchen Kund:innen es noch ein hohes Marketing- und Vertriebspotenzial gibt (Hartman, 2020, S. 87). Anhand der Daten lässt sich in der Regel sogar herausfinden, wie diese angesprochen werden können. Bei der Entscheidung für oder gegen personalisierte Mailings, Rabattaktionen und speziellen Aktionsangeboten helfen die Daten enorm. Und das Beste daran: anhand dessen kann sogar den Versand der Aktionen automatisiert werden.

6.4 Mit Analytics & Heatmaps noch tiefer hinter die Fassade schauen

Manchmal liegt es sehr nahe, warum an gewissen Stellen auf Webseiten besonders viele Benutzer abspringen. Rufen zum Beispiel viele Personen ein Buchungsformular auf, aber sehr wenige Nutzer:innen schließen dieses ab oder fangen an, dieses auszufüllen, ist es sehr naheliegend, dass die Anzahl der Formularfelder zu hoch ist. Natürlich kann man auch hier mit anderen Optimierungsschritten arbeiten, aber eine offensichtliche Hypothese ist es, dass der Aufwand zum Ausfüllen des Formulars zu hoch ist und sich die User:innen die Mühe nicht machen wollen.

Es gibt jedoch Fälle, in denen es nicht naheliegend oder zunächst schwer ermittelbar ist, wo genau das Optimierungspotenzial liegt oder liegen könnte. Im ersten Schritt können hier detailliert Analytics-Daten ausgewertet werden. Häufig kann zum Beispiel Scroll-Tracking helfen. Wir haben bereits auf vielen Webseiten unserer Kunden ein Tracking implementiert, welches genau festhält, bis wo Nutzer:innen scrollen und an welcher Stelle sie die Seite verlassen. Da ein solches Tracking geräteübergreifend sowohl auf dem Laptop als auch auf dem Smartphone gut funktioniert, kann man hier, einmal aufgesetzt, sehr gute Ableitungen für die Optimierung der Website machen. Häufig wird ein solches Tracking in 25-%-Schritten implementiert. Das gibt zwar Hinweise darauf, wo User:innen abspringen, diese sind jedoch noch vage. Empfehlenswerter ist daher, jedes einzelne Content-Modul der Seite mit dem Scroll-Tracking zu erfassen, um bestmögliche Ableitungen treffen zu können.

Eine gute Ergänzung zu Analytics-Daten sind sogenannte Heatmap-Analysen (Still & Crane, 2017, S. 147 ff.). Mithilfe solcher Tools[5] kann genau aufgezeichnet werden, wie sich die Mauszeiger der Nutzer:innen bewegen und auf welche Webseitenelemente geklickt wird. Tatsächlich können dabei sogar Videos von dem Bild aufgezeichnet werden, welches die Nutzer:innen auf der Webseite

---

[5] Bekannte und gängige Heatmap-Tools sind zum Beispiel Crazy Egg oder Hotjar.

selbst sehen. Diese sind selbstverständlich komplett anonymisiert, geben jedoch trotzdem einen sehr aufschlussreichen und detaillierten Blick in die User Journey. Heatmap-Analysen helfen somit gut, das selektive Leseverhalten der User:innen nachvollziehen zu können (Erlhofer & Brenner, 2019, S. 54 f.).

In Abb. 6.2 sieht man ein Beispiel dafür, wie die Darstellung in einem solchen Tool erfolgt. Anders als in der Webanalyse, wo aggregierte zusammengefasste Daten von Nutzern betrachtet werden, also wo es um Trends geht, betrachtet man bei Heatmap-Analysen tatsächlich einzelne Anwendungen der User. In der Grafik ist gut zu sehen, dass das Hauptmenü und die Überschrift der Unterseite sehr gut wahrgenommen werden. Danach verliert sich der optische Fokus schnell. Interessant ist auch, dass der erste Textblock stärker wahrgenommen wird als das Trust-Element mit den Google-Bewertungen direkt daneben. Es könnte sich also lohnen, die Darstellung des Bewertungselements zu optimieren, damit dieses besser auffällt. Eine andere Hypothese könnte sein, dass Überschrift und Headerbild noch nicht selbsterklärend genug sind, was dazu führt, dass die Nutzer:innen den Fließtext zu lesen beginnen.

Ich habe so einen Fall bei einem Buchungs-Tool analysiert: Die Abbruchraten der Interessenten waren hier im ersten Schritt nach der einmaligen Registrierung vergleichsweise hoch. Daher haben wir dort ein größeres Optimierungspotenzial festgestellt und daraufhin ein Heatmap-Tool installiert. Es stellte sich heraus, dass einige Elemente missverständlich gewählt waren. Bereits durch diese einfache Maßnahme wurden die Zahlen verbessert. Zudem ergab sich die Hypothese, ein zweistufiger Buchungsprozess würde den User:innen die Arbeit erleichtern und ein entsprechender A/B-Test wurde gestartet.

Es lassen sich sehr konkret Einblicke darüber gewinnen, wie die User:innen sich genau auf der Seite bewegt haben. Das ist in der Auswertung deutlich schwieriger zu analysieren, weil oft einzeln vorgegangen werden muss und dadurch ein gewisser Aufwand entsteht. Häufig ist es jedoch so, dass sich bereits nach der Analyse einiger Heatmaps erste Erkenntnisse und Hypothesen ergeben. Manchmal tauchen auch Fehler auf, zum Beispiel bei älteren Browser-Versionen oder bei Bildschirm-Auflösungen, die man bisher nicht bedacht hatte.

Solche Heatmap-Analysen lassen sich jedoch in der Optimierung nicht nur nutzen, um Hypothesen zu generieren, sondern auch, um A/B-Tests einer Art Pre-Test zu unterziehen. Wir könnten zum Beispiel an sehr wenigen Nutzern eine vermeintlich optimierte Version einer Landingpage erst einmal testen und dann anhand der Analyse sehen, ob es überhaupt in die richtige Richtung geht, oder ob es noch Optimierungsideen gibt, die möglicherweise effizienter wäre. Tatsächlich sind Heatmaps ein hervorragendes ergänzendes Mittel. Sie sollten bei

Abb. 6.2 Exemplarische Heatmap-Analyse einer Unterseite der Webseite gadplan.com

Webanalysen nicht außen vorgelassen werden, denn Heatmap-Analysen können qualitativ einen sehr spannenden Input bieten (Kaushik, 2010, S. 192 f.).

Ihr Transfer in die Praxis

- Etablieren Sie eine Test- & Learn-Kultur im Unternehmen. Dadurch, dass viel getestet wird, werden auch Tests negativ sein. Aber das gehört dazu, es geht darum viel testen, um viel zu lernen. Erkenntnisse über die eigenen Zielgruppen sind bare Münze wert.
- Schaffen Sie sich einen Leitfaden für Ihre Optimierungsprojekte. Insbesondere am Anfang ist eine Orientierungshilfe, wie das hier vorgestellte BRAIN-Prinzip, hilfreich.
- Heatmaps zeichnen das Scrollverhalten, die Cursorbewegungen und die Klicks von Nutzer:innen auf. Sie sind ein sehr gutes Mittel, um festzustellen, warum es zu Abbrüchen und Missverständnissen auf Webseiten kommt.
- Werten Sie immer die Profitabilität Ihrer Online-Marketing-Kampagnen aus. Der erste Schritt ist ein funktionierendes Conversion-Tracking. Der nächste Schritt ist die Erfassung von konkreten Euro-Werten für alle Conversions.
- Die nächste Ausbaustufe bei den Marketing-Kennzahlen ist der Return on Advertising Spend (ROAS). Mit diesem haben Sie eine Kennzahl etabliert, durch die Sie auf einen Blick sehen, welche Marketingmaßnahmen rentabel waren und wo Sie Geld verloren haben.
- Kommunizieren Sie die Ergebnisse Ihrer Maßnahmen im Team und dokumentieren Sie unbedingt die Erkenntnisse. Ob Sie Rundmails verschicken, im internen Wiki dokumentieren oder einen Ausdruck in die Kaffeeküche hängen, bleibt Ihnen überlassen. ◄

Literatur

Bland, D. J. & Osterwalder, A. (2020). Testing business ideas. You're holding a field guide for rapid experimentation: Use the 44 experiments inside to find your path to scale. Wiley.

Bojinov, I., Saint-Jacques, G. & Tingley, M. (2020). Avoid the Pitfalls of A/B Testing *Harvard Business Review* Mar/Apr2020 (2), 48–53.

Brandt, O. (2015). Mit Webanalyse zu einer gezielteren Besucheransprache. In Braun, G. und Schwarz, T. (Hrsg.), *Leitfaden Data Driven Marketing* (S. 121–130). Marketing Börse.

DVJ Insights (2021). Große Mengen an Daten setzen Marketer unter Druck. https://www.
   dvj-insights.com/de/grosse-mengen-an-daten-setzen-marketer-unter-druck/,   zuletzt
   aktualisiert am 14.09.2021, zugegriffen am 10.06.2022.
Erlhofer, S. & Brenner, D. (2019). *Website-Konzeption und Relaunch. Planung, Optimierung,
   Usability* (2. Aufl.). Rheinwerk Verlag.
Gartner (2020). Gartner Reveals More Than Half of Marketing Leaders Are Disappointed
   in Their Analytics Results. https://www.gartner.com/en/newsroom/press-releases/2020-
   10-07-gartner-reveals-more-than-half-of-marketing-leaders-a,   zuletzt   aktualisiert   am
   07.10.2020, zugegriffen am 14.03.2022.
Hartman, K. (2020). *Digital Marketing Analytics. In Theory And In Practice.* (2. Aufl.).
   Ostmen Bennettsbridge Publishing Services.
Hassler, M. (2016). *Digital und Web Analytics. Metriken auswerten, Besucherverhalten
   verstehen, Website optimieren.* (4. Aufl.). MITP Verlag (mitp Business).
Kaushik, A. (2010). *Web Analytics 2.0. The Art of Online Accountability and Science of
   Customer Centricity.* John Wiley & Sons.
Kaushik, A. (2013). Digital Marketing And Analytics: Two Ladders For Magnificent Suc-
   cess.   https://www.kaushik.net/avinash/digital-marketing-analytics-ladder-step-by-step-
   success/. zuletzt aktualisiert am 09.12.2013, zugegriffen am 14.05.2022.
Kontio, C., Hortig, J. & Nagel, T. S. (2013). Renditekiller Retouren. Handelsblatt.
   https://www.handelsblatt.com/unternehmen/handel-konsumgueter/renditekiller-ret
   ouren-amazon-sperrt-kunden-mit-kaufbulimie/8572908-all.html.   zuletzt   aktualisiert
   am 31.07.2013, zugegriffen am 14.05.2022.
Koning, R., Hasan, S. & Chatterji, A. (2019). *Experimentation and Startup Performance:
   Evidence from A/B Testing.* In: *SSRN Journal.* DOI: https://doi.org/10.2139/ssrn.3440291.
Kotler, P., Armstrong, G., Saunders, J. & Wong, V. (2007). *Grundlagen des Marketing* (4.
   Aufl.). Pearson Studium.
Kotler, P., Kartajaya, H., & Setiawan, I. (2021). *Marketing 5.0. Technology for humanity.*
   Wiley.
Lammenett, E. (2019). *Praxiswissen Online-Marketing. Affiliate-, Influencer-, Content- und
   E-Mail-Marketing, Google Ads, SEO, Social Media, Online- inklusive Facebook-Werbung*
   (7. Aufl.). Springer Gabler.
Looschelders, T. (2020). Was du von „How To Sell Drugs Online (Fast)" für dein Online-
   Marketing lernen kannst. t3n Magazin. https://t3n.de/news/sell-drugs-online-fast-fuer-
   1170451/, zuletzt aktualisiert am 21.07.2020, zugegriffen am 26.04.2022.
Morys, A. (2018). *Die digitale Wachstumsstrategie. 10 Prinzipien für ein profitables Online-
   Geschäft.* Springer Fachmedien.
Müller, R. M. & Lenz, H.-J. (2013). *Business intelligence.* Springer.
Oltmanns, T. & Nemeyer, D. (2010). *Machtfrage Change. Warum Veränderungsprojekte
   meist auf Führungsebene scheitern und wie Sie es besser machen.* Campus-Verlag.
Siroker, D. & Koomen, P. (2015). *A/B testing. The most powerful way to turn clicks into
   customers.* Wiley.
Thomke, S. (2020). Building a culture of experimentation *Harvard Business Review* March-
   April (2), 40–47. Harvard Business Publishing.
von Focht, T. (2022). Marketing Analytics – Technologien und Tools. In: Halfmann, M. und
   Schüller, K. (Hrsg.), *Marketing Analytics. Perspektiven – Technologien – Anwendungs-
   felder* (S. 75–104). Springer Fachmedien.

Still, B., & Crane, K. (2017). *Fundamentals of user-centered design. A practical approach.* CRC Press Taylor & Francis Group.

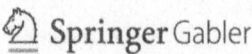

The manufacturer's authorised representative in the EU is Springer
Nature Customer Service Centre GmbH, Europaplatz 3, 69115 Heidelberg,
Germany. If you have any concerns regarding our products, please
contact ProductSafety@springernature.com

Printed and bound by CPI Group (UK) Ltd, Croydon, CR0 4YY
28/04/2026
02098506-0001